창업지원사업 합격
사업계획서 모음집

예비창업자와 스타트업을 위한

창업지원사업 합격 사업계획서 모음집

| 창업패키지 편 |

이혁재 지음

좋은땅

시작하며

나는 2001년부터 2006년까지 10여 건의 R&D 과제를 직접 기획하고 정부지원사업에 신청하여 모두 합격했다. 2007년 창업 이후부터는 과제책임자로 40여 건 이상의 정부지원사업에 합격했다.

2018년부터 여러 정부지원사업의 평가위원으로 활동했고 예비·초기 창업자들을 대상으로 멘토링을 할 때, 자칭 '정부지원사업의 달인'에서 앞 글자만 떼 내어 '정달멘토'라는 닉네임을 만들어 활동했다. 그 경험을 바탕으로 정부지원사업 사업계획서 작성 및 합격 전략을 소개하는 3권의 책을 썼고 모두 창업분야 베스트셀러가 되었다.

『정부지원사업 합격 사업계획서 쓰는 법』
『창업지원금 1억 받고 시작하는 초보창업방법』
『정부지원사업 합격의 정석』

그런데 책을 보고도, 많은 예비·초기 창업자들이 창업지원사업 사업계획서 작성을 어려워했다. 그래서 사업계획서를 쓸 때, 옆에 두고 바이블처럼 참고할 수 있도록, 정부지원사업 합격 사업계획서 쓰는 법에 따라 작성한 사업계획서 모음집을 쓰게 되었다.

이 모음집은 예비창업패키지, 초기창업패키지, 청년창업사관학교, 재도전성공패키지 등 창업패키지와 부록으로 창업성장기술개발사업 디딤돌과제에 합격한 사업계획서 10편을 수록했다. 사업계획서 내에 특정 서비스명, 제품명, 기간, 금액, 이미지 등 직접 노출을 할 수 없는 부분은 편집되었지만 전체적인 구성은 그대로 유지했다. 또, 각 사업계획서가 합격하게 된 차별성과 특별히 강조한 사항에 대해 코멘트를 달았다. 이 모음집이 사업계획서를 작성하는 예비·초기 창업자들에게 조금이라도 도움이 되길 바란다.

2025년 10월
정달멘토, 이혁재

목차

시작하며 · 4

예비창업패키지
프롭테크 웹 플랫폼 · 8
분리수거 대행 서비스 · 28

초기창업패키지
학원 홍보·관리 시스템 · 52
치아교정기 케이스 · 70

청년창업사관학교
의류용 디자인 수출 중개 플랫폼 · 90
개인정보 유출 방지 프로그램 · 104

재도전성공패키지
화장품 · 124

부록 창업성장기술개발사업 디딤돌과제
네트워크 광고 시스템 · 138
제스처 인식 알고리즘 · 161
여행상품 글로벌 통합 판매 기술 · 182

예비창업패키지

프롭테크 웹 플랫폼

이 사업계획서에서 참고할 만한 부분

1. 전세사기, 깡통전세 등 **사회적 문제, 특히 사회적 약자의 문제를 해결**하기 위한 서비스라고 강조했다.

2. 실거주 후기는 있으나 실거주 '인증' 후기는 없기에 **국내 최초의 서비스**라고 주장했다.

3. 기획한 제품이나 서비스의 디자인을 제시할 때 **전문 디자이너의 디자인을 첨부**하여 퀄리티를 높였다.

4. **창업아이템 개요 부분이 사업계획서에서 가장 중요하다.** 충분히 설명할 수 있도록 1페이지 양식에 구애받지 말고 **3페이지 정도로 작성하는 게 좋다.** 서비스·제품 구성도나 서비스 플로우 이미지를 포함하여 3~4줄로 간단명료하게 설명했다.

5. **특허, 프로그램저작권, 상표권 등 출원·등록** 내용을 표로 만들어 설명하는 것이 좋다. 만약 지식재산권이 없다면 반드시 특허와 상표, 프로그램 저작권, 디자인권 등을 출원하고 신청하는 게 좋다.

6. **목표매출**은 고려할 항목을 최대한 상세하게 구분하고 작년, 올해를 포함하고 개발완료 후 최소 5개년 이상 예측하여 제시하고 그 **산출근거를 상세하게 설명해야 한다.** 0,000천 원, 00,000천 원 이런 식의 딱 떨어지는 수치는 지양한다.

7. 대표자 주요 경력은 전문가라고 생각할 수 있을 만큼 최대한 상세하기 설명하는 것이 좋다. 기존에 참여했던 프로젝트나 결과물, 특허 등 **자랑할 수 있는 것을 최대한 작성한다. 대표자 경력이나 회사 업력을 설명할 때는 겸손할 필요가 없다.**

□ 창업아이템 개요(요약)

명 칭	후기부등본	범 주	프롭테크

아이템 개요	**1. 개요: 전월세 임차인을 위한 주소별 실거주 후기 리포트 플랫폼(후기부등본)** (1) 다음 임차인을 위해 먼저 거주했던 실거주자가 실거주 후기를 등록하는 플랫폼 (2) 임차인이 전월세 계약 시 등기부등본을 확인하듯 후기부등본을 확인하고 계약 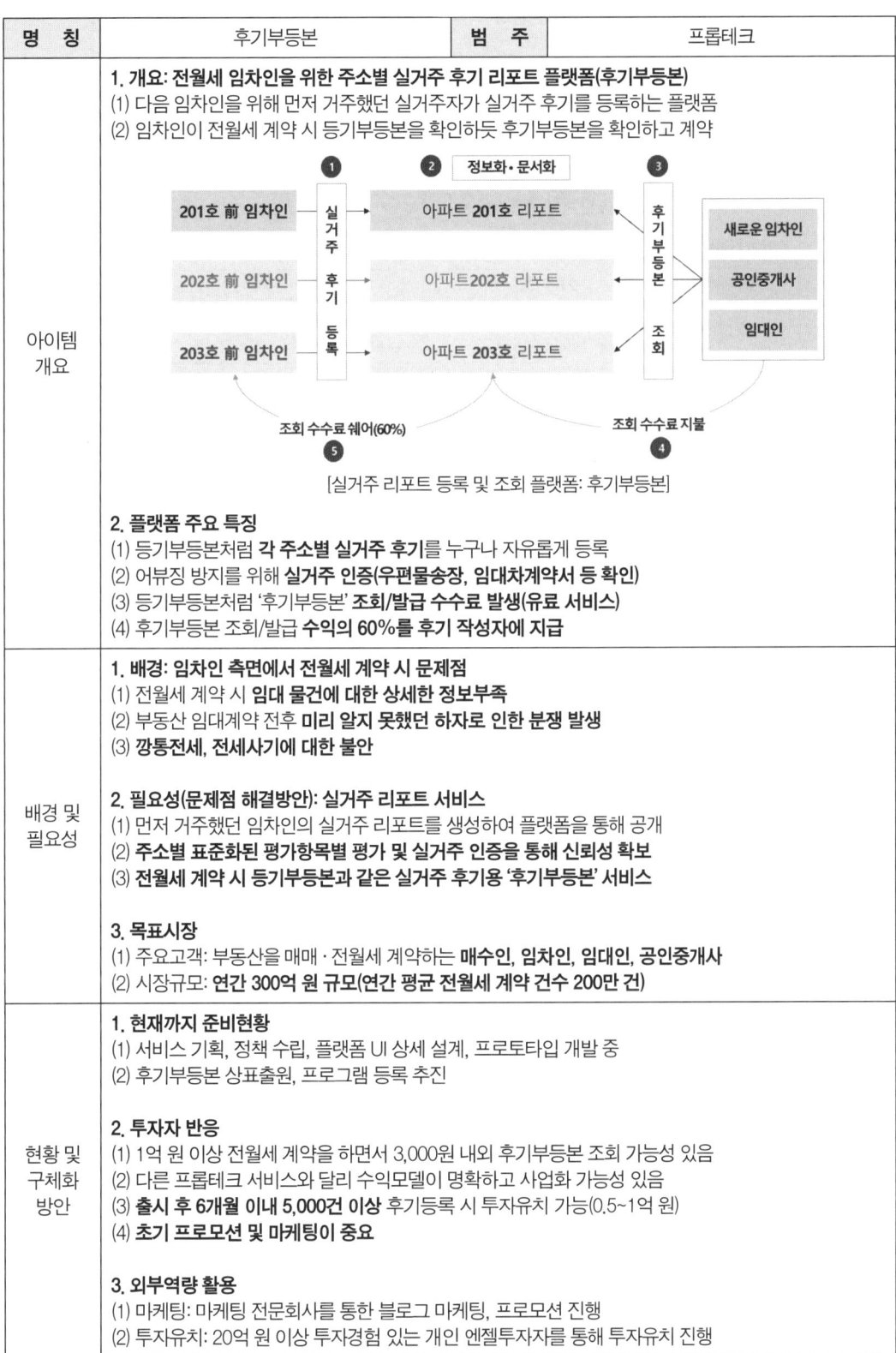 [실거주 리포트 등록 및 조회 플랫폼: 후기부등본] **2. 플랫폼 주요 특징** (1) 등기부등본처럼 **각 주소별 실거주 후기**를 누구나 자유롭게 등록 (2) 어뷰징 방지를 위해 **실거주 인증**(우편물송장, 임대차계약서 등 확인) (3) 등기부등본처럼 '후기부등본' 조회/발급 수수료 발생(유료 서비스) (4) 후기부등본 조회/발급 수익의 60%를 후기 작성자에 지급
배경 및 필요성	**1. 배경: 임차인 측면에서 전월세 계약 시 문제점** (1) 전월세 계약 시 **임대 물건에 대한 상세한 정보부족** (2) 부동산 임대계약 전후 **미리 알지 못했던 하자로 인한 분쟁 발생** (3) **깡통전세, 전세사기에 대한 불안** **2. 필요성(문제점 해결방안): 실거주 리포트 서비스** (1) 먼저 거주했던 임차인의 실거주 리포트를 생성하여 플랫폼을 통해 공개 (2) **주소별 표준화된 평가항목별 평가 및 실거주 인증을 통해 신뢰성 확보** (3) 전월세 계약 시 등기부등본과 같은 실거주 후기용 '후기부등본' 서비스 **3. 목표시장** (1) 주요고객: 부동산을 매매·전월세 계약하는 **매수인, 임차인, 임대인, 공인중개사** (2) 시장규모: **연간 300억 원 규모**(연간 평균 전월세 계약 건수 200만 건)
현황 및 구체화 방안	**1. 현재까지 준비현황** (1) 서비스 기획, 정책 수립, 플랫폼 UI 상세 설계, 프로토타입 개발 중 (2) 후기부등본 상표출원, 프로그램 등록 추진 **2. 투자자 반응** (1) 1억 원 이상 전월세 계약을 하면서 3,000원 내외 후기부등본 조회 가능성 있음 (2) 다른 프롭테크 서비스와 달리 수익모델이 명확하고 사업화 가능성 있음 (3) 출시 후 6개월 이내 5,000건 이상 후기등록 시 투자유치 가능(0.5~1억 원) (4) 초기 프로모션 및 마케팅이 중요 **3. 외부역량 활용** (1) 마케팅: 마케팅 전문회사를 통한 블로그 마케팅, 프로모션 진행 (2) 투자유치: 20억 원 이상 투자경험 있는 개인 엔젤투자자를 통해 투자유치 진행

목표시장 및 사업화 전략	**1. 비즈니스 모델 3가지** (1) **후기부등본 조회/발급 이용료**: 회당 1,000~3,000원(후기 작성자에 60% 쉐어) (2) **공인중개사 검증단 연간 회원 등록비**: 회원당 연간 10만 원 (3) **공인중개사 검증 수수료**: 회당 15만 원 **2. 목표시장 확보 및 사업화 성과 창출 전략** (1) 블로그 마케팅, 보도자료 배포 등, 회원유치 이벤트를 통한 후기 확보 - 회원가입 시, 후기등록 시 커피쿠폰 제공, 친구추천 시 팔로워 수익쉐어 시스템 운영 (2) 초기 대학가(신촌, 회기, 신림, 건국대 부근) 주변 대학생/직장인 대상 집중 홍보 (3) **팟캐스트, 유튜브 광고 집행을 통해 6개월 이내 5,000건 등록 목표** **3. 유사서비스 대비 차별성** | 구분항목 | 기존 후기 | 후기부등본 차별화 포인트 | |---|---|---| | 후기 내용 | 아파트 단지/집합건물 전체에 대한 후기 | **등기부등본처럼 집주소별 리포트** 예) OO아파트 201동 1001호 | | 실거주 인증 | 없음 | **우편물송장** or 임대차계약서 or 주민등록등본 등으로 실거주 확인 | | 서비스 목적 | 시세 확인, 호재 관리 | 실거주자/실구매자를 위한 **물건의 정확한 정보 제공** | | 표현 방식/양식 | 무양식 | **표준화된 20가지 평가항목 및 양식** | | 수익모델 | 없음 | **유료**(1,000~3,000원 이상으로 작성자가 정함) | | 이용자 유인 방법 | 없음 | ① **후기 등록자 대상 수익쉐어(60%)** ② 추천친구 보너스: 친구가 수익쉐어 받을 때마다 추천인에 보너스 지급 | | 공인중개사 협력모델 | 없음 | ①(후기에 대한 검증이 필요할 때) **공인중개사 리포트 검증시스템** ② 공인중개사 대상 수익모델 |
이미지	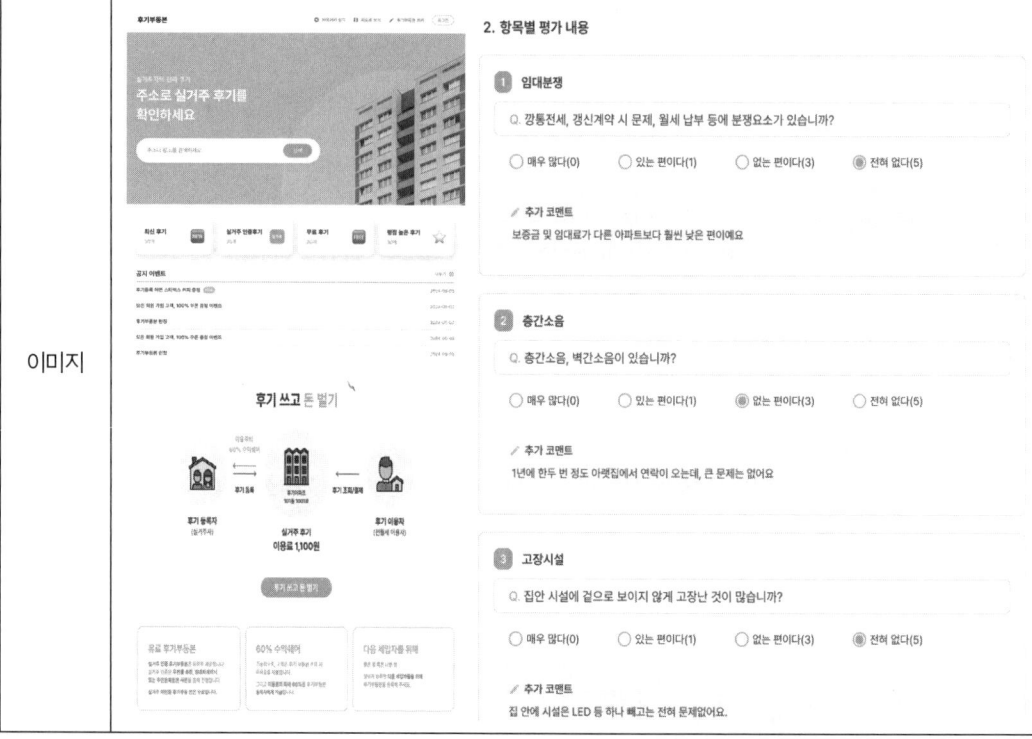

1. 문제인식(Problem)

1-1. 창업아이템 배경 및 필요성

1) 외부적 동기: 현재는 집주소별 실거주 후기 서비스가 없음

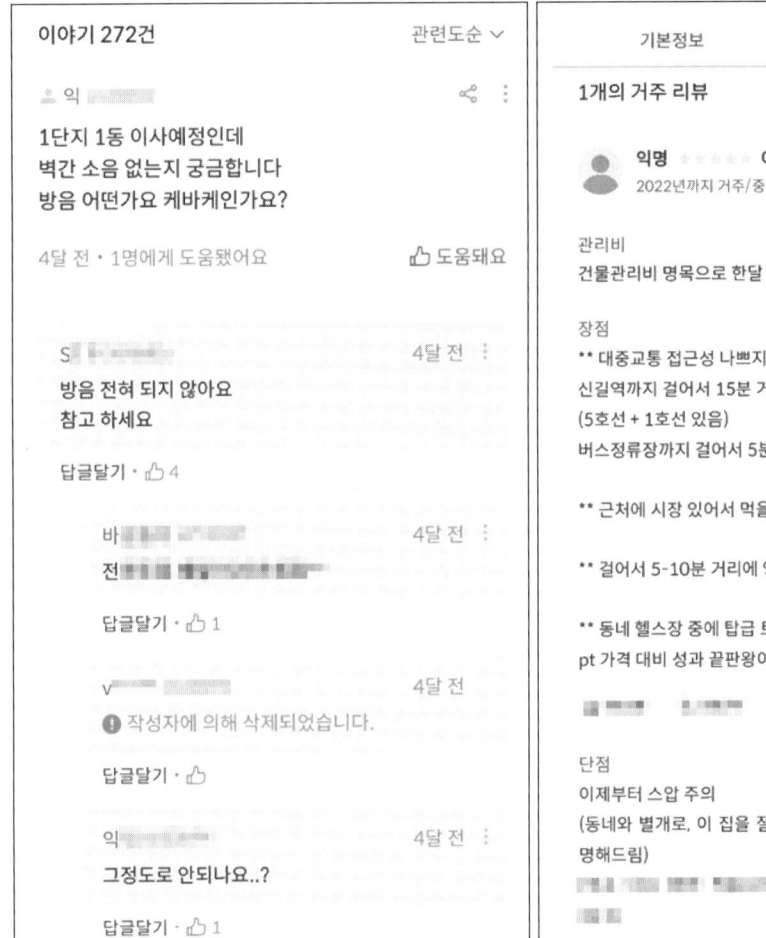

[현재 실거주 후기 서비스 사례]

(1) 현재의 문제점 4가지

① **개별 호수가 아닌 단지 전체에 대한 댓글**: 개별 호수에 대한 후기가 필요
② **형식의 부재**: 표준 형식 없는 댓글 형식으로 필요한 정보 획득의 어려움
③ **실거주 미인증**: 어뷰징 등으로 낮은 신뢰도, 악의적 댓글
④ **집주인 중심**: 집주인들 간 댓글 중심, 임차인들 간의 소통 부족

(2) 임차인을 위한 문제점 해결 방안

① **개별 호수에 대한 리포트**: 단지가 아닌 각 주소별(호수별) 리포트
② **표준화된 평가 양식**: 20가지 평가항목 및 종합의견으로 구성
③ **실거주 인증**: 등록 시 **우편물송장** or **임대차계약서** or **주민등록등본** 확인
④ **임차인을 위한 정보제공**: 임차인 중심의 리포트 및 평가, 확인

(3) 개발목표: 집주소별 실거주 리포트 서비스

[후기부등본 양식]

실거주했던 사람만 답변이 가능한 내용으로 후기 품질 차별화

순번	평가항목	질문내용
1	임대분쟁	깡통전세, 갱신계약 시 문제, 월세 납부 등에 분쟁요소가 있습니까?
2	층간소음	층간소음, 벽간소음이 있습니까?
3	고장시설	집안 시설에 겉으로 보이지 않게 고장 난 것이 많습니까?
4	난방	집안 구석구석 난방은 잘 됩니까?
5	곰팡이·결로	방, 붙박이장, 화장실, 세탁실 등에 곰팡이나 결로가 있습니까?
6	누수·침수	천장이나 벽에 누수나 침수 문제는 없습니까?
7	수압·배수	주방, 세면기, 샤워기 등 수압은 센 편이며 배수는 잘 됩니까?
8	냄새	화장실, 주방, 세탁실 등에 안 좋은 냄새가 납니까?
9	벌레	파리, 모기, 바퀴벌레, 개미, 거미 등 벌레가 많습니까?
10	채광·통풍	햇볕이 잘 들어오고 환기, 통풍이 잘 됩니까?
11	전기·누전	콘센트는 적당히 있고 누전은 없고, 전기공급은 원활합니까?
12	기타소음	벌레, 동물, 도로, 공사 소음 등은 없습니까?
13	인테리어	붙박이 가구, 문, 샤시 등 내부 시설 품질이 양호합니까?
14	사생활침해	옆집, 앞집 간 프라이버시, 사생활 침해요소가 있습니까?
15	주차	주차장은 넓고 주차가 편리합니까?
16	쓰레기배출	분리수거, 음식물, 쓰레기 등을 버리는 것이 편리합니까?
17	보안	좀도둑, 잡상인이 없고 CCTV가 많고 경비가 잘 됩니까?
18	혐오시설	근처에 쓰레기 집하장, 하수처리장, 고물상 등 혐오시설이 있습니까?
19	상대평가	집합건물 내 다른, 근처 가구에 비하여 더 좋다고 생각하십니까?
20	추천여부	이 집을 타인에게 추천하고 싶습니까?

[후기부등본 실거주 평가항목 20가지]

※ 서비스 진행 중 요구사항 반영 등을 거쳐 변경, 추가, 삭제될 수 있음. 실거주자만 확인할 수 있는 해당 임대물 자체에 대한 20가지 평가항목을 규정하고, 5점 척도로 평가의견과 같이 작성. 평가항목은 추가, 변경, 삭제 가능.

2) 내부적 배경 및 동기

① 20년 이상 모바일 앱, 서비스 플랫폼 개발 및 창업 경험
② 투자자 및 관련업계 종사자, 개발 전문가 등을 통한 사업내용 검증 및 가능성 확인, 유사서비스 분석을 통한 차별화 포인트 확보, 상표출원
③ 1년 이상 사업기획 및 프로토타입 개발 착수

1-2. 창업아이템 목표시장(고객) 현황 분석

1) 국내외 시장

(1) 연간 200만 건 전월세 계약

2020년 이후 서울, 경기지역에서 월평균 평균 77,000~91,000건의 전월세 계약이 진행되고 있으며 수도권만 연간 100만 건이며 전국으로 확대할 경우 **연간 200만 건 정도 전월세 계약이 진행**되고 있어 전월세 후기를 이용한 정보 서비스의 시장규모는 크다고 할 수 있음.

출처: 서울특별시 서울부동산광장, 경기도 부동산포털
전국 전월세 거래량은 국토부 실거래가 공개시스템, 월별 주택통계(2022년 11월 통계까지)

구 분	현재의 시장규모(2024년)	예상 시장규모(2025년)
국내 시장	-	190억 원
산출근거	- 전국 전월세 거래량/주택 매매 거래량, 국토부 실거래가 공개시스템 월별 통계자료 - 후기부등본 이용 건당 3,000원으로 설정 - 2022년 8월 말 현재 서울아파트 전월세 계약 갱신율 50% 적용(서울아파트 전월세 갱신율 50.3%…갱신청구권 사용 비율 '63%'로 하락, 머니투데이, 2022.8.31.) - 2023년 200만 건 × 50% × 3,000원(공인중개사 계약 건별 1회 추정) - 2025년 200만 건 × 50% × 3,000원 × 2건(계약 건별 임대인, 공인중개사 각 1회 추정)	

(2) 후기를 정형화하여 관리하는 서비스 부재

국내에서 직방, 호갱노노, 아실, 집품과 같은 부동산 서비스에서 아파트 단지별로 200자 내외의 간단한 의견을 달 수 있으나 정보화나 문서화된 서비스는 아님.

(3) 목표시장

① 주요고객: 부동산 매매 · 전월세 계약하는 **매수인, 임차인, 임대인, 공인중개사**
② 시장규모: **연간 최대 300억 원 규모**(연간 평균 전월세 계약 건수 200만 건)

(4) 해외사례

해외 임대물건 평가 서비스로 호주에 Rent Rabbit 2022년 오픈. 대형 월세 주택 위주로 실거주 리뷰 서비스를 진행. Rent Rabbit 조사결과, 임대계약 체결 시 공인중개사 제시목록을 검토하는 시간이 평균 5분으로 정보부족 현상 발생. 평균 1년 계약금액 약 $26,000AUD. 20,000명 이상의 임차인이 서비스 이용.
- 조회수수료: 건당 $30 AUD(한화 약 27,000원)
- 등록자 수익쉐어: 건당 $20 AUD(한화 약 18,000원)

(5) 국내 유사서비스 현황 분석 및 차별화 전략

현재, 프롭테크 서비스에 단지별 커뮤니티성 후기 서비스는 있지만 **전월세 집주소별** 실거주 후기를 문서화하여 이용료를 받고 **조회 서비스를 제공하는 서비스는 없음.**

국내에 서비스되고 있는 호갱노노, 집품과 같은 프롭테크의 후기 서비스와 비교하여 아래와 같은 차별성이 있음. 가장 중요한 차이점은 후기의 대상임. 다른 서비스는 후기의 대상이 주로 아파트 단지 전체인 반면, 후기부등본은 임대물건 자체에 대한 후기로 임차인에게 꼭 필요한 정보를 리포트로 제공할 수 있는 것이 가장 큰 차이.

구분	A사	B사	후기부등본
후기 형태	게시판 댓글	장단점 구분한 댓글	**정형화된 문서**
후기 대상	아파트 단지	아파트/건물 단지	**개별 가구(호수별)**
후기 항목	자유주제 - 1항목	장점/단점 - 2항목	**평가항목 - 20항목**
실거주 인증	X	X	**실거주 인증**
유료화	X	X	**건당 1,000원 이상**
BM	공인중개 및 광고	공인중개 및 광고	**이용료/검증수수료**

[주택 후기 관련 유사서비스 특징 비교]

2. 실현가능성(Solution)

2-1. 창업아이템 현황(준비 정도)

추진내용	기간	현재까지 세부 진행 내역
아이디어 착안	20xx.x	임차인을 위한 실거주 후기 공유 서비스 착안
시장조사/자료수집	20xx.xx~xx	부동산 전월세 임대물 정보제공 사이트/앱에서 후기가 작성되고 소비되는 과정 검토, 유사서비스 검토
전문가조언 수렴	20xx.xx~xx	투자 관련 담당자에게 검토의견 접수, 수익모델 고려
서비스 컨셉 정의	20xx.xx~xx	임차인들 간의 자발적 참여를 유도, 실거주 리포트 생산 및 공유 유도, 후기부등본 표준화
사업 기획	20xx.xx~xx	① 임차인 중심 ② 정형화/상세화 ③ 후기의 유료화 ④ 브랜딩 '후기부등본' ⑤ 물건 자체후기 ⑥ 실거주 인증
서비스 기획	20xx.xx~xx	후기등록, 검색, 조회, 결제, 수익쉐어, 친구추천, 쿠폰
UI 설계	20xx.xx~xx	웹페이지, 메뉴 구성, 서비스 시나리오에 따른 UX/UI 기획 및 설계, 웹/모바일 기반 서비스로 설계
상표출원	20xx.x	**후기부등본, 후기등본**
관리자 페이지 설계	20xx.xx~xx	후기부등본관리, 회원관리, 결제정산관리, 쿠폰관리, 초기화면관리, 게시판관리, 통계, 설정메뉴
모바일 UI 설계	20xx.xx~xx	웹 UI 기반으로 모바일웹/앱 UI 기획, 설계
개발 1차 실패	20xx.xx~xx	외주개발로 진행하였으나 디자인/구축 1차 실패
웹/모바일 재디자인	20xx.x~	재설계 및 재디자인 작업 진행 중

2-2. 창업아이템 실현 및 구체화 방안

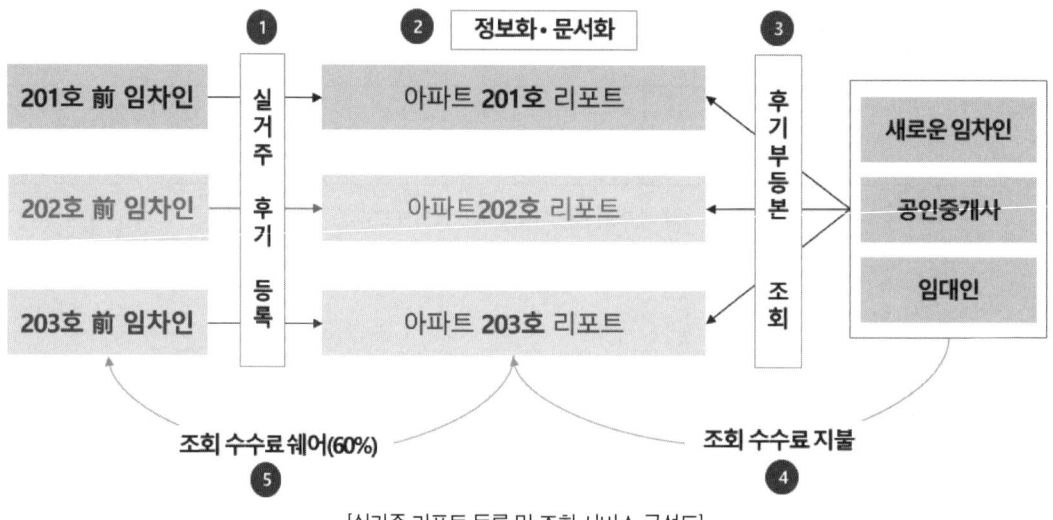

[실거주 리포트 등록 및 조회 서비스 구성도]

1) 세부 시스템 개발 내용

〈최종 산출물 작성(전체 사업단계)〉

구분	최종 산출물	수량	완료 일정
단기 (협약 기간 내)	후기부등본 반응형 웹 디자인 및 퍼블리싱	1	
	후기부등본 반응형 웹	1	
	후기부등본 운영자용 관리자 페이지	1	
중·장기 최종 산출물	후기부등본 모바일 App(안드로이드 향)	1	
	후기부등본 모바일 App(iOS 향)	1	

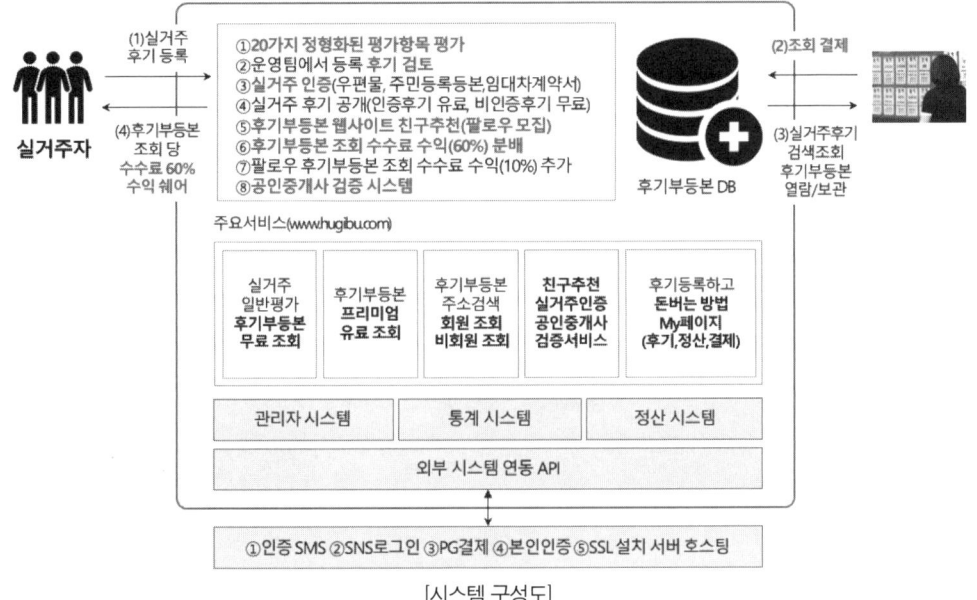

[시스템 구성도]

① **후기부등본 등록 시스템**: 임대물 기본정보, 5점 척도, 서술형 평가의견, 종합의견, 사진, 검토 승인, 개별물건에 대한 실거주 리포트 등록
② **사후 검증 시스템**: 후기 리포트 등록 후 1영업일 이내 검증을 통해 노출 여부 결정
③ **실거주 인증 프로세스**: 주소지 우편물송장, 임대차계약서, 주민등록등본 관리자 시스템 검증, 검증결과 통보 프로세스
④ **임대물 평가 항목 DB 관리 시스템**
⑤ **팔로워 및 수익쉐어 시스템**: 유료 조회에 대한 수익쉐어 60%(조회 건당), 팔로워 보너스 수익 쉐어 10%(팔로워가 수익을 창출할 때마다 추가 보너스쉐어)
⑥ **유·무료 서비스**: 실거주 미인증 리포트는 누구나 무료로 조회 가능, 실거주 인증 리포트는 유료 결제 필요
⑦ **공인중개사 검증 시스템**: 후기부등본에 대해 논쟁이 발생할 경우 공인중개사를 통해 검증을 요청하고 공인중개사가 물건 정보를 확인하고 추가 리포트를 등록하여 공정성 유지

2) 현재까지 기획 내용

현재까지 설계한 UI 기획안은 아래와 같음. 주요 내역을 아래와 같이 기획하여 계획된 일정에 따라 플랫폼 개발을 완성하고자 함.
① 웹 UI 기획완료 ② 모바일 웹/앱 UI 기획완료 ③ 관리자페이지 UI 기획완료
④ 서비스 프로세스, 평가항목 DB, 서비스 정책, 이용약관 등 초안 완료
⑤ 상표권 출원(**증빙자료는 첨부 참조**)

구분	출원번호	출원일자	출원내용	출원인
상표	40-2022-0229xxx	20xx.xx.xx	후기부등본(36류, 38류)	○○○
상표	40-2023-0011xxx	20xx.xx.xx	후기등본(35류)	○○○

⑥ 프로토타입 디자인 시안 일부(**상세내역은 첨부 참조**)

메인페이지(1) 검색/이벤트

먼저 살았던 실거주자가 쓴
진짜 상세한 전월세 후기

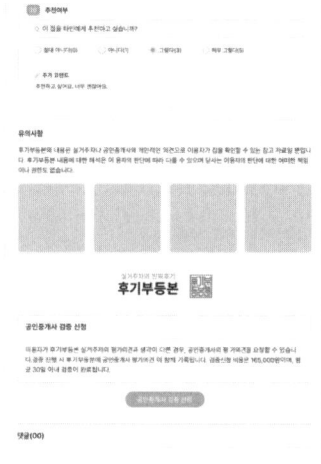

후기 쓰고 돈 벌기

후기 등록자
(실거주자)

이용료의
60% 수익쉐어
후기 등록

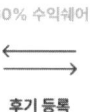

후기아파트
101동 1001호

실거주 후기
이용료 1,100원

후기 조회/결제

후기 이용자
(전월세 이용자)

후기 쓰고 돈 벌기

유료 후기부등본
실거주 인증 후기부등본은 유료로 제공됩니다.
실거주 인증은 우편물 송장, 임대차계약서 또는 주민등록등본 사본을 통해 진행합니다.
실거주 미인증 후기부등 본은 무료입니다.

60% 수익쉐어
기본적으로, 고객은 후기 부등본 조회 시 이용료를 지불합니다.
그리고 이용료의 최대 60%를 후기부등본 등록자에게 지급합니다.

다음 세입자를 위해
좋은 점 혹은 나쁜 점
정보가 부족한 다음 세입자들을 위해 후기부등본을 등록해 주세요.

메인페이지(2) 후기부등본 샘플 및 수익모델

3. 성장전략(Scale-up)

3-1. 창업아이템 사업화 추진전략

1) 4P 전략

구분		내용
4P 전략	서비스명	후기부등본(www.hugibu.com)
	product	전월세 실거주 후기, 후기부등본
	price	건당 1,000~3,000원
	place	- 웹서비스(라디오광고, 검색광고, 대학주변 광고, 유튜브광고) - 보도자료를 통한 고객유입, 공인중개사들 간의 입소문
	promotion	- 실거주 인증 후기부등본 판매 시 60% 등록자 수익쉐어 - 추천친구 수익창출 시 그에 비례한 10%를 추천자에게 수익쉐어 - 회원가입, 실거주인증 후기등록, 첫 결제 시 무료이용 쿠폰 증정 - 베타서비스 런칭 시 실거주 후기 등록자에 커피쿠폰 지급(1,000명)

2) 수익모델

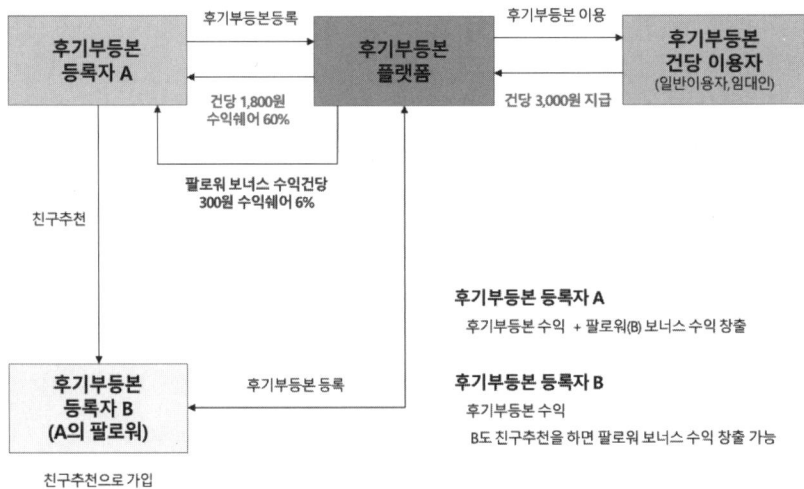

수익모델	내용	이용료/수수료	비고
① 후기부등본 조회 이용료	이용자가 후기부등본을 조회할 때 지불하는 이용료	이용 건당 1,000~3,000원 (등록 정보량에 따라 결정)	등록자에 60% 쉐어
② 공인중개사 검증 수수료	이용자가 후기부등본에 대한 검증신청 시 지불하는 수수료	건당 150,000원	공인중개사에 10만 원 쉐어
③ 공인중개사 검증단 등록비	공인중개사가 지불하는 검증단 연간 등록비	연간 100,000원	

3) 고객을 위한 핵심 서비스 방안

〈고객 요구사항에 대응하는 서비스 방안〉

성공요인	이점
이용 편의성	① **모바일 및 웹 기준**으로 등록, 조회, 출력 등으로 접근 ② SNS연동으로 회원가입 **편의성 극대화/입력정보 최소화**, 결제수단의 다양화 ③ **후기등록 시 기본은 객관식 문항**, 주관식 문항 입력 시 판매가격 증액 ④ 최대한 **로그인 없이 이용 가능**한 설계
표준화	① **20가지 실거주 평가항목** 정의, 평가 편의성을 위해 기본 객관식 답변 20개 ② 후기부등본 **양식을 표준화하여 객관성, 신뢰성 확보**

수익쉐어	① 자발적 등록을 통해 유/무료 판매(**등록자가 가격결정**)
	② 객관식 20개 평가항목 + 실거주 인증 시 기본 1,000원으로 후기 판매
	   추가적으로 평가항목 20개에 대한 주관식 코멘트 입력 시 건당 100원 이상
	   판매가격 증액, 등록자가 후기부등본 판매가격 결정
	③ 후기등록자에게 **수익의 60%를 쉐어**
	④ 공인중개사 후기 검증 시스템을 통해 **공인중개사에도 수익모델 제공**

4) 이해관계자의 이점

이해관계자	이점
임차인	① 계약 전 해당 임대물에 대한 상세정보를 미리 확인 ② 실거주 후기 등록 후, 후기 판매에 따른 수익창출
공인 중개사	① 임대물건에 대한 상세정보를 고객(임차인 및 매수인)에게 제공할 수 있어 신뢰도 확보 및 계약 시 분쟁요소 제거 ② 프롭테크 서비스 중 유일하게 공인중개사의 수익창출 모델 운영(검증서비스)
임대인	① 물건 매입 시 이점: **매입 시 물건 정보를 확인**할 수 있음 ② 물건 임대/매도 시 이점: **좋은 후기가 임차인과 매수자에게 객관적 전달** ③ 거래로 인한 분쟁요소를 미연에 방지하는 이점: 물건의 상태를 제3자가 평가한 **정보를 미리 확인하여 상호 계약을 조율하기 때문에 계약 후 분쟁요소를 미연에 방지**할 수 있음 ④ 물건에 대한 적시 유지보수 이점: 임차인의 후기정보를 바탕으로 물건의 문제를 쉽게 파악할 수 있어 **적시에 유지보수를 진행**할 수 있음

〈이해관계자 우려사항에 대한 해결방안〉

후기 내용에 대한 우려사항	해결방안
① 편견, 편향적 의견	**공인중개사 검증서비스**: 공인중개사가 내용을 직접 검증
② 부정확정, 오해	**사후 검증시스템**: 사후검증을 통해 노출여부 확정
③ 어뷰징, 가짜 리뷰	**실거주 인증**: 실거주 인증으로 신뢰성 확보
④ 낮은 평가 품질, 무형식	**표준화된 평가항목**: 20가지 평가항목, 5점 척도, 코멘트로 구성

3-2. 창업아이템 사업화 추진 전략

1) 목표 매출: 2027년 25억 원 매출, 영업이익 1.8억 원 목표

구분		계수	단위	2024년	2025년	2026년	2027년	2028년	2029년	2030년
전체시장	1.전국 전월세 계약건수+매매건수	연간 7% 증가	건	3,090,000	3,182,700	3,278,181	3,376,526	3,477,822	3,582,157	3,689,622
	2.전체시장 추정 매출	건당 3000원	1,000원	18,540,000	19,096,200	19,669,086	20,259,159	20,866,933	21,492,941	22,137,730
	3.개업 공인중개사 수	연평균 3.6%증가	1개소	127,727	132,326	137,089	142,025	147,137	152,434	157,922
	4.개업 공인중개사 검토단 등록 추정 매출	건당 100,000원	1,000원	12,772,740	13,232,559	13,708,931	14,202,453	14,713,741	15,243,436	15,792,199
유효시장	5.전국 전월세 계약건수	약 200만건	건	2,060,000	2,121,800	2,185,454	2,251,018	2,318,548	2,388,105	2,459,748
	6.후기부동본 유효시장 추정 매출	건당 3000원	1,000원	12,360,000	12,730,800	13,112,724	13,506,106	13,911,289	14,328,628	14,758,486
	7.공인중개사 검토단 수		1개사	1,277	1,323	6,854	14,202	29,427	45,730	63,169
	8.공인중개사 검토단 연회비 추정 매출	연회비 100,000원	1000원	127,727	132,326	685,447	1,420,245	2,942,748	4,573,031	6,316,880
목표시장	9.목표 점유율	연도별 목표	%	0.5%	3%	8%	15%	20%	35%	50%
	10. 조회 후기부동본 건수	목표 건수	건	3,000	63,654	174,836	337,653	463,710	835,837	1,229,874
	11.후기부동본 목표시장 매출	초기 10% 점유	1000원	18,000	381,924	1,049,018	2,025,916	2,782,258	5,015,020	7,379,243
	12.공인중개사 검토단 등록비	연회비 100,000원	1000원	600	3,900	54,800	213,000	588,000	1,600,000	3,158,000
	13.공인중개사 검토 대행비	건당 150,000원	1000원	900	5,900	8,200	319,000	882,000	2,400,000	4,737,000
매출합계			1000원	19,500	391,724	1,112,018	2,557,916	4,252,258	9,015,020	15,274,243
매출원가	(1)회원 수익쉐어 + 결제수수료	매출의 70%	1000원	12,600	267,347	734,313	1,418,141	1,947,580	3,510,514	5,165,470
	(2)공인중개사 검토 대행 수수료	건당 100,000원	1000원	600	3,933	5,467	212,667	588,000	1,600,000	3,158,000
인건비	(3)인원 수	연평균 1명 충원	명	2	5	7	9	11	13	15
	(4)연도별 인건비 소계	평균 월 400만원	1000원	80,000	240,000	336,000	432,000	528,000	624,000	720,000
판관비 (인건비 제외)	(5)하드웨어 도입비/운영비	연평균 2,000만원	1000원	4,000	10,000	15,000	20,000	20,000	20,000	20,000
	(6)임대료(연간 2천만원) 및 관리비	인당 월30만원	1000원	7,200	18,000	25,200	32,400	39,600	46,800	54,000
	(7)광고선전비/인터넷 키워드광고	매출액의 5%	1000원	40,000	59,586	55,601	127,896	212,613	450,751	763,712
	(8)기타운영비	매출액의 5%	1000원	10,000	59,586	55,601	127,896	212,613	450,751	763,712
	(9)인건비 제외 판관비 소계		1000원	61,200	147,172	151,402	308,192	484,826	968,302	1,601,424
비용합계			1000원	154,400	658,453	1,227,181	2,370,999	3,548,406	6,702,816	10,644,895
영업이익			1000원	-134,900	-266,729	-115,163	186,917	703,852	2,312,204	4,629,349
영업이익률			%	-691.8%	-68.1%	-10.4%	7.3%	16.6%	25.6%	30.3%

※ 사업화 목표 산출근거

① 전국 전월세 계약 건수 + 매매 건수: 국토부 실거래가 공개시스템 월별주택통계, 2020년 211만 건, 2021년 226만 건, 2022년 256만 건, 2021년 이후 부동산 매매시장 침체로 전월세 계약 건수 증가, 2020년 대비 2021년에 약 7% 증가했으나 3%만 적용, 2030년까지 증가 예상

② 전체시장 추정 매출액: 후기부동본 1건당 이용료 3,000원 × 전체 전월세거래 건수 × 2회, 연간 매매 건수 약 100만 건 추가 등기부등본이 매매 및 전세 시장에서 모두 활용되듯이 후기부동본도 매매시장에서 활용될 수 있음

③ 개업공인중개사 수: 2020년 말 기준 110,786명, 2021년 말 기준 114,429명, 2022년 9월 기준 119,005명 (한국공인중개사협회, 국토교통 통계누리)

④ 개업 공인중개사 검토단 연회비 매출: 연회비 10만 원

⑤ 유효시장 추정 매출액: 후기부동본 1건당 이용료 3,000원 × 거래 건수 × 2회(공인중개사, 임대인, 이용자 중 2건 발생)

⑥ 유효시장 개업 공인중개사 검토단 등록 수: 1차년도 1%로 시작해서 5%, 10%씩 증가

⑦ 유효시장 공인중개사 검토단 연회비 추정 매출: 연회비 10만 원 × 검토단 등록 수

⑧ 점유율 목표: 개발완료 후 2024년 0.5%를 시작으로 3%, 8%, 15%, 20%, 35% 이상 시장 점유목표

⑨ 공인중개사 검토 대행비: 건당 15만 원이며, 공인중개사 검토단 1개소당 연간 1건 진행
  - 회원수익쉐어 + 결제수수료: 회원수수료 60%, 회원 보너스수수료 6%, 결제수수료 4%, 실제 서비스 보너스수수료 발생율에 따라 3% 내외 비용 절감 예상
  - 공인중개사 검토 대행수수료: 건당 10만 원
  - 인원수: 개발완료 후 3년간 2명씩 충원

2) 초기시장 침투전략

(1) 대학가 주변 월세 이용자를 대상으로 하는 마케팅 진행
① 신촌, 회기, 신림, 건국대 부근 등의 대학생/직장인 대상
② 후기등록 이벤트 진행(실거주 후기 등록 시 커피쿠폰 제공)
③ 해당 지역 월세 수요가 많고 전세보다 오래 거주하지 않으나 작은 수익도 민감하게 반응하는 MZ세대이기 때문에 파급효과 기대
④ 대학생 대상 마케팅 채널을 발굴하여 프로모션 진행

(2) 유튜브, 팟캐스트 라디오 광고
부동산 관련 유튜브, 팟캐스트 2~3개 선정하여 광고 집행

3) 팔로워 수익쉐어 시스템 운영

① 회원가입 후 친구추천을 통해 본인의 팔로워를 모집할 수 있음
② 팔로워가 후기를 등록하고 후기 판매에 대한 수익을 받을 때 회원에게는 **팔로워가 받는 수익에 비례하여 10%의 보너스 수익을 지급**
③ 팔로워 보너스 수익은 1회성이 아닌 **지속적인 혜택**

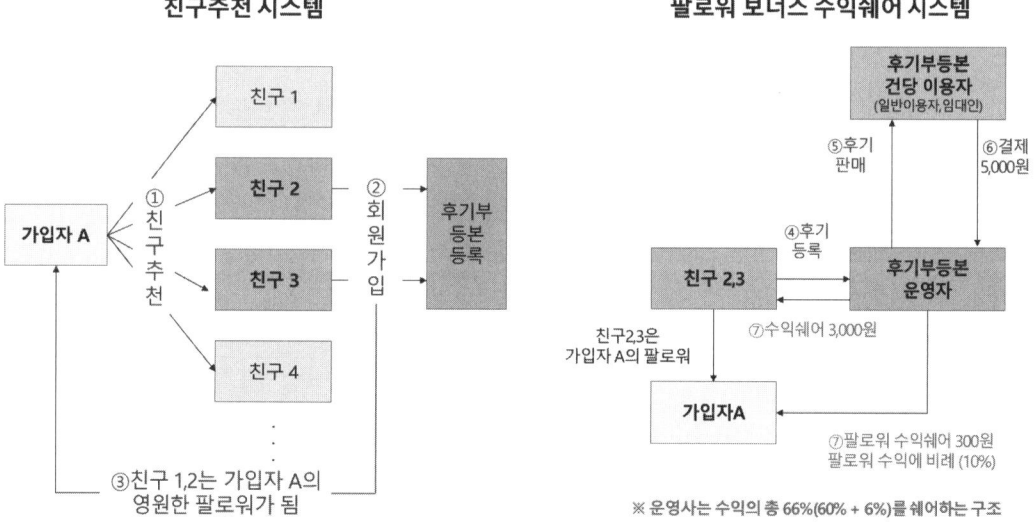

[친구추천 후 팔로워 보너스 수익쉐어 시스템]

3-3. 사업추진 일정 및 자금운용 계획

1) 사업 전체 로드맵

<사업 추진 일정(전체 사업단계)>

순번	추진 내용	추진 기간	세부 내용
1	서비스 정책 수립 완료	xx년 xx월	1차 서비스 정책 완성
2	1차 프로토타입 완성	xx년 xx월	프로토타입으로 알파테스트
3	시스템 1차 개발완료	xx년 xx월	웹/모바일 서비스 오픈
4	제휴 공인중개사 모집	xx년 xx월	타겟지역별 제휴 공인중개사 최소 10개소씩 모집
5	마케팅 계획 진행	xx년 xx월	회원 대상, 홍보/보도자료 배포
6	1차 투자유치 진행	xx년 xx월	1~3억 원 투자유치
7	오픈 이벤트 프로모션 진행	xx년 xx월	1년간 이벤트 진행 (이용고객 무료 이벤트 위주)
8	회원 2만 명, 후기부등본 1만 건 이상 목표	xx년 xx월	지속적인 프로모션 진행

2) 협약기간('2x.xx. ~ '2x.xx.) 내 목표 및 달성 방안

<사업 추진 일정(협약기간 내)>

순번	추진 내용	추진 기간	세부 내용
1	요구사항 분석 정의 서비스 정책 1차 정의	xx년 xx월	시스템, 서비스 요구사항 분석
2	설계 및 디자인	xx년 xx월	웹 시나리오, 서버 및 DB구축 외부연동계획, DB/서버 설계 디자인 기획 및 개발
3	주요 프로그램 개발	xx년 xx월	후기부등본 등록, 검색, 조회, 출력 발급 프로그램, 인증, 외부연동, 수익쉐어프로그램, 관리자 프로그램 서비스 웹/모바일 디자인 완성
4	베타 테스트 진행	xx년 xx월	베타 테스트 진행 수정보완 지속
5	1차 서비스 오픈	xx년 xx월	오픈 이벤트 개시
6	지식재산권 등록	xx년 xx월	프로그램 저작권
7	후기부등본 등록	xx년 xx월	1,400건 등록
8	매출	xx년 xx월	950만 원 달성

3) 정부지원사업비 집행계획

〈사업비 집행계획〉

비 목	산출근거	정부지원금(원)

외주용역비	• 반응형 웹 및 관리자 시스템 외주 구축비
	  00,000,000원
	• 반응형 웹 및 관리자 시스템 고도화 개발비
	  00,000,000원
		00,000,000

기계장치	• 개발용 컴퓨터 1건 × 0,000,000원 • 사무용 프린터 1건 × 000,000원 • 사무용 OA프로그램(MS 오피스)1건 × 00,000원	0,000,000
특허권/무형 자산 취득비	• 상표등록비 2건	000,000
지급수수료	• 회계감사비: 000,000원 • 결제서비스 최초 등록비 수수료: 000,000원 • 서버설치 및 호스팅 수수료: 00,000원 • 메일서버 설치 및 수수료: 00,000원 • 기타 지급수수료 등: 00,000원	0,000,000
광고선전비	〈일반용역비〉 • 블로그/인스타그램 마케팅: 0,000,000원 • 유튜브 마케팅: 0,000,000원 • 후기부등본 가입 등록 마케팅, 홍보: 00,000,000원	00,000,000
창업활동비	• 창업자 창업활동비 - 50만 원 × 8월 = 400만 원	4,000,000
합 계		00,000,000

4) 자금 필요성 및 조달계획

(1) 자금조달의 필요성

① 지속적인 개발 및 사업화를 위해서 자체적인 자금 투자가 필요함

② 세부내역(약 0,000만 원)

- 연구원 1명 인건비 자체 조달: 인건비 000만 원 1명 × 4개월 = 0,000만 원
- 기타 운영비: 월 000만 원 × 8개월 = 000만 원
- 지식재산권 확보관련 비용: 약 000만 원

(2) 조달계획 및 방안

① 1안. 기타자금은 자기자본금으로 충당

② 2안. 개발완료 후 투자유치 진행

개발완료 후 본격적으로 서비스 오픈 시 0.5~1억 원 Seed 투자가 필요함

투자 시 투자자에게 10% 수준의 지분 분배

4. 팀 구성(Team)

4-1. 대표자(팀) 현황 및 보유역량

1) 대표자(팀) 현황

(1) 대표자 주요 경력: 20년간 모바일 앱·플랫폼 개발 및 사업화 경험

순번	시기	주요 경력/경험	세부 내용
1	20xx~20xx년	이동통신 3사 모바일 솔루션 기획	2차원 바코드 쿠폰 시스템, 모바일 광고
2	20xx~20xx년 (창업)	ADwinc 플랫폼 개발 총괄	WIPI 기반 모바일 네트워크 배너 광고 플랫폼 (Mnet, 컴투스, 게임빌 제휴)
		KT 무료게임 '개구리' 개발 총괄	무료 VM 게임(데이터무료) 기반 광고 플랫폼
		조선일보VM, SK네트워크VM 광고	VM기반 모바일 광고 플랫폼 개발, 운영
		NII 모바일 차감형 상품권 개발	모바일 바코드기반 차감형 상품권 시스템
		엘리베이터 DID 광고 플랫폼 기획	LGU+ DID 광고 플랫폼 개발 기획
3	20xx~20xx년	학교폭력의심문자감지앱 개발총괄 SKT 청소년안심서비스	스마트 보디가드 앱 개발, 런칭
		돈버는 앱테크 앱 개발 총괄 애드라떼와 같은 '골드러쉬' 앱 개발, 런칭	
4	20xx~20xx년 (창업)	이어폰연결음 광고 시스템 개발, 이어폰연결음 기반 모바일 오디오 광고플랫폼 - 산업통상자원부 장관상 수상 - KT, iMBC, SBS콘텐츠허브, BC카드 제휴	
		짧은 이야기 'earing' 앱 개발/런칭 보이스 트위터 앱 플랫폼 개발 - Apple 앱스토어 3회 추천앱 선정	'수거맨' 앱 개발 아파트 세대별 분리수거 대행 플랫폼

<(예비)창업팀 구성 예정(안)>

순번	주요 담당 업무	요구역량(경력 및 학력 등)	채용 시기
1	SW 개발	컴퓨터공학 학사, SW 개발 경력(5년 이상)	'00.00

2) 외부 협력 현황 및 활용 방안

개발 및 서비스 런칭과 관련한 파트너로 구성

순번	파트너명	보유역량	협업방안	협력 시기
1	OOO	디자인	서비스 디자인	xx.xx~xx.xx
2	OOO	S/W 개발	웹사이트 제작 용역	xx.xx~xx.xx

4-2. 중장기 사회적 가치 도입계획

(1) 친환경 경영(Environmental)

- 소규모 벤처기업으로 거창한 친환경 경영정책보다 탄소배출 감소 및 환경오염 방지 차원에서 조금이라도 실천할 수 있는 계획 수립
- 사내 1회용품 사용금지, 개인컵/텀블러 이용
- 점심시간에 개인 컴퓨터 등 사내 전기용품 절전
- 이면지 활용
- 개인용 비품 구입 시 친환경 마크 제품 활용

(2) 사회적 책임 경영(Social)

- 모든 임직원 고객 응대 방안 공유를 통해 평일에는 누구라도 고객 응대 가능, 맡은 업무 이외 다른 직원 업무에 대해 공유, 순환 근무 배정
- 지역사회 나눔 활동, 로컬푸드 적극 구매 권장

(3) 투명 경영(Governance)

- 현재 투명하고 신뢰도 높은 이사회 구성
- 지배구조 개선을 위해 스톱옵션, 우리사주 등 도입 계획
- 학력/성별 등에 대한 차별 없이 수평적 관계로 업무 협업
- 근로기준법 준수(근무시간, 급여, 휴가), 직원 복지혜택 제공

분리수거 대행 서비스

이 사업계획서에서 참고할 만한 부분

1. 사업 전 선행 소규모 지역을 대상으로 **베타테스트 실시 및 설문조사까지 진행한 결과**를 첫 페이지에 강조했다.

2. **40~50대 남성 위주로 구성된 평가위원들 공감을 얻어내기 위해서** '한 번쯤 이용하면 편리할 것 같다.' 생각이 들 수 있도록 사업계획서를 전개했다.

3. 개발 완료 후 서비스 런칭 및 **초기 마케팅 계획을 아주 세세하고 구체적으로 제시**해서 실현 가능성을 강조했다.

4. 제품·서비스 개요 부분에서 O2O 서비스 특성이 반영될 수 있도록 실제 오프라인 사진을 제시하여 서비스 이해도를 높였다. 이론적 계획에 그치지 않고 **현장 경험을 사진으로 제시하여 신뢰도를 향상시켰다.**

5. **현재까지 진행 현황 부분에서 개발 및 사업적 측면 모두에 명확한 결과를 제시**하여 준비과정 성실함을 보여 주었다.

6. **기타 서류 부분에서 추가적으로 제시할 수 있는 자료가 있으면 최대한 많이 첨부하는 것이 좋다.** 이 사업계획서에서는 두 가지 App에 대한 디자인을 서비스 플로우에 따라 제시하였다. 개발 플로우, 주요기능, 관리자 페이지 기획안까지 모두 제시하여 성공 가능성을 높였다. 또 특허 출원서 및 출원내용, 상표출원 내역을 첨부하여 진정성을 입증했다.

☐ 제품·서비스 개요(요약)

제품(서비스), 핵심기술, 사업방식 등	아파트 입주가구가 직접 버려야 할 재활용품 및 쓰레기를 현관 앞에 배출하면 수거맨이 비대면으로 수거하여 분리배출까지 대행하는 서비스 **고객** ① 재활용품 **종류 구분 없이** 한꺼번에 담아 보관 ② **재활용품+일반쓰레기** 비대면 현관앞 배출 ③ 앱으로 수거맨 호출 (고객용 App) **수거맨 대행사** ④ 수거맨 수거요청 접수 (수거맨용 App) ⑤ 현장 대기 중인 수거맨이 비대면 방문수거 ⑥ 아파트 현장에서 분리 배출 대행 [비대면 아파트 분리수거 대행 서비스(수거맨) 흐름도]
제품 (서비스) 소개	앱 기반으로 아파트 가구별 쓰레기 및 재활용품 분리수거를 대행하는 O2O 플랫폼 (1) 수거맨 서비스 개요(고객 대상) 아파트 가구의 분리수거 재활용품과 쓰레기 배출을 위해 앱으로 '수거맨'을 호출하면 '수거맨'이 직접 방문해서 수거하고 현장에서 지자체의 재활용품 분리수거 정책에 맞게 분리배출까지 대행하는 서비스 (2) **지역별 분리수거 대행사 참여형 O2O 플랫폼(분리수거 대행사 대상)** 서비스 대상 아파트 단지를 선정한 분리수거 대행사들이 자유롭게 플랫폼에 입점할 수 있는 개방형 플랫폼으로 서비스자원, 고용지원, 시스템, 정산까지 토탈솔루션 제공 (3) 타겟고객: 2010년 이후 건축된 수도권 신축 아파트 단지 가구(약153만 가구) (4) 핵심기능: 고객 → 앱 기반 원버튼 비대면 수거대행, 재활용품 + 일반쓰레기 처리 　　　　　　수거대행사 → 오픈플랫폼, 분리수거 대행 창업/사업을 위한 토탈솔루션 제공

제품 (서비스)의 차별성	수거맨 아파트 분리수거 대행 서비스 (고객용 앱) (대행사용 앱)
	(1) 서비스의 핵심 차별성 　가. 배달대행과 반대되는 개념으로 **아파트 단지별로 배출을 대행**하는 생활밀착형 비대면 　　서비스 모델(포스트 코로나 시대 대응, 재활용품 재활용률 향상, 고용창출) 　나. **분리수거 대행 창업자를 위한 O2O 플랫폼으로 신시장 창출** 　다. 비대면 쓰레기 분리수거 시스템 특허 출원(10-2020-0155XX) **(2) 현재까지의 기술개발, 사업준비 현황(2021년 5월 중 베타서비스 진행)** 　가. 알파테스트를 통한 서비스 필요성 **검증완료(계속 이용 의향 80% 이상)** 　나. **프로토타입 개발 완료**(고객용/대행사용 앱-ios/안드로이드, 관리자 시스템) 　다. **베타테스트 확정**(운정신도시 한빛마을 1~9단지, 덕이지구 1~5단지 15,000가구) 　라. 통신판매사업자, 이니시스 결제, 오비닐닷컴 견적(봉투제작), 지역 고용복지센터를 통한 　　지역 60대 고용창출 가능 확인, 대행사 권역구분 및 대행사 참여의사 확인 등

국내외 목표시장

(1) 월 구독형 수익모델
　가. **월 이용료: 월 11,900원**(월 5회 분리수거대행 + 일반쓰레기 수거대행)
　나. 매출총이익: 아파트 가구당 월 9,900원(원가: 2,000원)

(2) 시장 규모 및 성장가능성
　가. **전체시장**: 2020년 기준 수도권 신축아파트(2010년 이후 건축) → 153만 가구
　나. 유효시장: 알파테스트 결과 중 1만 원 이상 결제 의향 고객 44% → 67만 가구
　다. 목표시장: **1만 가구 이용 시 연간 약 13억 원**, 3만 39억 원, 5만 65억 원 매출 가능
　라. 연간 매출목표

'21년 2천 가구 1.3억 / '23년 29천 가구 37억 원 매출목표

매출 구분		계수	단위	2021년	2022년	2023년	2024년	2025년	2026년	2027년
전체시장	(A) 전국아파트	2020년 기준	1000가구	10,900	11,548	12,234	12,960	13,730	14,546	15,410
	(B) 수도권아파트	2020년 기준	1000가구	5,346	5,668	6,010	6,373	6,759	7,170	7,607
	(C) 수도권 2012년 이후 신축 (2020년 기준 29% 이상)	2020년 기준	1000가구	1,533	1,855	2,197	2,560	2,946	3,357	3,794
유효시장	(D) 잠재고객 아파트	수도권의 13%	1000가구	675	816	967	1,126	1,296	1,477	1,669
	(E) 잠재고객 아파트의 30%	수도권의 3.9%	1000가구	202	245	290	338	389	443	501
목표시장	(F) 월평균목표 가입고객	연도별목표	1000가구	2	12	29	51	78	111	150
		수도권 신축아파트 점유율	%	0.1%	0.6%	1.3%	2.0%	2.6%	3.3%	4.0%
목표매출액	(G) 월 이용료 매출	(F)*10818원, 1년자 6개월	1000원	129,816	1,557,792	3,764,664	6,620,616	10,125,648	14,409,576	19,472,400
원가	비용 구분	계수	단위	2021년	2022년	2023년	2024년	2025년	2026년	2027년
	1. 신용카드 결제 수수료	PG 수수료 4%	1000원	5,193	62,312	150,587	264,825	405,026	576,383	778,896
	수수료(원가) 소계			5,193	62,312	150,587	264,825	405,026	576,383	778,896
인건비	2.수거맨 고용인원 수	평균 500가구당 1명	1명	4	24	58	102	156	222	300
	3.수거맨 인건비	평균300만원	1000원	108,000	864,000	2,088,000	3,672,000	5,616,000	7,992,000	10,800,000
	4.사무직원 고용 수	연도별 목표	1명	2	5	10	15	20	25	30
	5.사무직원 인건비	인당 400만원	1000원	72,000	252,000	504,000	756,000	1,008,000	1,260,000	1,512,000
	6.총 신규 고용인원 수	고용합계	1명	6	29	68	117	176	247	330
	인건비 소계		1000원	180,000	1,116,000	2,592,000	4,428,000	6,624,000	9,252,000	12,312,000
판관비	7.사무실보증금	사무실 보증금(인당 100만원)	1000원	10,000	20,000	40,000	50,000	60,000	70,000	80,000
	8.임대료 및 관리비	인당 월 5만원	1000원	8,000	17,400	40,800	70,200	105,600	148,200	198,000
	9.분리수거대봉투비	가구*월5매*150원, 5%여분	1000원	9,450	113,400	274,050	481,950	737,100	1,048,950	1,417,500
	10.광고선전비/홍보비	광고/홍보비(가구당 월 200원)	1000원	6,000	28,800	69,600	122,400	187,200	246,600	360,000
	11.기타운영관리비	매출의 5%	1000원	6,491	77,890	188,233	331,031	506,282	720,479	973,620
	그외 판관비 소계		1000원	39,941	257,490	612,683	1,055,581	1,596,182	2,254,029	3,029,120
	비용합계	수수료, 인건비, 그외 판관비	1000원	225,133	1,435,801	3,355,270	5,748,405	8,625,208	12,082,412	16,120,016
	영업이익		1000원	95,317	121,991	409,394	872,211	1,500,440	2,327,164	3,352,384
	영업이익률			-73.4%	7.8%	10.9%	13.2%	14.8%	16.2%	17.2%

[향후 5년간 매출, 비용 예상 목표]

(3) 초기 마케팅 전략(2회 무료체험, 일반쓰레기 배출 무료대행, 아파트별 광고)
　가. **타겟 아파트 단지별로 서비스 개시(일반 대중 홍보X, 해당단지만 홍보, 입소문)**
　나. 2회 무료체험 기본 서비스: 전 입주민 대상 2회 무료체험 후 유료전환
　다. 100L 분리수거 대봉투 매월 배송, 일반쓰레기 수거 무료 대행

이미지		
	1단계 회원 가입 & 무료 이용권	<고객용 App>
	2단계 분리 수거 대봉투 배송	분리수거 대봉투 (100L)배송 <수거맨용 App>
	3단계 수거맨 호출	보관 후, 수거맨 전달 <고객용 App>
	4단계 방문 수거 완료	현장에서 직접 분리배출 대행 <수거맨용 App>

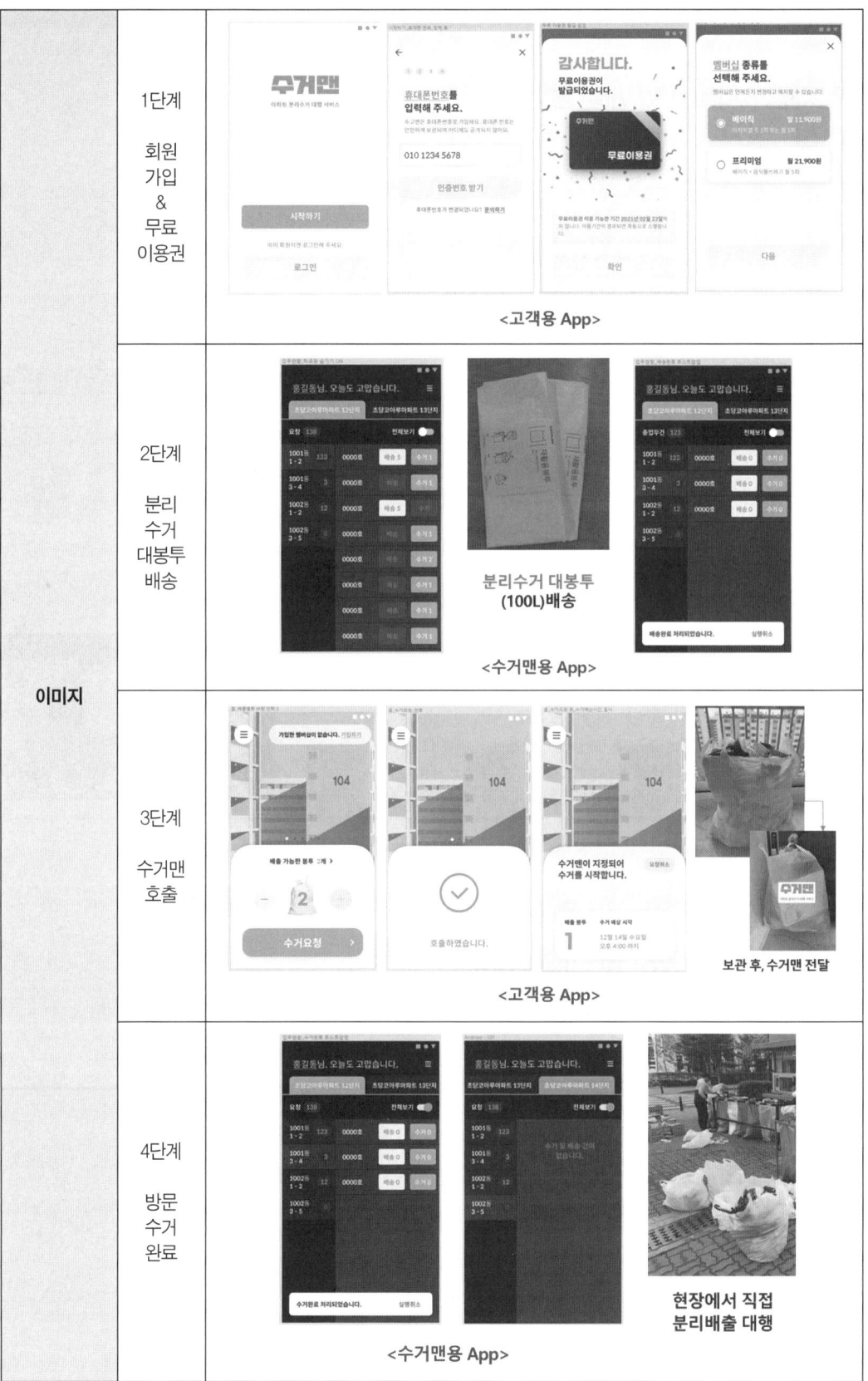

1. 문제인식(Problem)

1-1. 제품·서비스의 개발동기

① 매주 발생하는 번거로운 재활용품 분리수거를 '배출대행 서비스'로 해결
② 분리수거 대행서비스 아이디어의 사업화 가능성 가설을 수립하고 검증
   '가설: 매월 5회 분리수거 대행 서비스를 월 1만 원에 이용할 것이다.'
③ 검증을 위한 알파테스트 진행 결과 → 사업화 가능성이 매우 높음

구분	테스트 진행 내용
아파트	• 서울 마포구 상암동 상암 월드컵파크 5단지(총 8개 동 436세대) • 재활용 쓰레기 정기배출 일시 : 토요일 오전 6시~10시
일시	• 2017년 4월 22일(토)/29일(토) 분리배출 2주 실행
참여자 모집	• 모집광고 : 1주간 아파트 엘리베이터 광고 → 온라인 접수 • 모집방법 : 4월 초 토요일 분리배출일 당일 현장에서 직접 설명 모집
신청 세대	• 총 88세대 신청 (신청 세대에 75L 재활용봉투 2매 미리 제공)
참여자 제약	• 서비스 이용방법 : 토요일 아침 7시(제약사항) 이전에 현관 앞 배출 • 2주간 실제 총 60가구 알파테스트 참여
테스트 결과	① 조사방법 : SMS문자 발송 후 응답요청 ② 응답자 : 총 60가구 중 40가구 응답 ③ 계속 이용하고 싶다 : 80% (44% 1만원, 36% 요금조정) ④ 75L 봉투크기 : 적절 75%, 부족 23% (75L 보다 더 큰 봉투) ⑤ 정기배출 일에 수거대행 : 적절 80%, 다른 요일, 다른 시간 20% ⑥ 쓰레기봉투 배출 대행 서비스 추가 필요 : 50% ⑦ 음식물쓰레기 배출 대행 서비스가 필요 : 23%

[상암동 월드컵 아파트 5단지 알파테스트 결과]

1-2. 제품·서비스의 목적(필요성)

① 아파트 대상 분리수거 대행이라는 생활 밀착형 비대면 편의 서비스를 유료화
   - 재활용품 분리수거 및 일반쓰레기 배출 대행 서비스로 쓰레기 스트레스 해방
② **전국 분리수거 대행 사업자를 위한 표준화된 O2O 플랫폼 개발 신규 비즈니스화**
   - 앱/웹 시스템, 비닐봉투, 필요장비, 수거인력 고용 등 표준화된 프로세스 제공
   - **전국 권역별 구분으로 통해 분리수거 대행 창업지원, 새로운 수익모델 제시**
③ 지역 고용복지플러스센터 연계 중장년 고용창출 - 17,000개 단지당 1명 고용 목표
④ 전문적인 분리수거 인력의 분리수거로 지자체 재활용품 재활용률 향상

2. 실현가능성(Solution)

2-1. 제품·서비스의 개발 방안

1) 제품·서비스의 개발 방안(사업 전체 로드맵)

(1) 현재까지 진행 현황: 베타테스트 오픈을 위한 준비 완료

구분	분야	세부 내용
지식재산권	특허출원	비대면 쓰레기 수거 시스템(출원번호 10-2020-0155XXX)
	상표출원	수거맨(출원번호 40-2021-0007XXX)
개발	기획 및 디자인	App 시나리오 및 설계, 디자인 완료
	고객용 App	Android, IOS향 2가지 버전 개발완료, 검수완료
	작업자용 App	Android 향 개발완료, 검수완료
	관리자 back-office	총괄관리자 기능 개발 전국대행사 관리, 신규아파트관리, 고객관리, 결제관리 등
	보안 및 기타	서비스도메인 등록(sugerman.kr) 및 서버 호스팅(카페24) 통신보안을 위한 SSL 설치완료, 카카오톡 기업계정 발급
행정업무	통신판매사업자신고	통신판매사업자신고증(제20XX-고양일산서-XXXX호) 구매안전서비스 이용확인서발급(국민은행) - 판매인증마크
	결제대행서비스 계약	이니시스 계약체결(서울보증보험가입), 월 정기결제 서비스
	인증SMS 계약	알리고SMS(회원가입용 휴대폰번호 인증문자)
사업화	초기 시범테스트 아파트단지 14개 선정	파주운정신도시 한빛마을 1~9단지(11,500가구) 고양덕이지구 일산하이파크 1~5단지(4,000가구)
	비닐봉투 업체선정	5곳 견적 받아 오비닐닷컴 선정(장당 150~160원)
	수거맨 고용절차 확인	고양 복지플러스센터 접수(구인요청하면 1~2주 내 고용완료)
	지역대행사 권역지정	전국을 35개 권역으로 구분하여 대행사모집(권역별 30만 가구)
	홈페이지	홈페이지 콘텐츠 기획
	홍보자료 기획	안내문, 아파트 엘리베이터 광고문, 배너 기획
	수거업무규칙 수립	업무 프로세스, 아파트 입점 프로세스, 수거맨 업무규칙 수립
기타	사업 필요 양식	아파트등록 양식, 이용약관, 개인정보취급방침 수립

〈향후 사업 추진일정〉

추진내용	추진기간	세부 내용
1차 개발완료 앱 마켓 등록	20xx.4	수거맨 고객용 앱(구글, 애플)
1차 대봉투 제작	20xx.5	오비닐닷컴, 75~100L 대봉투 초도물량 30,000매
1차 수거맨 고용	20xx.5	최소 2명~최대 4명 1차 고용
베타테스트 오픈/이벤트 진행	20xx.5~7	운정신도시 한빛마을 1~9단지
서비스 지역 확장	20xx.7~9	고양 덕이지구 일산하이파트시티 1~5단지
개발자 충원	20xx.7~9	앱 개발 및 서버 개발자 최소 1명 충원
법인전환	20xx.8	투자유치 등 사업확장을 위한 법인전환 완료
투자유치 진행	20xx.9~12	10억 원 투자유치(지분 10%) 목표
서비스 운영 및 결과분석	20xx.10~12	가입자 목표(3,000가구), 운영, 검증, 보완, 결과분석

2) 비대면 스타트업 육성사업 사업(협약) 기간 내 목표 및 달성방안

(1) 사업(협약) 기간 내 정량적 목표

순번	구분	목표	세부 내용
1	유료 가입자	2,000가구	한빛마을/덕이지구 총 14개 단지 **약 15,000가구 중 15%** 서비스 단지 총 14개 단지 목표(**월 11,900원**)
2	매출	1.9억 원	**20xx년 1.3억 원 + 20xx년 x월까지 0.6억 원** = 1.9억 원
3	고용창출 (총 10명)	수거맨 6명	500가구당 평균 1명으로 최소 6명 수거맨 고용(50~60대)
		개발자 2명	경력직 개발자 1명(서버, DB) 청년 개발자 1명(앱)
		기획/마케팅 2명	경력직 기획자 1명 개발, 청년 마케팅 담당자 1명
4	투자유치	최소 10억 원	현재 개인 투자자와 협의 중 최소 10억 원, 10% 이내 지분
5	대행사모집	최소 1개사	베타테스트 지역 이외에서 프랜차이즈 형태 대행사 모집 1개 부산, 대구, 울산, 대전, 부천에서 대행 의향 접수(지인)
6	지식재산권	프로그램 2건	앱 2건 프로그램 등록 및 기술임치 진행

(2) 3,000가구 가입 및 매출 1.9억 달성 방안

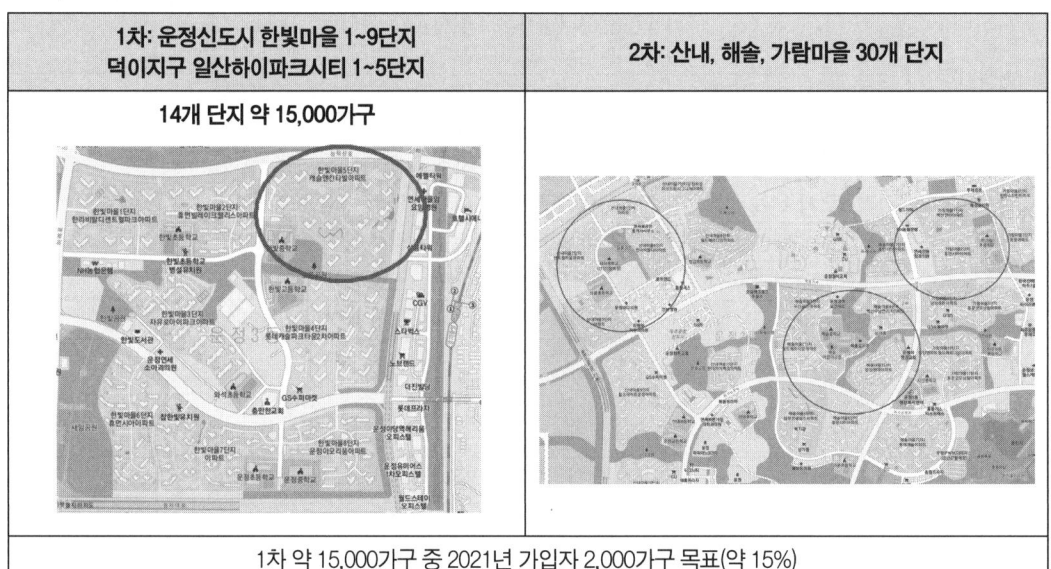

1차 약 15,000가구 중 2021년 가입자 2,000가구 목표(약 15%)

① 목표지역: 운정신도시 한빛마을 1~9단지 총 11,569가구 등 총 15,000가구
- 20xx년 신축단지, 평균 1,100가구 이상으로 2~3명으로 커버 가능
- 2차 목표지역: 산내, 해솔, 가람마을 약 30개 단지 추가 영업 대상

② 영업 개시: 20xx년 xx월부터 시작

③ 단지당 최소 200가구 모집 목표, 20xx년 총 2,000가구 가입 목표
- 서비스 아파트 대상 엘리베이터 광고 집행
- 이벤트: 전 가구 2회 무료체험 + 1년간 일반쓰레기 무료 수거

2-2. 고객 요구사항에 대한 대응방안

1) 분리수거 대행 서비스의 현황 및 문제점

(1) 2020년 후반기부터 지역별로 소규모 분리수거 대행 서비스 출현하기 시작

당번, 주번, 에코수거, 착한수거, 바로수거, 백S클린, 편한수거, 편하우스, 편리수거 등 지역을 기반으로 심부름 형태의 소규모 서비스 등장

(2) 문제점

① 통일된 서비스 접점 없음(전화, 카톡, 스마트스토어) → 통합 브랜드 및 App 필요
② 서비스 지역의 불특정화 및 작은 커버리지 → 아파트 단지로 집중한 서비스 필요
③ 이용건당 4,000~5,000원(월 16,000~20,000원) 비싼 이용료 → 건당 2,500원 이하 유지
④ 서비스 확장 전략 부재 → 모든 이용자 무료체험 후 유료가입 프로세스 적용

2) 주요 대응방안: B2C와 B2B 차별화 전략

(1) App을 기반으로 하는 통일된 서비스 지원(B2C)

대응방안	(1) App	(2) 단지별서비스	(3) 2,500원 ↓	(4) 무료체험
개요	수거맨 앱 (Google Play, App Store)	회원가입 시 첫번째 조건을 거주 아파트로 설정 / 거주하고 있는 아파트를 선택해 주세요.	월 5회 기준 월 11,900원으로 건당 2,380원 / 택배비용이나 배달비용보다 저렴하게 / 타 서비스 대비 **최대 50% 이상 저렴**	감사합니다. 무료이용권이 발급되었습니다. (수거맨 무료이용권)
의의	회원가입, 서비스 요금, 월정액 결제, 수거맨 호출 앱 기반으로 표준화되고 통일된 서비스를 제공함.	현재의 지역별 소규모 서비스는 지역 전체를 커버하려 하여 가입여부가 불투명하고 객단가가 높은 구조적 문제 발생 〈분리수거 대행 서비스 성공요인〉 ① 통합된 고객접점으로 혼선 없이 막힘없는 가입으로 ② 신속하고 저렴하게 제공 아파트 단지별 가입 시 자원을 집중하여 효율적인 서비스 제공 가능	한 단지 내에서 서비스를 집중 제공하기 때문에 이동거리가 단축되고 동별로 업무가 집중되어 업무시간이 단축되어 저렴한 이용 가능	한 단지별 모든 가구를 대상으로 회원가입 시 결제정보 입력 없이 2회 무료이용권 지급 무료체험 후 계속 이용하고자 할 경우 월정액 유료 결제

(2) 전국 분리수거 대행사가 참여하는 오픈 O2O 플랫폼, 이 분야 최초의 B2B 플랫폼

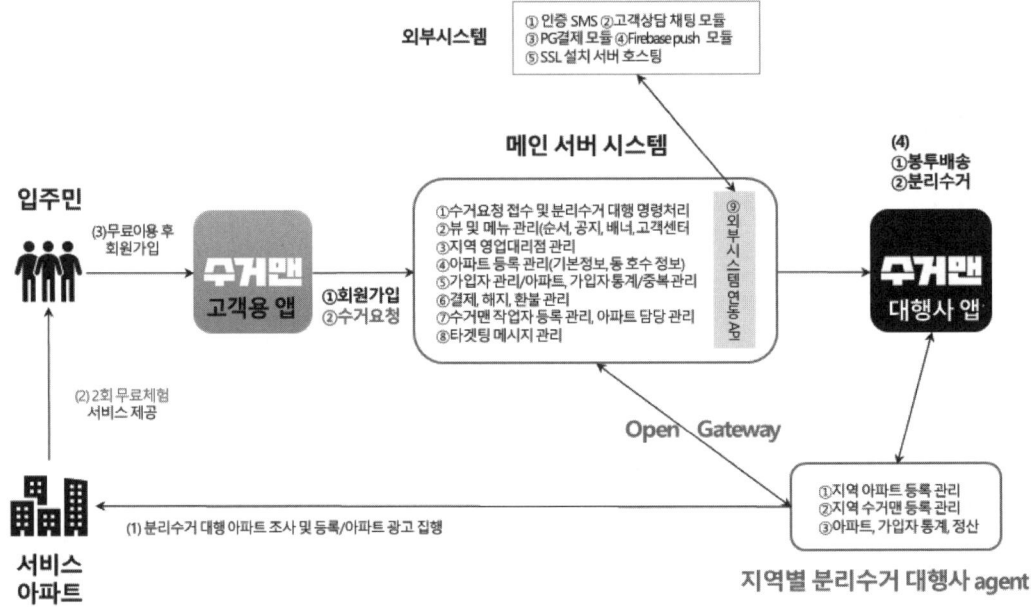

① 표준화: 통합된 브랜드와 App으로 통일된 서비스 제공
② 전국의 다양한 분리수거 대행사가 플랫폼에 참여하면 토탈 솔루션 및 자원 지원
③ 분리수거 대행에 대한 대행수수료 지급(65%), 권역별 대행서비스 우선권 확보

분리수거 대행 서비스를 전국적으로 확장하기 위해서는 통일된 브랜드와 표준화된 시스템을 제공하여 지역별 소규모 분리수거 대행사가 플랫폼에 참여하여 권역별 영업권을 부여받아 수익 창출을 보장받아야 함.
이를 통해, 분리수거 대행 서비스가 전국적 보편적 서비스로 발전할 수 있음.

(3) 사회적/지역적 요구사항: 재활용품 활용 및 고용창출에 대한 효과

① 아파트 분리수거 대행 전문 직종을 탄생시켜 신규 일자리 창출(최대 17,000명)
　　전국 17,000개 아파트 단지 1명씩 고용 시 17,000명 고용창출 가능
② 분리수거 사업자를 전국적으로 확장시키고 '배출대행'이라는 신규 업종 개발
③ 재활용품의 전문적 분리수거로 지자체 재활용률 향상, 환경보호에 기여

3. 성장전략(Scale-up)

3-1. 자금소요 및 조달계획

(1) 자본 조달계획

① 자체 자본 1억 원 확보하여 집행 중
② 특허출원 등 지식재산권, 디자인, 시스템개발비 등 2,500만 원 기집행
③ 추가 자금은 기존 사업자금 7,500만 원을 우선 활용하고 매출을 통해 확보
④ 6~7월에 매출 발생하기 시작하여 필요한 운영비 충당
⑤ 투자유치: 엔젤투자 통해 5~10억 원 투자유치 추진

(2) 추가 자금집행 계획

① 인건비: 최소 6명 고용: 9개월간 1.3억 원
② 재료비, 외주용역비, 지급수수료, 광고선전비 등: (약) 9천만 원 소요

〈사업비 세부내역(정부지원금 + 대응자금)〉

비 목	산출근거	금액(원)	
		정부지원금 + 대응자금(현금)	대응자금 (현물)

재료비	• 베타테스트용 분리수거 대봉투 제작비
	  (20만 장 × 000원)
	  - HDPE 양손잡이형 봉투 85L 내외(83*100)
	  - 단면 1도 인쇄 포함 / 오비닐닷컴(ohvinyl.com)
	• 로고인쇄용 동판제작비(1개 × 00만 원)
		000,000	00,000,000

외주용역비	• App 및 back office 기능 개선(1식 × 2회 0000만 원)
	  - 고객용 Android, iOS 버전, 작업자용 Android 버전
	  - Back office 정산, 통계, 권한, App API
		00,000,000	0,000,000

기계장치 구입비	• 기획/운영/개발용 컴퓨터(2대 × 000만 원)	0,000,000	-
무형자산 취득비	• App 프로그램 등록(2대 × 5만 원) • 수거맨 기술임비치(1회 × 00만 원)	000,000	-
인건비	• 수거맨 인건비(4명 × 9월 × 000만 원) • 개발기획자 인건비(2명 × 7개월 × 000만 원)	00,000,000원	
지급수수료	• 사무실임차료(9개월 × 00만 원) • 창업/경영멘토링비(7개월 × 00만 원) • 회계감사비(30만 원)	00,000,000원	
광고선전비	• 엘리베이터 광고비(10개단지 × 8개월 × 00만 원)	00,000,000원	
합 계		000,000,000	00,000,000

3-2. 시장진입 및 성과창출 전략

1) 내수시장 현황(경쟁 및 판매가능성)

(1) 타겟고객: 수도권 신축아파트 153만 가구 대상
① 수도권 신축 아파트 중 1,000가구 이상으로 구성된 대단지 위주 영업진행
② 1차 타겟 파주 운정신도시(한빛마을 1~9단지) 11,500가구, 고양시 소재 신축단지
③ 분리수거 지정요일이 있는 아파트 대상으로 서비스(지정일에 2~3명 수거맨 배치)

(2) 마케팅, 프로모션 기본전략: 무료체험 후 올해 최소 2,000가구 가입 목표
① 서비스 아파트 대상 전 가구에 미리 분리수거 대봉투 2매씩 배포하고, 엘리베이터 광고 및 배너 광고를 통해 서비스 오픈을 알려 수거맨 앱을 설치하도록 유도(1,000가구 × 봉투 2매 × 200원 = 40만 원 + 엘리베이터 광고 10만 원 = 약 50만 원 마케팅비)
② 앱 설치하고 휴대폰번호로 회원가입하면 무료이용권 2회 자동 발급(무료체험)
③ 분리수거 지정요일이 있는 아파트 무료 서비스(지정일에 2~3명 수거맨 배치)
④ 무료체험 후 추가 이용 시 앱에서 월유료결제 → 아파트 내 입소문, 200가구 가입

(3) 수익모델 및 원가분석

구분	내용
수익모델	월 구독 서비스: 11,900원(주 1회, 월 5회)
가입자당 기본 원가 (2,000원)	① 아파트 영업비용(광고비 등으로 활용): 가입자당 월 500원 ② 대봉투 비용(배송 비용 포함): 200원 × 5매 = 1,000원 ③ 정기과금 결제수수료 3~4%: 약 500원
매출총이익	가구당 월 매출 총이익: 9,900원 중 부가세 제외 9,000원
수거맨 당 300가구 시	① 월 매출 총이익: 270만 원(9,000원 × 300가구) ② 수거맨 1명 월 인건비: 약 230만 원으로 인건비 충당 가능(하루 5시간)
수거맨 당 500가구 시	① 월매출 총이익: 450만 원(9,000원 × 500가구) ② 수거맨 1명 월 인건비: 약 300만 원_인센티브 포함(7~8시간) → 인건비를 제외하고도 월 평균 150만 원 매출 총이익 발생

2) 내수시장 진출 실적 및 추가시장 창출 방안

현재까지 서비스 오픈 전으로 20xx년 5~6월 사이 오픈 예정

매출 구분		계수	단위	2021년	2022년	2023년	2024년	2025년	2026년	2027년
전체시장	(A) 전국아파트	2020년 기준	1000가구	10,900	11,548	12,234	12,960	13,730	14,546	15,410
	(B) 수도권아파트	2020년 기준	1000가구	5,346	5,668	6,010	6,373	6,759	7,170	7,607
	(C) 수도권 2012년 이후 신축(2020년 기준 29% 이상)	2020년 기준	1000가구	1,533	1,855	2,197	2,560	2,946	3,357	3,794
유효시장	(D) 잠재고객 아파트의 13%	수도권의 13%	1000가구	675	816	967	1,126	1,296	1,477	1,669
	(E) 잠재고객 아파트의 30%	수도권의 3.9%	1000가구	202	245	290	338	389	443	501
목표시장	(F) 목표가입고객	연도별목표	1000가구	2	12	29	51	78	111	150
		수도권 신축아파트 점유율	%	0.1%	0.6%	1.3%	2.0%	2.6%	3.3%	4.0%
목표매출액	(G) 월 이용료 매출	(F)*10818원, 1년차 6개월	1000원	129,816	1,557,792	3,764,664	6,620,616	10,125,648	14,409,576	19,472,400
비용 구분		계수	단위	2021년	2022년	2023년	2024년	2025년	2026년	2027년
원가	1. 신용카드 결제 수수료	PG 수수료 4%	1000원	5,193	62,312	150,587	264,825	405,026	576,383	778,896
	수수료(원가) 소계			5,193	62,312	150,587	264,825	405,026	576,383	778,896
인건비	2.수거맨 고용인원 수	평균 500가구당 1명	1명	4	24	58	102	156	222	300
	3.수거맨 인건비	평균300만원	1000원	108,000	864,000	2,088,000	3,672,000	5,616,000	7,992,000	10,800,000
	4.사무직원 고용 수	연도별 목표	1명	2	5	10	15	20	25	30
	5.사무직원 인건비	인당 400만원	1000원	72,000	252,000	504,000	756,000	1,008,000	1,260,000	1,512,000
	6.총 신규 고용인원 수	고용합계	1명	6	29	68	117	176	247	330
	인건비 소계		1000원	180,000	1,116,000	2,592,000	4,428,000	6,624,000	9,252,000	12,312,000
판관비	7.사무실보증금	사무실 보증금(인당 100만원)	1000원	10,000	20,000	40,000	50,000	60,000	70,000	80,000
	8.임대료 및 관리비	인당 월 5만원	1000원	8,000	17,400	40,800	70,200	105,600	148,200	198,000
	9.분리수거대봉투비	가구*월5매*150원, 5%여분	1000원	9,450	113,400	274,050	481,950	737,100	1,048,950	1,417,500
	10.광고선전비/홍보비	광고/홍보비(가구당 월 200원)	1000원	6,000	28,800	69,600	122,400	187,200	266,400	360,000
	11.기타운영관리비	매출의 5%	1000원	6,491	77,890	188,233	331,031	506,282	720,479	973,620
	그외 판관비 소계		1000원	39,941	257,490	612,683	1,055,581	1,596,182	2,254,029	3,029,120
	비용합계	수수료, 인건비, 그외 판관비	1000원	225,133	1,435,801	3,355,270	5,748,405	8,625,208	12,082,412	16,120,016
	영업이익		1000원	-95,317	121,991	409,394	872,211	1,500,440	2,327,164	3,352,384
	영업이익률		1000원	-73.4%	7.8%	10.9%	13.2%	14.8%	16.2%	17.2%

[향후 5년간 매출, 비용 예상 목표]

※ 목표 산출근거

① 전국아파트: K-APT사이트의 아파트현황자료 2020년 기준에 전국 2년간 평균 성장률 5.94%
② 수도권아파트: K-APT사이트 2020년 기준에 2년간 평균 성장률(서울 4.07%, 경기/인천 6.83%)
③ 수도권 신축아파트: 건축 후 10년 이내 아파트를 신축으로 정의, 수도권 아파트의 29%
④ 잠재고객 가구수: 수도권 신축아파트 × 44%(2017년 알파테스트 시 1만 원 유료 의향 고객비율)
⑤ 유효시장: 수도권아파트 × 이용 의향률 44% × 정기배출 아파트율 20%
⑥ 목표시장: 연도별로 현재의 자본 1억 원으로 추가 투자 없이 사업추진 시 달성할 수 있는 목표
⑦ 매출액: 연도별 가입가구 × 10,818원(월 11,900원 부가세 제외) × 12개월, 1년차는 6개월만 적용
⑧ 아파트 영업비용: 매출액의 5%는 서비스 아파트에 엘리베이터 광고 등으로 집행
⑨ 신용카드 결제수수료: 통상 3~4%로 금액이 클 경우 수수료 낮게 책정
⑩ 수거맨 고용인력: 가입 500가구당 1명 고용으로 산정 최소 200가구 가입 시 인건비 충당 가능
⑪ 사무실 보증금은 내부인력 10명당 보증금 2,000만 원 추가되는 것으로 산정
⑫ 분리수거 대봉투 비용은 장당 150원으로 계산했고 10만 장 이상 생산 시 더 절감할 수 있음

3) 해외시장 현황(경쟁 및 판매가능성)

아파트 대상 분리수거는 우리나라 특성에 특화된 선진적 모델로 해외에서도 국가별로 법제화 진행 시 BM으로 진출 가능, 중국의 일부 성에서 2019년 하반기부터 법제화되었고 실제 분리수거 대행서비스가 출현하여 서비스가 활성화되고 있음.

출처: '쓰레기 대신 버려주고, 대박나는 업종이 있다고?'(더퍼스트미디어, 2020. 1. 5.)
'中, 쓰레기 분리수거 대행업체 급속 성장 중'(한국무역협회, 2019. 6. 27.)

4) 글로벌 진출 실적 및 추가시장 창출 방안 - '해당사항 없음'

5) 국·내외 진출 역량

- 국내 특허출원 1건(비대면 쓰레기 수거 시스템, 출원번호 10-2020-0155xxx)
- 상표출원 1건(수거맨, 출원번호 40-2021-0007xxx)

4. 기업 구성(Team)

4-1. 대표자 · 직원의 보유역량 및 기술보호 노력

1) 대표자 현황 및 역량: 생략

2) 추가 인력 고용계획

순번	주요 담당업무	요구되는 경력 및 학력 등	채용 시기
1	서버/DB/웹 담당, App 개발담당 1명	해당분야 경험 최소 3년 이상	
2	기획&설계(확정)	디자인, 기획 경력 10년 이상	
3	마케팅 영업담당	고졸이상, 마케팅경력 1년 이상	
4	분리수거 담당자 6명	지역거주 50~60대, 경력무관 (지역 고용복지플러스센터 통해 충원)	

3) 업무파트너(협력기업 등) 현황 및 역량

순번	파트너명	주요역량	주요 협력사항	비고
1	○○○	모바일앱, 웹 서비스 운영역량, 분야별 10년 이상 고급개발자 지원	시스템개발지원 운영지원	
2	○○○	주문형 비닐제작 전문업체	분리수거용 대봉투 제작	

4) 기술보호 노력

① 기술개발 관련 특허출원 완료(20xx.xx.xx.), 상표출원 완료(20xx.xx.xx.)
② 2가지 개발 App 프로그램 등록, 대중소기업농어업협력재단에 개발기술 임치
③ App 개발 후 프로가드 등 암호화 솔루션 적용하여 배포, SSL서버 적용
④ 기술보호 보안규정적용 및 보안담당자 선정, 담당직원에 대한 기술보호교육 실시

4-2. 사회적 가치 실천계획

〈중소기업 성과공유제 도입현황 및 계획〉

제도명	도입 여부	주요내용	실적*
내일채움공제		정관 취업규칙 등 내부 규정과 주요내용을 발췌하여 기재	
직무발명보상제도		직무와 관련한 새로운 발명에 대해서 보상하는 체계 마련	
스톡옵션		'2x년 이후 제도도입, 법인으로 전환하고 정관에 반영	
경영성과급		'2x년 결산 후 당기순이익 20% 내외에서 성과급 반영	
신중장년 고용		50세 이상 65세까지 고용창출	

기타 서류(1) 특허 및 상표출원 사항

【청구항 1】
사용자의 쓰레기 수거 요청 입력에 따라 쓰레기 수거 요청 정보를 송신하는 사용자 단말; 상기 쓰레기 수거 요청 정보를 수신하여 수거 요청 스케줄을 생성하고, 상기수거 요청 스케줄과 쓰레기 수거 담당자의 스케줄을 반영하여 아파트의 동 별로 수거 예정 스케줄을 생성한 후 송신하는 관리 서버; 상기 관리 서버로부터 송신된 상기 수거 예정 스케줄을 표시하는 수거용 단말을 포함하는 것을 특징으로 하는 비대면 쓰레기 수거 시스템.

【청구항 2】
제1항에 있어서, 상기 쓰레기 수거 요청 정보는 사용자로부터 상기 사용자 단말의 어플리케이션 실행 화면에 표시된 수거 요청 버튼이 선택됨에 따라 송신되는 것을 특징으로 하는 비대면 쓰레기 수거 시스템.

〈개발대상 기술(제품, 서비스 등) 관련 지식재산권〉

구분	지식재산권명(예시)	지식재산권출원인	출원번호
특허출원	비대면 쓰레기 처리 시스템	○○○	10-2020-0155xxx
상표출원	수거맨	○○○	40-2021-0007xxx

아파트 단지라는 특정 지역 내의 클로우즈된 시스템으로, 요청자와 지역을 담당하는 분리수거 담당자가 N대1로 연결되는 구성으로 수거요청 시 지역/비용/내용/요청날짜 등의 불필요한 선택 입력 없이 **단순히 '수거요청' 버튼으로 한 번만 요청**하면 아파트단지의 정해진 분리수거 담당자가 있는 상태에서 수거수수료 흥정이나 조건 입력 없이 항상 수거가 가능한 시스템으로 기존 플랫폼 노동자 기반의 BM에 비해 간편성, 서비스 확실성, 지역성, 매칭 불필요성에서 차이가 있음.

기타 서류(2) 서비스 플로우 상세 설명

①단계 [고객용 App]: 회원가입 및 무료이용권 발급

- 휴대폰번호로 회원가입(서비스 아파트 동호수 선택)
- 무료이용권 자동발급: 기본 2회 무료 체험, 이후 추가 이용 시 요금결제

②단계 [작업자용 App]: 회원가입 접수 및 분리수거 대봉투 배송

 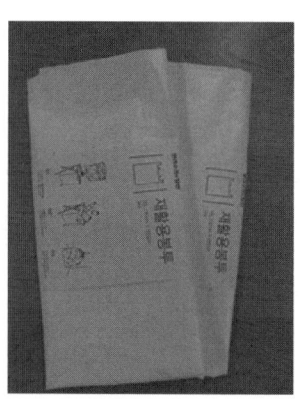 

분리수거 대봉투 (100L)배송

- 회원가입이 완료되면 작업자용 앱에 아파트단지/동호수별로 분리수거 대봉투 배송내역이 실시간으로 등록됨.
- 작업자는 고객의 동호수에 직접 방문하여 분리수거 대봉투를 배송

③단계 [고객용 App]: 원버튼 수거요청(수거맨 호출) 및 수거맨 방문 수거

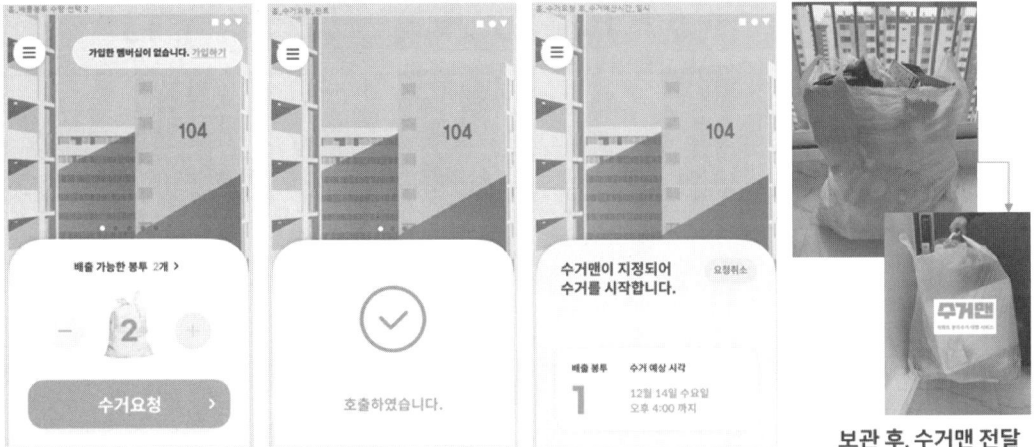

보관 후, 수거맨 전달

- 고객은 분리수거 대봉투에 재활용품 구분 없이 모두 담아 보관하다가 분리수거 배출이 필요할 때 수거요청(수거맨 호출)
- 앱을 실행하면 "수거요청" 버튼이 있는 메인화면에서 수거요청/수거예정시각 표시
- 비대면으로 수거요청하고자 할 경우 수거요청 후, 현관문 밖에 수거봉투 배출

④단계 [작업자용 App]: 방문수거 완료 및 아파트 현장 분리배출

 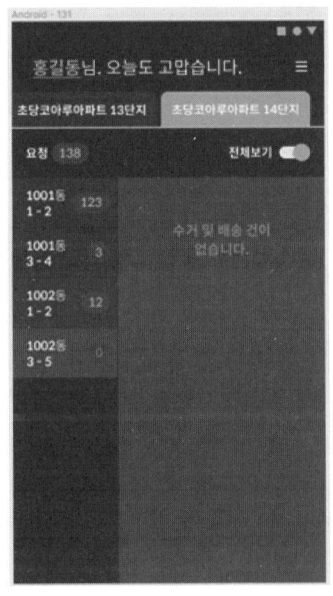 

현장에서 직접 분리배출 대행

- 작업자용 앱에 실시간으로 수거요청이 접수되고 수거맨은 아파트에 대기하고 있다 고객 호수에 직접 방문하여 수거처리
- 수거된 분리수거 대봉투를 아파트 현장에서 분리배출
- 일반쓰레기, 음식물쓰레기도 동일한 방법으로 수거배출 서비스 제공

기타 서류(3) 고객용 App 프로토타입

① 개발 기본 내용
- 지원OS: iOS(11.0~13.x), Android(9.0~10.x) 향 두 가지 개발
- 개발 프레임워크: Recat Native

② UX/UI의 기본 철학
- 이용자 정보 입력의 최소화: 휴대폰번호와 아파트 동호수로 회원가입, 자동로그인
- 입력 오류 입력 최소화: 선택 가능한 상태에서만 버튼 활성화, 입력규격 자동제어
- 별다른 교육이나 고민, 검토 없이 직관적으로 접근하기 편의한 UX/UI(순차적)
- 이용자 수거요청 시 앱 조작 최소화: 원버튼 수거요청 서비스(대쉬버튼식 적용)
- 멤버십 가입 및 결제, 추가 결제 방식의 편의성 극대화

③ 회원가입 및 무료체험: 비밀번호 없는 휴대폰번호로 회원가입 및 최초 무료체험

- 선택한 옵션에 따라 버튼 활성화, 아파트 동호수 선택, 휴대폰번호 입력, 인증번호 입력 후 회원가입 완료, 자동로그인 처리, 회원가입자에 무료이용권 2회 증정

- 회원가입자 메인화면 '수거요청'
- 앱 재실행 후 메인화면이 '수거요청'이고 버튼 터치하면 '수거요청' 접수완료

④ 비대면 수거요청, 무료체험 후 멤버쉽 요금제 선택 가입, 이용권 추가

- 최초 수거요청 시 비대면 서비스를 위해 고객이 공동현관 비밀번호 선택입력 가능
- 수거거부 없이 수거요청이 즉시 접수되고, 수거예정시각이 표시됨.
- 수거요청 일정 변경하고 싶은 경우 수거요청 취소처리(수거전까지 수거취소 가능)
- 무료이용권 이용 완료 후 추가 이용 시 멤버십 요금제 가입 후 이용
- 월 구독 서비스로 신용카드 월 정기과금(이니시스 PG 활용)
- 월 이용권 추가할 경우 신용카드 월 정기과금 일정변경으로 신청처리

기타 서류(4) 작업자용 App 프로토타입

① 개발 기본 내용
- 지원OS: Android(9.0~10.x) 향 두 가지 개발
- 개발 프레임워크: Recat Native

② UX/UI의 기본 철학
- 수거맨은 플랫폼 노동자가 아닌 내부 직원 고용으로 정상적 근무시간, 일정 보장
- 화면 뎁스 최소화: 메인화면이 작업 작업보드 화면
- 업무완료 증빙 처리 자동화: 사진첨부 X, 고객문자발송 X, 수거상황보고 X
- 1일 업무량 할당이 아닌 1일 근무시간 기준으로 업무처리
- 근무시간 외 수거요청에 대해서 수거예정시각 자동이월시스템
- 수거맨과 담당아파트가 1대1 매칭이 아닌 N대N 매칭 시스템으로 구성되어 결원 발생 시 보조인원이 투입되어 대신 업무처리

③ 수거맨 작업자 Main 페이지 = 작업보드 구성

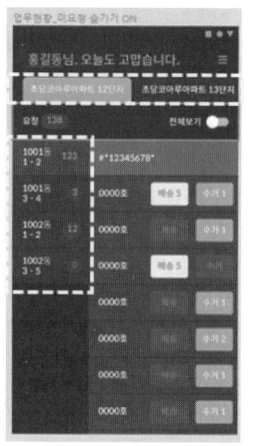 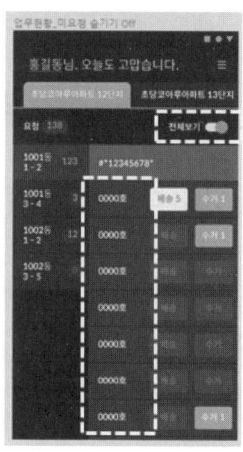 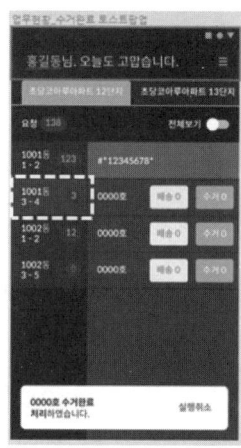 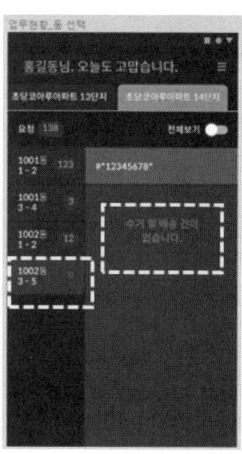

- 메인페이지 우측에 동호수별 배송 및 수거요청 내역이 표시
- 상단메뉴는 좌우로 스크롤링되면서 '아파트단지'를 선택할 수 있음.
  통상 수거맨 1명이 1~3개 아파트 단지의 수거업무 담당(일일 100개 내외 처리)
- 좌측메뉴는 동라인별로 구분하여 표시됨(같은 동이라도 출입구 기준으로 분리)
- 전체보기는 서비스 계약저 전체 보기, 디폴트는 요청내역 있는 가입호수만 표시
- 좌측메뉴 동라인 선택하여 동라인별 업무내역 확인
- 수거업무가 없는 동라인도 표시됨. 업무내역은 실시간으로 업데이트됨.
  따라서 일일 업무량은 존재하지 않으며, 수거업무 종료시각 이후 요청은 이월

기타 서류(5) 서버/DB 시스템 개발내용

① 개발 기본 내용
- 서버환경: Linux, PHP, Apache
- DBMS: MariaDB
- 외부연동: 이니시스 결제, 알리고 SMS인증, 카페24 SSL, 채널톡, FirebasePush
- 기본 중앙관리자 운영페이지, 지역영업대행사 운영페이지 2가지로 구성
- 관리자 페이지 와이어 프레임 기획 완료

② 주요 세부 개발 내용

관리기능		주요 개발 내용
앱 관리	아파트 DP 관리	App 회원가입 시 서비스 아파트 노출 순서 관리
	공지사항 관리	전체 공지사항 관리
	알림 텍스트 관리	FAQ, 수거맨 제휴/모집 관리, 약관, 개인정보 취급방침 등 노출 텍스트 관리
앱 내 메인 배너 관리		고객용 앱 내 5가지 로테이션 배너 이미지 관리
아파트 관할 지역 및 영업대행사 관리		전국 영업대행사의 영업 영역을 구분하여 영업대행사와 1:1 매칭이 되도록 관리
서비스 아파트 관리		신규아파트 등록, 아파트별 동라인 입력 관리, 서비스 아파트 리스트
가입자 관리		가입자 리스트, 상세보기
통계관리		아파트 통계, 가입자통계, 결제통계
정산관리		아파트별 정산, 수거맨별 정산, 결제취소 및 환불 관리
중복결제 관리		동일 아파트 동일 동호수 이중결제 관리
수거맨 관리		수거맨 등록, 담당아파트 매칭
Push 메시지 관리		타겟팅에 따른 Push 메시지 발송 관리

③ 아파트 DP관리: App 회원가입 시 노출되는 서비스 대상 아파트 순번 관리

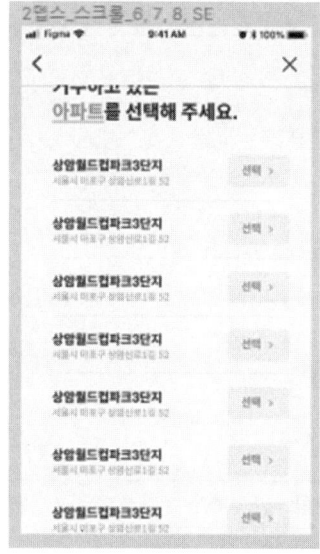

최종 수정일 : 2021.11.11 11:11

순번	주소	아파트명	올리기
1	시도/시군구	아파트명	
			↑
			↑
			↑
			↑
			↑
			↑
15			↑

App에 있는 서비스 아파트 리스트 편집 / 등록

- 서비스 초기에는 서비스 대상 아파트도 적어 별도의 검색 기능 없이 등록 아파트를 모두 노출하는 UI가 바람직. 이때 아파트 노출 순서를 조정하여 프로모션 등에 활용하고 이용자 편의를 극대화하고자 해당 기능 구현

④ 신규아파트 등록/수정 방법 정의 및 개발

입력정보	타입	내용	비고
아파트코드*	코드	아파트 단지 일련번호	등록완료시 시 자동 생성
아파트 관할 지역	텍스트 선택	아파트 소재 지역	선택메뉴
아파트명*	텍스트	계약아파트가 정한 명칭	직접 입력
주소*	도로명 주소	도로명 주소	도로명 주소 입력 방식에 따른 입력
가구수*	숫자		
동수*	숫자		직접 입력
이벤트 무료 이용권	아파트 제휴 오픈 시 지급	○1회권 ●2회권 ○3회권 ○없음	아파트 제휴 오픈일 이후 모든 가입자 지급
이벤트 무료 이용권 유효기간	이용권 1개 이상일 때 날짜	0000-00-00	날짜 지정
메인페이지 노출텍스트	텍스트	분리수거는 주 1회 가능합니다.	직접 입력관리
휴일	정기휴일, 공휴일	정기휴일:○월 ○화 ○수 ○목 ○금 ●토 ●일 공휴일:디폴트 값 적용 후 개별 변경 가능 임시휴일:개별 변경 가능	휴일에는 수거업무를 진행 안 함.
수거예상시각	수거가능시각	11:00~16:00	이 시각에 따라 수거예측시각을 입주민에게 알려 줄 수 있음. 디폴트가(변경가능)아파트별로 달리 설정 가능
등록일시	날짜시간		완료 시 자동 생성

확인

- 아파트 등록은 시장조사를 통해 선정한 후 아파트 입주자협의회 등과 협의 없이 등록할 수 있음. 등록 즉시 해당 아파트는 '수거맨 서비스 아파트'가 됨.
- 동수를 직접 입력하고 무료이용권 유무, 휴일선택, 수거가능시간 등을 선택

⑤ 동라인 입력 방법 정의 및 개발

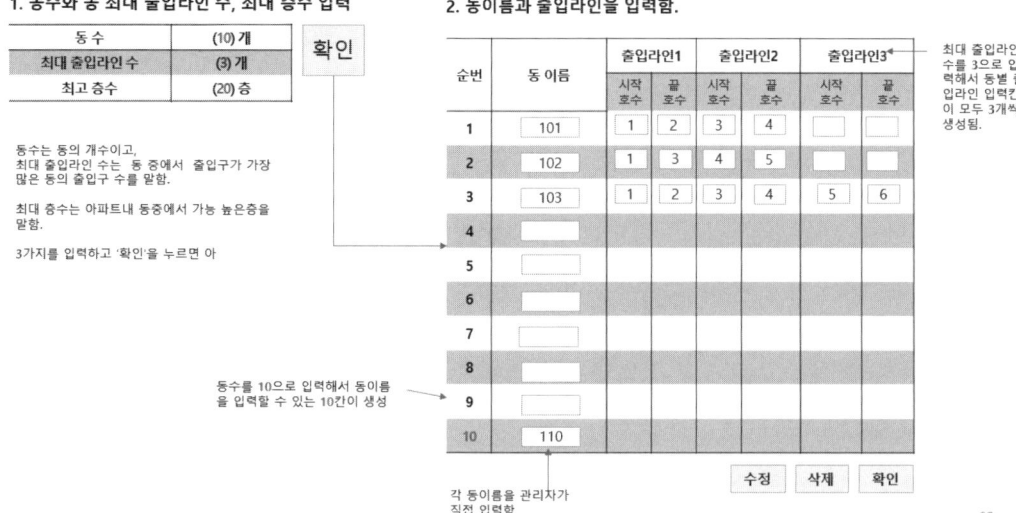

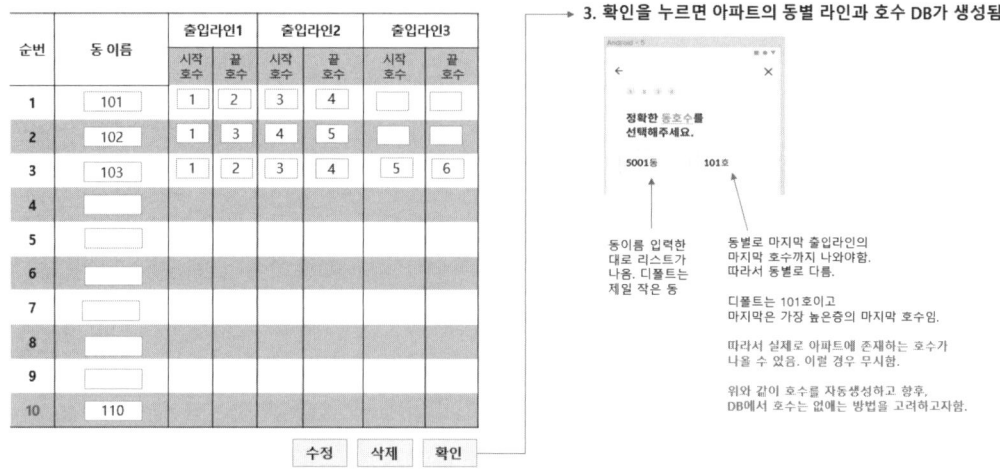

- 아파트 신규등록 시 아파트별 동출입문 별도 라인을 직접 입력해야 함. 수거맨의 작업 편의를 위해 아파트 동별 관리가 아닌 동라인별로 관리되어야 함.
- 등록 순수는 동수, 최대출입라인 수, 최고 층수 3가지를 먼저 입력함.
- 그에 따라 동라인별 입력 창이 생성되고 동이름과 시작호수, 끝 호수를 입력함.
- 이 과정을 통해 신규 고객이 App으로 회원가입 시 해당 아파트 동과 호수 DB가 정확하게 생성되어 선택할 수 있으며 수거맨 작업자용 앱은 동라인별로 표시됨.

초기창업패키지

학원 홍보 · 관리 시스템

이 사업계획서에서 참고할 만한 부분

1. 다수의 오프라인 직영점 및 가맹점을 확보하고 영업이익이 발생한 상태에서 서비스 확장을 위해 온라인 서비스를 개발하는 취지가 설득력이 있다.

2. 국내 최초의 서비스 '학원 큐레이션 서비스'라는 새로운 개념을 내세워 국내 예체능 학원 전체를 고객으로 하겠다는 의지가 돋보인다.

3. 성공적인 베타서비스 결과가 사업화 가능성을 증명하고 있다.

4. 개발동기 부분에서 개발의 필요성을 설명하는 4단계 논리 전개 과정은 참고할 만하다. 1단계 과제책임자 경력, 2단계 사업이력, 3단계 사업 중 확인된 문제점, 4단계 이를 해결하는 방안과 목표를 1페이지로 명료하게 설명하였다.

5. 개발내용 부분에서 시스템 및 서비스 구성, 개발하고 있는 시스템 화면 내용을 제시하는데 1~2페이지로 여러 화면을 압축적으로 표현했다. 1페이지에 8~10개 칸으로 된 표를 만들어서 그 표에 화면 이미지를 작게 배치하고 기능 제목을 볼드체로 표현하여 설득력을 높였다.

6. 사업화전략 부분에서 실제 직영점, 가맹점 사진 등을 제시하여 실제 사업화를 성실히 진행하고 있다는 믿음을 줄 수 있고 향후 마케팅도 성공적으로 수행할 수 있다고 확신을 줄 수 있다. 이런 이미지를 사업계획서 여백에 적절히 배치하는 것이 좋다.

□ 창업아이템 개요(요약)

명 칭	OO학원	범 주	App & 플랫폼

아이템 개요	**국내 최초 예체능 학원 전문 ERP 및 학원 큐레이션 플랫폼** ① 예체능 학원 운영에 모든 기능을 지원하는 원장용, 강사용, 학무보용 ERP 프로그램 ② 입시/보습 학원과 예체능 학원은 수업방식, 강사운영, 신청/참여 방법 등 모든 면에서 달라, 기존 학원 관리 프로그램 이용에 제한적. **예체능 학원에서 필요한 기능을 중심으로 서비스 제공(무료, 커뮤니케이션 기능, 앱-원장/강사/학부모용 모드, 비대면 모바일 청구&결제, 체험신청 판매 등)**

배경 및 필요성	① **배경 및 필요성** **예체능 학원**은 다양한 수업방식, 강사별 프로그램과 스케쥴, 커뮤니케이션 방식, 청구&결제, 출석&평가 등 일반 학원과 관리체계가 완전히 달라, 구축이 어려웠던 예체능 학원의 니즈를 모두 반영한 예체능 학원 전문 ERP 프로그램을 직접 개발 ② **주요 목적** **학원의 체험수업 예약 기능을 중심으로** 예체능 학원 정보를 제공하고 브랜드 마케팅 및 홍보까지 대행하는 예체능 학원 전문 큐레이션 플랫폼(앱) 개발 ③ **목표 고객**: 전국 20,000여 예체능 학원/강사 및 학부모

현황 및 구체화 방안	① **현재까지 현황 및 고객반응**: 하루평균 3~4 업체 무료 회원가입 중 20xx년 xx월 베타버전인 OOOO 앱(ERP 프로그램)을 개발하여 무료 오픈하여 하루 평균 3~4개 예체능 학원이 지속적으로 회원가입하여 이용 중(300개 이상) ② **협약기간 내 최종산출물: 예체능 학원 모바일 포털 OO학원 App** 예체능 학원 ERP 프로그램을 기반으로 예체능 학원 포털 기능을 제공하는 'OO학원'이라는 앱을 개발하여 런칭. 주기능(예체능 학원 포털 + 유료 체험수업 예약 기능) ③ **내부 역량** - **자체 예체능 학원 운영 중**: 전국 OO곳 스포츠클럽 직접 운영하며 ERP 테스트 중 - 자체 연구개발팀 확보: 20xx년 xx월부터 구성하여 운영 중(총 5명)

목표시장 및 사업화 전략	① **수익모델 및 목표시장** - 전체 시장: 약 70,000개소 (예체능 학원 수 21,500여 개 + 스포츠서비스업 수: 46,500개소) - 당사 ERP 시스템 활용 학원 수: 20xx년 5,547개 목표 - 20xx년 xx월 베타오픈 후 하루 평균 3~4개 학원 무료 회원가입 이용 중 - **수익모델: 체험학습 신청수수료 1,000원(평균 신청료 1만 원 10%)** **수강료 결제수수료의 1.5%(현재 ERP 이용자의 15.7% 결제)** - **목표시장: 3년 내 5,500개 예체능 학원 모집 매출 16억 원**

구분		계수	단위	2022년	2023년	2024년	2025년
전체시장	A.예체능학원 수	성장율 2.47%	개소	21,031	21,550	22,083	22,628
	B.스포츠서비스업 수		개소	46,530	46,530	46,530	46,530
	1.예체능학원+스포츠서비스 업수	성장율 2.47%	개소	67,561	69,230	70,940	72,692
목표시장	2.마이클럽 이용학원 수	월 150개소	개소		1,800	3,649	5,547
	3.시장점유율 목표		%	-	2.6%	5.1%	7.6%
매출목표	4.체험학습 신청 건수	평균 1.4회	회		14,910	30,223	45,949
	5.체험학습 신청 수수료 매출	평균 1,000원	백만원		3.7	30.2	45.9
	6.학원별 평균 수강료	학생당 월 14.7만원	백만원	-	35,394	71,744	109,075
	7.수강료 결제 수수료 매출	1.5%	백만원		133	1,076	1,636
	매출합계		백만원	-	136	1,106	1,682

② 서비스 차별화

차별화 요소	내용
국내 최초 예체능 학원관리 플랫폼 All in ONE	10년 이상 동종 업계 종사하고 00곳 이상 예체능 학원을 운영하면서 학원장, 학부모, 강사 측면의 업무적 불편사항을 모두 해결한 **국내유일 예체능 학원 전문 종합 관리 App/Web 시스템 및 학부모용 큐레이션 플랫폼 App**
요구사항 실시간 반영 시스템	**직영점 및 가맹점을 00곳 운영하면서 현장의 VOC를 실시간으로 수집**하여 프로그램(에) 바로 반영하여 지속적인 개선이 가능
체험학습 유료화	그동안 무료로 진행했던 체험학습 신청을 **노쇼방지의 목적으로 신청당 1만 원 내외 유료상품**으로 개발해 수익쉐어(10%)
미납률 최소화	**현재, 월평균 미납률 6.4%** 스마트 청구서 모바일 발송, 실시간 앱결제로 미납률 최소화
회원유입에 따른 마케팅 효과	**예체능 학원 학생의 80%는 2개 이상, 40%는 3개 이상 등원** 통합 플랫폼을 통해 타겟 고객이 App 플랫폼에 락인되어 서비스 이용과 동시에 학원별 교차 마케팅 가능, 효과 극대화

이미지

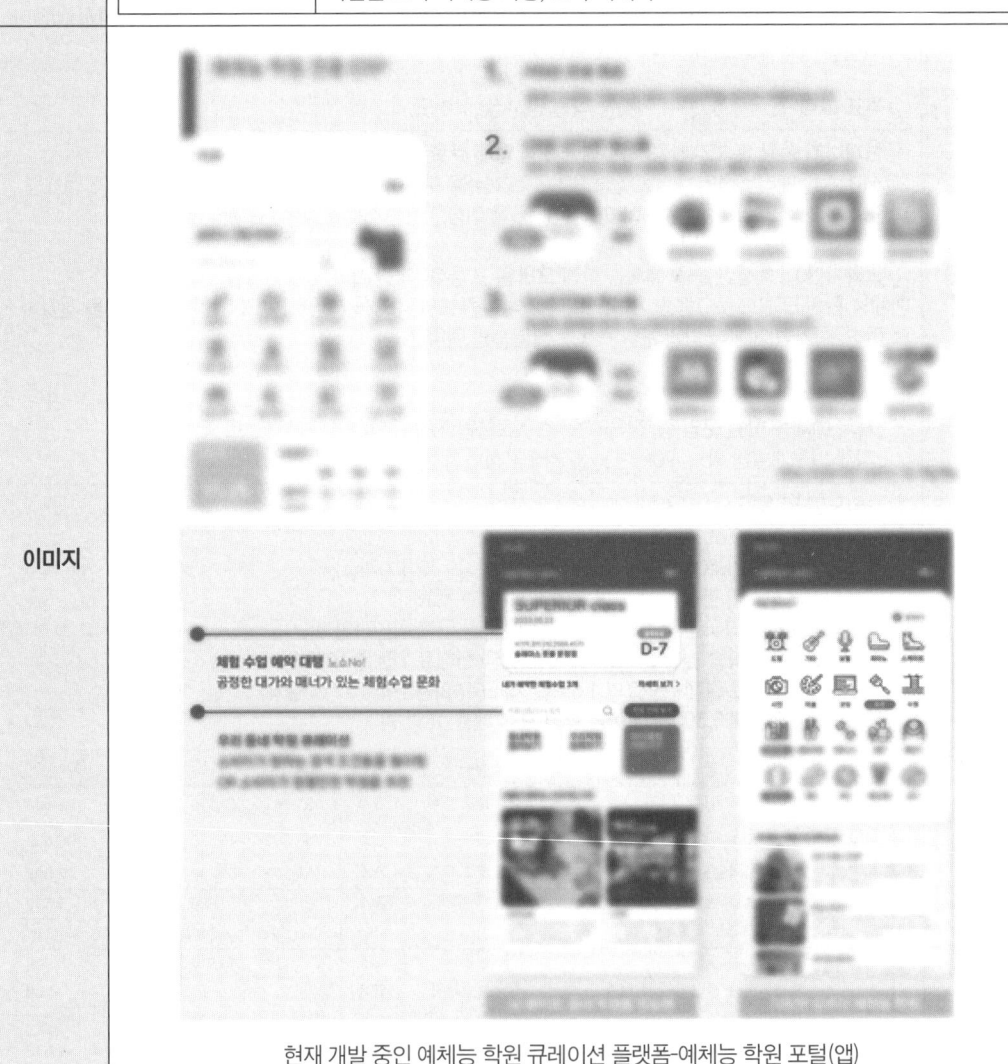

현재 개발 중인 예체능 학원 큐레이션 플랫폼-예체능 학원 포털(앱)

1. 문제인식(Problem)

1-1. 창업아이템 배경 및 필요성

1) 개발 동기

① 대표자가 20xx년부터 **00년 이상 스포츠 아카데미 업종에 종사**하면서 관련 산업·사업에 대한 전문가 식견 보유
② 20xx년 법인설립 후 **전국 00개 스포츠 클럽(예체능 학원)을 직접 운영**하면서 효율적인 종합 관리 방안 수립 및 시스템화 진행 추진(전국 00개 가맹점)
③ 기존 입시·보습 학원용 관리 프로그램은 예체능 학원에 필요한 기능과 니즈를 충족하지 못하고 **체계적인 예체능 학원 종합 관리 시스템 부재**
  ※ 기존의 다양한 학원 관리 프로그램으로 운영을 시도했으나 이용 방법 복잡, 필요 기능 미구현, 커스터마이징 불가 등으로 이용 포기

[예체능 학원 전문 ERP 프로그램]

④ 이에, '예체능 학원 전문 ERP 프로그램'을 **직접 개발**하여 당사 스포츠 클럽에 우선 활용 중. 이후 지속적으로 개선하여 **전국 70,000여 스포츠 예능 학원 및 스포츠 서비스업체에 무료 보급**하고 예체능 학원 전용 큐레이션 플랫폼으로 확장

2) 개발 필요성 및 해결방안

① 예체능 학원의 관리 · 운영의 불편함을 **하나의 통합 시스템으로 원스톱 해결**
② **소비자(학원장) 중심의 맞춤형 큐레이션 플랫폼으로 마케팅 효과까지 제공**
  예체능 학원에 다니는 학생의 80%는 2개 이상, 40%는 3개 이상 학원에 다니고 있어 통합 App을 이용하는 학부모 대상 교차 마케팅이 상시 가능(당사 OO시 풋볼클럽 230명 대상 설문)
③ 학부모가 학원정보 검색, 조회, 수업신청, 수업확인, 평가관리, 커뮤니케이션, 결제 등 비대면으로 참여 · 이용할 수 있는 플랫폼으로 확장
④ 정보시스템의 전략적 활용차원에서 **무료 보급 후 파생되는 BM으로 수익창출**
  향후, 예체능 학원에 대한 통계를 빅데이터화하여 분야 **No.1 플랫폼**으로 발전
⑤ 예체능 학원의 효율적인 관리 · 운영에 대한 Insight 도출 및 해결방안 제시

〈예체능 학원 전문 종합 관리 플랫폼 개발의 인사이트 및 해결 방안〉

인사이트	해결방안
강사의 수업형식 복잡 · 다양	학생이 2시간 내외 참여 → 강사는 강좌가 많고 관리 학생도 많음 → 스케줄이 복잡하고 커뮤니케이션도 많음 → **매니지먼트 중요**
정보의 동기화 통계 시스템	종목별/프로그램별 운영방식이 다르고 수강료 및 지급 방식도 다양, 수업시간/강사도 수시로 변경되어 Excel로 관리하는 것은 불가. **실시간 동기화 시스템이 필요하고 통계 정보도 일원화 필요**
비대면 통합 커뮤니케이션	체험신청(NAVER 예약), 공지사항(BAND), 1대1 커뮤니케이션(카카오톡), 결제(off line 신용카드 결제), 출결관리(Excel/SMS) 등 각기 다른 플랫폼의 복잡한 운영 방식을 **하나의 비대면 App 플랫폼**으로 통합
마케팅 효과	학원당 마케팅 대행비(키워드 광고, 맘카페/밴드 바이럴, 체험단 모집, SNS관리 비용 등)로 초기셋팅비 500만 원, 월 30~40만 원의 비용을 지출하나 효과 미흡 → **통합 플랫폼을 통해 타겟 고객이 App 플랫폼에 락인되어 서비스 이용과 동시에 학원별 교차 마케팅 효과 극대화**
	체험학습 신청의 유료화를 통해 노쇼방지 및 추가 수익창출

1-2. 창업아이템 목표시장(고객) 설정 및 요구사항 분석

1) 목표시장

(1) 전체시장: 약 70,000개(예체능 학원 수 21,500여 개 + 스포츠서비스업 수 46,500개)

2020년에는 수강생이 약 1,800만 명 수준이었으나 코로나로 인해 수강생 수가 급감(65% 감소)하여 2022년에는 630만 명 수준, 특히 예체능 학원이 가장 큰 피해. 그에 대비 강사 수는 30만 명, 31.5만 명, 33만 명으로 계속 증가추세. 이에 따라 학원 간 경쟁이 심화되고 있음. 따라서, 예체능

학원은 **비대면 서비스 지원, IT솔루션 적극 활용, 새롭고 적극적인 마케팅, 신규 수익모델 창출** 등이 필요한 상황.

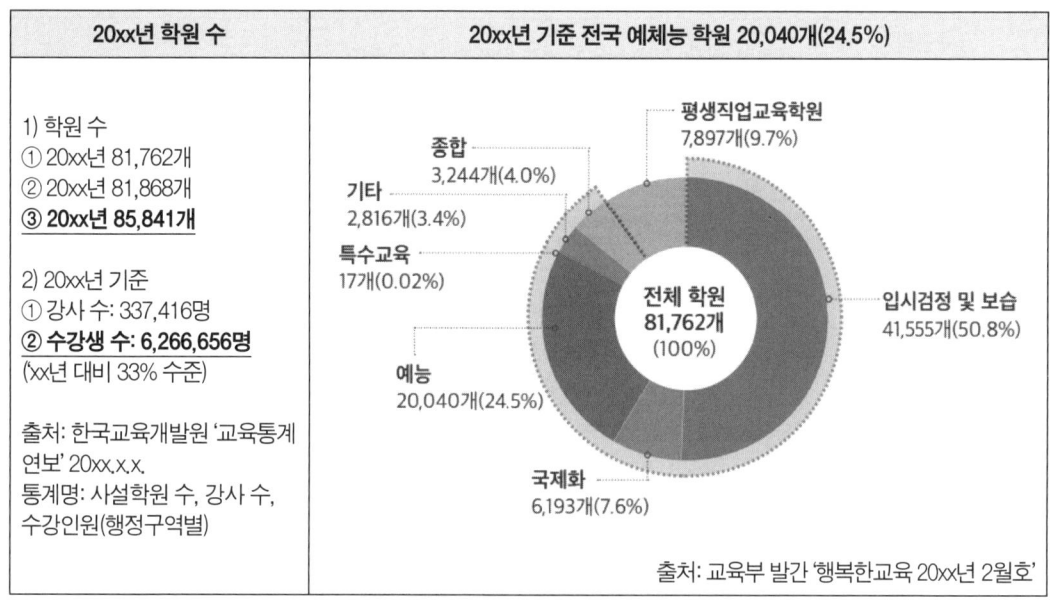

20xx년 스포츠서비스 업종 수: 46,530개소, 근거. 20xx년 예술, 스포츠 및 여가 관련 서비스업 사업체 수(이용 인원 있는 경우) 중 스포츠서비스업.

(2) 예체능 학원의 학원 관리 프로그램 이용 현황: 거의 활용 못 함

대부분의 예체능 학원이 Excel 등을 활용해 학원 관련 업무를 관리하거나 **수기로 관리**함. **일부 학원 입시·보습용으로 출시된 유료 학원 관리 프로그램을 이용**하고 있으나 출결, 수납업무 등에 활용하고 있음. 하지만 기존 학원 관리 프로그램을 예체능 학원의 특징을 반영하고 있어 활용성이 매우 떨어지고, **개선을 요청해도 예체능 학원의 운영 행태를 파악하지 못해, 개선 결과물이 나오지 않는 상태**임.

2) 고객 요구사항 분석

xx년 이상 스포츠 아카데미 관련 업종에 종사하고 20xx년부터는 00개 스포츠 클럽을 직영점/가맹점을 운영하면서 학원장, 학부모, 강사 측면에서 꼭 필요한 기능을 탑재한 예체능 학원 전문 ERP 프로그램 개발.

현재까지 예체능 학원 전문 종합 관리 시스템 부재로 운영업무 복잡/불편.

해결할 과제	내용
복잡한 스케줄 관리	한 강사가 여러 개의 반을 코칭, 회원별 2시간 이내로 짧게 활동
강사 관리가 학원 퀄리티 결정	**유치원, 입시·보습 학원에 비해 많은 인원 관리 필요**
실시간 동기화 통계자료	종목, 과목, 회원, 시즌, 업체, 강사에 따라 수강료가 다르고 수시로 변경되어 실시간 종합 관리 필요
강사의 사생활 보호	네이버, 카카오톡, 밴드, SMS 등을 통한 공지 업무가 수시로 발생 학부모와 커뮤니케이션을 위해 어쩔 수 없이 업무 진행
복잡하고 다양한 채널 관리	학원 운영, 관리, 마케팅, 홍보, 결제 등 업무 창구가 분산되어 있음 하나라도 관리가 안 될 경우 리스크가 매우 높음
결제 관리	수업 중 수강료 결제, 용품결제, 신용카드 결제, 현금결제 등 결제와 관련된 다양한 채널 관리 필요
체험학습 노쇼방지	체험학습을 무료로 신청하고 노쇼하는 고객이 50% 이상 예체능 학원 특성상 1:1인 경우가 많아, 노쇼로 인한 피해 큼
월평균 관리 보조 인건비 149만 원	위와 같은 업무로 인해 매니지먼트를 위한 보조인건비 **월평균 149만 원 지출하고 있어 인건비 증가**

2. 실현가능성(Solution)

2-1. 창업아이템의 개발/개선 준비현황

1) 현재까지 플랫폼 개발 진행 상황

20xx년 x월, 예체능 학원 전문 ERP 프로그램을 개발하고 **홍보, 마케팅 진행 없이 무료 베타서비스 오픈하여 x월 현재 300개 학원이 무료 이용 중**이며 하루 평균 3~4개 학원 추가.

〈현재까지 플랫폼 개발 진행 상황〉

시기	진행내용
20xx년	학원관리 프로그램 활용 후, 불편하여 필요성 인지
20xx년 xx월	예체능 학원 전문 종합 관리 플랫폼 사업 기획
20xx년 xx월	개발 책임자 겸 CTO 영입
20xx년 xx월	예체능 학원 전문 종합 관리 시스템 및 앱 서비스 기획
20xx년 xx월	자체 활용할 App 프로토타입 완성(개발기간 10개월)
20xx년 xx월	OO 주최 스타트업 경진대회 본선 진출
20xx년 xx월	당사 직영/가맹점 스포츠 아카데미 00곳에 적용하여 알파테스트 진행
20xx년 xx월	2차 플랫폼 프로토타입을 완성하여 홍보 없이 20xx년 xx월 무료 베타서비스 오픈 20xx년 xx월 현재 200개 학원 무료 이용 중, 하루 평균 3~4개 학원 등록

2) 개발 내용

(1) 시스템 및 서비스 구성

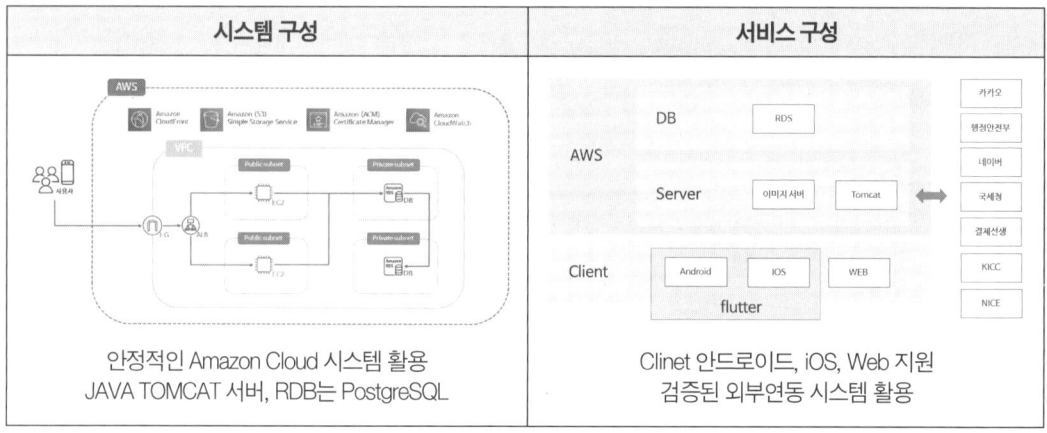

안정적인 Amazon Cloud 시스템 활용
JAVA TOMCAT 서버, RDB는 PostgreSQL

Clinet 안드로이드, iOS, Web 지원
검증된 외부연동 시스템 활용

(2) 예체능 학원용 ERP 프로그램 주요 내용

수납관리/미납관리

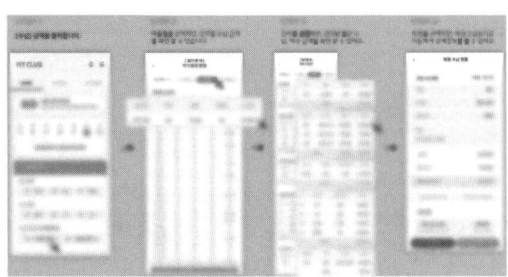

모바일 결제 청구 및 비대면 결제

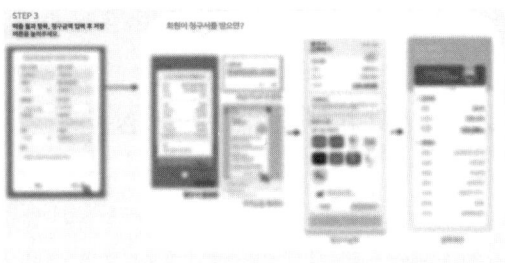

커뮤니케이션(공지, 강의게시판, 1:1문답, 행사)

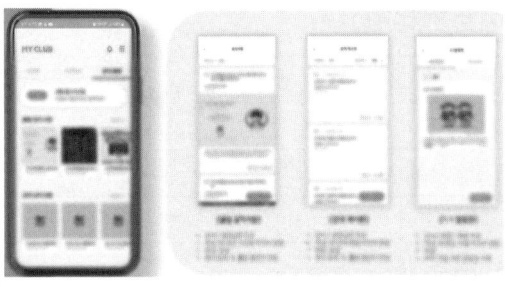

- 학원의 이점
모바일 결제임에도 PG사를(수수료 3.0%) 거치지 않고 off-line 결제와 동일한 VAN 결제로 진행되어 **최저수수료 0.8%로 적용**

- 학부모의 이점(비대면결제 + 카드할인)
모바일 PG 결제 시 할인받을 수 없었던 카드사 **학원비 결제 할인 서비스 혜택 적용**

강의관리/강의리스트

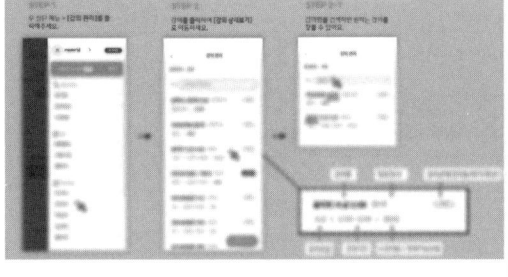

학생관리/등록/출결/평가

일정관리/오늘의수업

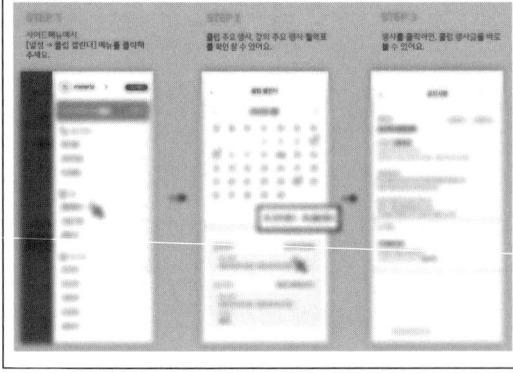

강사관리/강사초대/급여처리

(3) ERP 무료 베타서비스 오픈(20xx년 xx월)

현재 300개 학원 이용 중, 광고/홍보 없이 하루 평균 3~4개 학원 증가 중

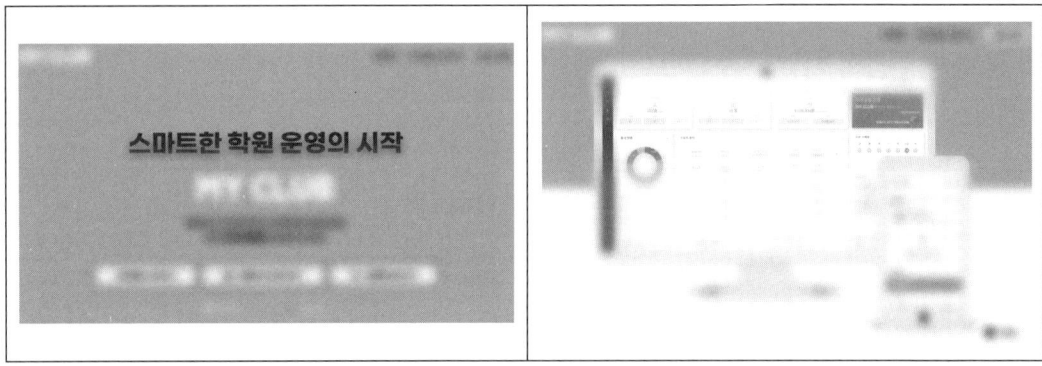

2-2. 창업아이템의 실현(개선/개발) 및 구체화 방안

1) 추가 개발 사항 - 예체능 학원 전문 큐레이션 플랫폼(학부모용)

(1) 유료 체험학습 결제 서비스 개발

학원별 체험학습 신청을 위한 강의 일정 등을 고객에게 제공, 비대면으로 강의 내용과 진행사항 등 강의 정보를 충분히 확인하고 **체험학습 유료결제(노쇼방지).**
유료 체험 결제 금액 중 10%를 당사 수수료 수익으로 책정.

(2) 전자문서 출력 서비스 개발

회원가입, 수강확인서, 강사 근로계약서 등 학원용, 학부모용, 강사용으로 필요한 문서를 시스템에 저장하고 출력할 수 있는 시스템 개발.

(3) 셔틀버스 운영대행 서비스 개발

셔틀버스 문의 대응, 노선 안내, 기사님 동승자 채용, 셔틀버스 섭외 및 운행관리, 셔틀버스 이용료 수납, 실시간 위치알림 서비스 제공 등.

(4) 커뮤니티 서비스(학원타입별, 원장별, 강사별, 학부모별, 지역기반 커뮤니티)

(5) 배너 광고 관리 시스템 개발

입점 학원용 배너 광고 상품 개발, 5개 디스플레이 상품 개발, 키워드 연동 광고 상품 등 개발, 월 100만 원 내외 광고 상품.

제휴 업체(주변 키즈카페, 커피숍, 스포츠용품, F&B, 펫, 패밀리, 아동복, 여행, 시설업, 기타 기업) 대상 광고 상품 개발, CPC 당 150원 내외 광고 상품.

2) 당사 솔루션의 차별화 포인트

국내 최초 예체능 학원 전문 종합 관리 ERP 시스템을 무료 배포하고
학부모/회원용으로 예체능 학원 전문 정보 및 체험학습 신청할 수 있는 앱 플랫폼

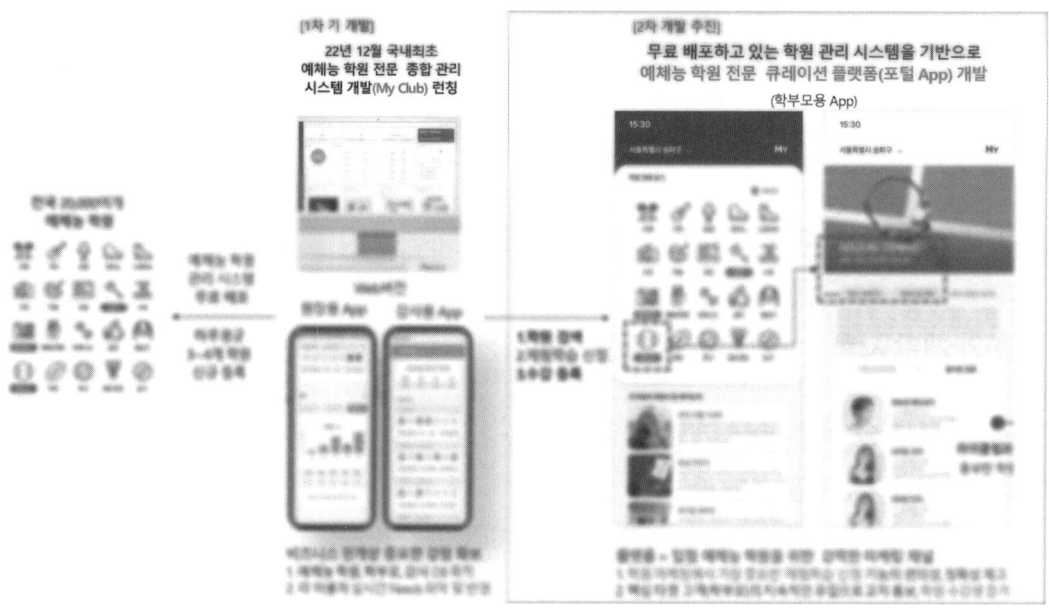

[예체능 학원 전문 ERP 시스템(OO클럽) + 큐레이션 App(OO학원) 플랫폼]

차별화 요소	내용
국내 최초 예체능 학원 전문 종합 관리 플랫폼 All in ONE	00년 이상 동종 업계 종사하고 00곳 이상 예체능 학원을 운영하면서 학원장, 학부모, 강사 측면의 업무적 불편사항을 모두 해결한 **국내유일 예체능 학원 전문 ERP 시스템 및 학부모용 큐레이션 플랫폼 App**
현장의 요구사항을 실시간 확인 및 반영	**직영점 및 가맹점을 00곳 운영하면서 현장의 VOC를 실시간으로 수집**하여 프로그램(에) 바로 반영하여 지속적인 개선이 가능
체험학습 유료화	그동안 무료로 진행했던 체험학습 신청을 **노쇼방지의 목적으로 신청당 1만 원 내외 유료상품**으로 개발해 수익쉐어(10%)
미납률 최소화	**현재, 월평균 미납률 6.4%(5일 22.7%, 10일 14.1%, 20일 7.1%)** 스마트 청구서 모바일 발송, 실시간 앱결제로 미납률 최소화
회원유입에 따른 상호 마케팅 효과	**예체능 학원 학생의 80%는 2개 이상, 40%는 3개 이상 등원** 통합 플랫폼을 통해 타겟고객이 App 플랫폼에 락인되어 서비스 이용과 동시에 학원별 교차 마케팅 가능, 효과 극대화

3. 성장전략(Scale-up)

3-1. 창업아이템 비즈니스 모델 및 사업화 추진성과

<앱 플랫폼을 활용한 비즈니스 모델>

비즈니스 모델	수익율	내용	비고
유료 체험학습	10%	학원 체험학습을 노쇼방지 목적으로 1만 원 내외 유료로 판매, 체험학습 신청비의 10%	플랫폼 연계 모델
수강료 결제수수료	1.5%	앱내에서 수강료 결제 진행 시 수강료 결제금액의 1.5% 수수료 수익	플랫폼 연계 모델
업체 배너 노출 광고	월 100만 원	신규 입점업체 등을 대상으로 앱내 광고 노출 코너 5개 이상을 개발하여 월 100만 원으로 판매	예정
광고상품	CPC 150원	제휴 형태로 주변 키즈카페, 커피숍, 스포츠용품, F&B, 펫, 패밀리, 아동복, 여행, 시설업, 기타 시설 노출 광고 CPC 당 150원, 배너 노출 상품 3개 이상	예정

20xx년에는 수강생이 약 1,800만 명 수준이었으나 코로나로 인해 수강생 수가 65% 정도 급감, 특히 예체능 학원이 가장 큰 피해. 그에 대비 강사 수는 30만 명, 31.5만 명, 33만 명으로 계속 증가 추세. 이에 따라 예체능 학원 간 경쟁이 매우 심화되고 있음. 따라서, 예체능 학원은 **비대면 서비스 지원, IT 솔루션 적극 활용, 새롭고 적극적인 마케팅, 신규 수익모델 창출** 등이 필요한 상황임.

<매출 실적>

순번	목표시장(고객)	제품(서비스)	진입 시기(기간)	판매(이용)량	가격	판매 금액
1	스포츠클럽 이용자	스포츠클럽	20xx년 상반기	00곳		00억 원
2	앱 스토어	클럽	20xx년 하반기	1,000회	무료 다운	-

3-2. 창업아이템 시장 진입 등 사업화 전략

1) 매출목표: 20xx년 5,500개 학원 16억 원 매출 달성(영업이익 38%)

구분		계수	단위	2022년	2023년	2024년	2025년	2026년	2027년	2028년	2029년
전체시장	A.예체능학원 수	성장율 2.47%	개소	21,031	21,550	22,083	22,628	23,187	23,760	24,347	24,948
	B.스포츠서비스업 수		개소	46,530	46,530	46,530	46,530	46,530	46,530	46,530	46,530
	1.예체능학원+스포츠서비스 업수	성장율 2.47%	개소	67,561	69,230	70,940	72,692	74,487	76,327	78,213	80,144
목표시장	2.마이클럽 이용학원 수	월 150개소	개소		1,800	3,649	5,547	7,497	9,499	11,556	13,668
	3.시장점유율 목표		%	-	2.6%	5.1%	7.6%	10.1%	12.4%	14.8%	17.1%
매출목표	4.체험학습 신청 건수	평균 1.4회	회		14,910	30,223	45,949	62,099	78,686	95,720	113,215
	5.체험학습 신청 수수료 매출	평균 1,000원	백만원		3.7	30.2	45.9	62.1	78.7	95.7	113.2
	6.학원별 평균 수강료	학생당 월 14.7만원	백만원		35,394	71,744	109,075	147,414	186,788	227,225	268,754
	7.수강료 결제 수수료 매출	1.5%	백만원		133	1,076	1,636	2,211	2,802	3,408	4,031
	매출합계		백만원	-	136	1,106	1,682	2,273	2,881	3,504	4,145
인건비	(1)인원 수	연평균 3명 충원	명	4	5	8	11	14	17	20	23
	(2)연도별 인건비 소계	평균 월 500만원	백만원	192	300	480	660	840	1,020	1,200	1,380
판관비 (인건비 제외)	(3)하드웨어 도입비/운영비	연평균 2,000만원	백만원	-	-	10	15	20	20	20	20
	(4)임대료(연간 2천만원) 및 관리비	인당 월30만원	백만원	20	20	29	40	50	61	72	83
	(5)광고선전비/인터넷 키워드광고	매출액의 10%	백만원	-	50	111	168	227	288	350	414
	(6)기타운영비	매출액의 10%	백만원	40	40	111	168	227	288	350	414
	(7)인건비 제외 판관비 소계		백만원	60	110	260	391	525	657	793	932
	비용합계		백만원	252	410	740	1,051	1,365	1,677	1,993	2,312
	영업이익		백만원	- 252	- 274	366	631	908	1,203	1,511	1,833
	영업이익율		%		-200%	33%	38%	40%	42%	43%	44%

※ 산출근거

① 스포츠서비스업 수: 20xx년 예술, 스포츠 및 여가 관련 서비스업 사업체 수(이용 인원 있는 경우) 중 스포츠서비스업

② 예체능 학원 수: 20xx년 전체 학원 81,762개 중 예체능 학원 20,040개(24.5%)_교육부발간 '행복한교육 20xx년 2월호' 20xx년 총 학원 수 85,841개 × 24.5% = 약 21,031개, 2년간 4.94% 증가 1년 평균 2.47% 증가(매년 증가율 추정)

③ OO클럽 이용 학원 수: 20xx년 1월 베타 오픈하여 홍보 및 광고 없이 월 평균 150개 학원 설치 이용 시작, 매년 예체능 학원 증가율(2.47%) 반영

④ 학원별 연간 체험학습 신청 건수: 학생당 1.4건(자체 스포츠클럽 운영 조사 결과 반영)

⑤ 학원별 연간 학생 수: 평균 175명(자체 스포츠클럽 운영 조사 결과 반영)

⑥ 체험학습 신청 요금: 건당 평균 10,000원(체험학습료는 현재 무료이나 플랫폼에서 노쇼방지를 위해 평균 1만 원으로 책정)

⑦ 예체능 학원 평균 수강생 수: 20xx년 총수강생 626만 명, 예체능 학원 24.5%, 평균 수강생은 71명

⑧ 체험학습 신청 건수: 71명/12개월 × 1.4회 × 학원 수

⑨ 체험학습 수수료 매출: 체험학습 신청료 10,000원의 10%인 1,000원, 1차년도 9월부터 적용

⑩ 예체능 학원별 월평균 수강료: 월평균 수강료는 14만 7,000원, 앱결제비율 15.7%(자체 스포츠클럽 운영 조사 결과), 9월부터 적용

⑪ 수강료 결제수수료: 전체 수강료의 1.5%

<추정 매출>

순번	목표시장(고객)	제품(서비스)	진입 시기(기간)	판매(이용)량	가격	판매 금액
1	스포츠클럽 이용자	스포츠클럽	20xx년 상반기	00곳		00억 원
2	앱 스토어	XX클럽	20xx년 하반기	2,000회	무료 다운	-
3	앱 스토어	OO클럽	20xx년 하반기	2,000회	무료 다운	00억 원

2) 사업화 전략

(1) 4P 전략

구분		내용
	서비스명	'OOOO'
4P 전략	product	예체능 학원 전문 종합 관리 플랫폼
	price	기본서비스 무료(수강료 결제 수수료 1.5%, 체험학습 유료화 10%)
	place	- 타겟고객: 전체 예체능 학원, 초기에는 스포츠학원 위주 - **자체 홈페이지, SNS, 유튜브, 블로그 통한 홍보(유입률 45%)** 유튜브/네이버/인스타그램 - 보도자료를 통한 고객유입 - 유튜브/블로그 등 온라인 마케팅 진행 - **유경험자 소개로 유입:고객 커뮤니케이션 채널 중시(유입률 39%)** - **off-line 매장을 통한 유입으로 현장 가입 채널 운영(유입률 16%)**
	promotion	- 기본적으로 플랫폼은 무료 - 스마트청구서 발송비 무료(20xx년 1년간) - 기존 요금 건당 50원 - 체험학습 신청 유료화 서비스로 수익창출(노쇼방지) - 1년간 앱내 배너광고 등 무료 지원

[OOOO 플라자, 파크, 풋볼, 테니스 스포츠클럽 운영 전국 00개 지점]

(2) 주요 마케팅 전략

① 온라인 마케팅

- 현재 유입경로 비율: SNS 45%, 구전효과(학원 간) 39%, 오프라인 영업 16%
  자체 사이트 통해 자체 확인한 결과(2023.1)
- 이에 따라, 인스타그램 및 유튜브를 통한 마케팅 지속(예산 2,000만 원 편성)

② 오프라인 마케팅

- 대형 학원 대상 세미나 개최, 참여
- 소형 학원 인바운드 영업(하루 3~4건 문의 접수 중)
- 각종 전시회 박람회 참여 & 지자체 체육회 MOU 추진 중
  20xx년 하반기 '에듀테크 코리아 페어 전시회 참가'

3-3. 사업 추진 일정 및 자금 운용 계획

1) 사업 전체 로드맵

〈사업 추진 일정(전체 사업단계)〉

순번	추진 내용	추진 기간	세부 내용
1	ERP 프로토타입 완성	'xx년 xx월 ~	무료 베타서비스 오픈
2	추가 필요 기능 개발 및 개선	'xx년 xx월~xx월	체험학습 유료신청, 전자문서(수료증) 발급시스템, 셔틀버스 관리시스템 등 체험학습 유료 서비스 진행 'OO학원' 앱 개발
3	무료 베타테스트 학원 모집	'xx년 xx월~xx월	최소 1,500개 학원 유치
4	직/가맹점 00호점까지 추가	'xx년 xx월~xx월	현재, 00개 점에서 00호 00개 추가
5	중소기업진흥공단 사업화 자금	'xx년 xx월	Off-line 플랫폼 개발비 대출
6	시리즈 A 투자유치	'xx년 상반기	00억 원 투자유치
7	비즈니스 모델 수립, 진행	'xx년 xx월	수강료 결제수수료, 클립보드 전송 광고상품 기획 및 테스트
8	사업 확장 기획	'xx년 하반기	가맹점 패키지 구성(창업자 대상) CCTV 연계, 키오스크 도입

2) 협약기간('2x.xx.xx ~ '2x.xx.xx) 내 목표 및 달성 방안

〈사업 추진 일정(협약기간 내)〉

순번	추진 내용	추진 기간	세부 내용
1	서비스 정책 정의 수립	'xx년 xx월~xx월	서비스 이용요금, 수익모델, 마케팅 전략에 기반한 서비스 정책, 운영방안
2	추가 기능 요구사항 분석	'xx년 xx월~xx월	추가개발 기능에 대한 요구사항 분석 및 정의(체험학습 유료 신청, 전자문서 발급시스템, 셔틀버스 관리시스템 등)
3	설계 및 디자인	'xx년 xx월~xx월	웹/앱 시나리오, 외부 연동 방안, DB/서버, 디자인 기획, 개발, 테스트 방안
4	프로그램 개발 및 직영점 자체 테스트	'xx년 xx월~xx월	관리자 시스템, 원장용 앱, 학부모용 앱, 강사용 앱 개발 및 자체 테스트, 고객 컴플레인 수시 반영
5	1차 서비스 오픈	'xx년 xx월~xx월	오픈 이벤트 개시(OO학원)
6	이용학원 1,500개 이상	협약 기간 내	최소 1,500개 예체능 학원 유치
7	지식재산권 등록 2건	협약 기간 내	App 및 관리자시스템 저작권 등록
8	유료 체험신청 상품 오픈	협약 기간 내	체험상품 오픈, 학원과 10% 수익쉐어하는 비즈니스 모델로 모두 적용
9	핵심기능	협약 기간 내	앱을 통해 강사 스케줄을 실시간 확인하고 체험학습 유료 신청(노쇼방지 및 학원수익사업), 학원방문 없는 모바일 결제(결제 선생 연동으로 SMS, 메시지 통한 모바일 결제), 수업내용/결과 확인, 강사와의 비대면 커뮤니케이션 기능

3) 정부지원금(대응자금 포함) 집행계획

〈사업비 집행계획〉

비 목	산출근거	금액(원)			
		정부지원금 (ⓐ)	대응자금(ⓑ)		합계 (ⓐ+ⓑ)
			현금	현물	
인건비	• 인건비 000천 원 × 50% × 9개월 = 000천 원			00,000,000	00,000,000
	• 연구원 인건비 000천 원 × 50% × 9개월 = 000천 원 000천 원 × 100% × 9개월 = 000천 원 000천 원 × 100% × 9개월 = 000천 원	00,000,000	00,000,000	00,000,000	00,000,000
	• 신규 연구원 인건비 000천 원 × 100% × 9개월 = 000천 원	00,000,000			00,000,000
지급수수료	• 회계감사비	000,000			000,000
광고 선전비	• 유튜브/앱스토어 광고비 7,000천 원	0,000,000			0,000,000
	• 블로그 광고비 7,500천 원	0,000,000			0,000,000
합 계		000,000,000	00,000,000	00,000,000	000,000,000

4) 자금 필요성 및 조달계획

(1) 현재까지 개발투자 비용

개발 담당 00명 충원하고 2년간 약 0억 원 이상 투자. 앞으로도 추가 개발을 매년 0억 원 이상 투자 필요, **투자 비용은 자체 매출 수익으로 충당.**
- 20xx년 전사 매출: 00억 원, 스포츠클럽 직영/가맹점 0곳 운영
- 20xx년 전사 매출: 00억 원, 스포츠클럽 직영/가맹점 00곳 운영
- 20xx년 전사 매출 목표: 00억 원, 스포츠클럽 직영/가맹점 00곳 목표

(2) 개발완료 후 투자유치 추진

개발완료 후 본격적으로 서비스 오픈 시 본 서비스와 관련하여 0억 원 정도의 투자가 유치가 필요하고 당사 직영점, 가맹점 오픈에 필요한 투자비까지 합쳐 시리즈A로 약 00억 원 규모 투자유치를 추진하고자 함.

4. 기업 구성(Team)

4-1. 기업 구성 및 보유역량

1) 대표자 및 기업 현황: 생략

2) 외부 협력 현황 및 활용방안

순번	파트너명	보유역량	협력사항	협력 시기
1	네이버, 카카오	통합 플랫폼	통합 로그인, 지도, 대량 전송, 알림톡 개발 연동	20xx.xx
2	결제선생	VAN	온라인 청구 & 결제 연동	20xx.xx
3	KICC	VAN	온라인 청구 & 결제 연동, 리더기 연동 등	20xx.xx
4	AWS	클라우딩 서버 플랫폼	클라우드 서버 구축(인프라, DB)	20xx.xx
5	팝빌	API 중계 서비스	현금영수증 발행 / 조회	20xx.xx
6	google, apple	app 마켓	firebase, flutter, app 마켓 등	20xx.xx

4-2. 중장기적 ESG 경영 도입계획

(1) 환경보호(Environmental)

스포츠클럽/매장 내에서 1회용품 사용을 최대한 줄이고 수강생 대상으로 환경보호 등에 관련 안내 활동 진행.

(2) 사회적 공헌(Social)

스포츠클럽 경영자 과정, 어린이 운동 전문가 과정, 동호인 지도자 양성 과정 등 아카데미 운영, 생활체육 활성화에 기여, 아동학대 예방, 일자리 창출, 강사 근무 처우 개선, 스포츠클럽 창업센터 운영, 부천시 테니스 협회와의 협력을 통해 KTRP(Korean Tennis Rating Program)를 시범사업으로 운용하며 지자체 권역 내에서 테니스 입문자들을 위한 승강제 테니스 리그를 주최.

(3) 올바른 지배구조(Governance)

사내 이익공유제, 성과급 제도 추진. 상호 존중하는 조직문화 구축을 위해 수평적인 의사결정 시스템 도입, 근로 환경에 문제점을 수시로 파악하여 개선.

치아교정기 케이스

이 사업계획서에서 참고할 만한 부분

1. 자세히 보지 않으면 단순한 플라스틱 제품을 제작하는 사업으로 중요성이 떨어질 수 있지만 디자인 등록 특허, 상세도면 및 디자인 원리 설명, 목업 이미지 제작 등 상당 부분을 준비한 것으로 보이고 선투자한 비용이 수억 단위로 높아 사업추진의 진정성이 높아 보인다.

2. 과제책임자의 경력을 기반으로 여러 제휴처로부터 구매의향서를 받아서 제출할 수 있다면 향후 판매될 가능성이 높아 보인다. 이런 자료는 사업계획서 분량에 제한받지 말고 1페이지에 4개 정도로 하여 캡처본을 최대한 많이 제시하는 것이 좋다.

3. 개발동기 부분에서 개발의 필요성을 확실히 어필하였다. 치아교정은 통상 2년간 약 500~1,000만원으로 비용이 들어가는 치료인데 불구하고 유지장치의 케이스는 700원짜리 중국산이라는 믿기 어려운 사실을 먼저 알려 주면서 프리미엄 케이스가 필요하다고 어필하면서 공감을 얻었다.

4. 업무파트너나 협력기업이 많으면 많을수록 좋다. 협력업체가 있다면 있는 대로 최대한 많이 적고 어떤 부분에서 협력을 하는지 설명한다. 협력업체는 꼭 기업일 필요가 없다. 프리랜서, 전문가 등도 협력업체로 설명해도 좋다.

□ 창업아이템 개요(요약)

명 칭	교정기 케이스	범 주	치아교정기 & 틀니 케이스

소 개	**200~600만 원 상당의 치아교정기/틀니를 단돈 700원짜리 케이스에 보관** 현재 유통되고 있는 저품질 중국산 치아교정기/틀니 케이스를 대체하기 위해 90%가 넘는 교정치료 환자 및 치과전문의의 니즈를 반영하여, **특허 등록돼 심미적으로 우수하고 강도가 높은 도금 ABS와 steel(강) 재질로 된 슬라이드형 케이스와 원통형 케이스** * ABS: 플라스틱에 있어 ABS는 아크릴로니트릴(Acrylonitrile), 부타디엔(Butadiene), 스틸렌(Styrene)으로 이루어진 혼선 중합체

현재 치아교정기 케이스

① 대부분 질 낮은 중국산 제품, 가격은 700~2,500원 내외
② 컴팩트 타입의 여닫이 구조로 여는데 불편 고장, 파손이 잘 됨
③ 90%의 고객이 싸구려라 불만이 높음
④ 구입: 치아교정, 틀니 제작 후 치과에서 기본적으로 제공 이후 인터넷 구매

고급 슬라이드형 유지장치 케이스	고급 원통형 유지장치 케이스

* 유지장치는 치아교정기 및 틀니를 말함	
① 여닫이 타입: 슬라이드형 ② 재질: ABS, 도금ABS, Steel, 자석 ③ 로고 및 브랜드 실크인쇄 ④ 디자인 특허등록: 제1151XXX호 ⑤ 기술 특허등록: 슬라이딩 방식의 교정기보관함 제2377XXX호 ⑥ 제품공급가: 16,000원	① 여닫이 타입: 뚜껑 돌리기형 ② 재질: PP, 실리콘 * pp: 탄소 3개로 이루어진 프로펠렌 단량체 사슬 성장 중합하여 얻어지는 열가소성 고분자 소재 ③ 로고 및 브랜드 실크인쇄 ④ 디자인권 등록: 제1151XXX호 외 3종 ⑤ 제품공급가: 7,500원

진출 목표 시장	① **수익모델** - 치아 치료용품 취급점 공급, 인터넷 쇼핑몰, 자체 쇼핑몰을 통한 직접 판매 | 구분 | 제조원가 | 납품가(도매상) | 공급가(치과) | 소비자가 | |---|---|---|---|---| | 슬라이드형 | 12,000원 | 16,000원 | 18,000원 | 25,000원 | | 원통형 | 5,000원 | 7,500원 | 9,000원 | 15,000원 | ② **시장 규모 및 성장 가능성** 가. 전체시장: 연도별 신규 교정환자/틀니환자 규모 약 74만 명(2022년 기준) 나. 유효시장: 전체시장 × 중고가 소비패턴 유형 고객 59% 약 43만 명 다. 목표시장: 유효고객 중 20xx년 0.5%, 이후 3~5% 내외 연도별 성장 목표 라. 20xx년 베타상품 출시에 따른 목표매출 약 5,100만 원 'xx년 매출 5,100만 원, '24년 7.7억 원, '27년 31억 매출목표 (상세 재무 추정표: 2022년~2027년 전체시장/유효시장/목표시장별 환자수, 매출, 원가, 인건비, 판관비, 영업이익 추정 포함. 주요 수치: '23년 매출 37,247,000원, '24년 209,118,000원, '25년 419,475,000원, '26년 1,057,100,800원, '27년 1,593,659,900원. '27년 영업이익률 25.6%)
경쟁사 대비 차별성	(1) **핵심 차별성** OOO전문가로서의 경험과 고객의 니즈를 반영한 제품 **책임자가 20년 경력의 OOO전문가로 그동안 최소 5,000명이 넘는 치아교정 환자와 교정전문의들의 요구사항을 반영**하여 제품 개발 (2) **세부 차별성** ① 심미적 차별성: 디자인권 5건 등록 ② 기능적 차별성: 슬라이딩 타입 유지장치 케이스 특허등록 1건 세정액 오염방지, 쏟아짐 방지, 내외부 케이스, 자석 포함 ③ 재질의 차별성: ABS, 도금ASB, Steel, 실리콘 활용하여 강도가 우수함 ④ 고급화: 치아교정기 케이스에서 베블런효과를 기대할 수 있는 상품
산출물 및 개발단계	(1) **최종 산출물: 유지장치 케이스 2가지(슬라이드형, 원통형)** (2) 현재 개발 단계: 시제품 제작 단계 ① 1차 제품 디자인, 상표, 로고 디자인 완성 ② 디자인 특허등록 5건, 특허등록 1건, 상표등록 3건 ③ 원통형 3가지 타입 Mockup 완성, 검토 중 (3) 이후 개발 단계 ① 슬라이드형 Mockup 완성, 검토, 금형 진행 ② 원통형, 슬라이드형 시제품 생산(각 5,000개) ③ 제품 포장 디자인 완성하여 제품화

| 이미지 | 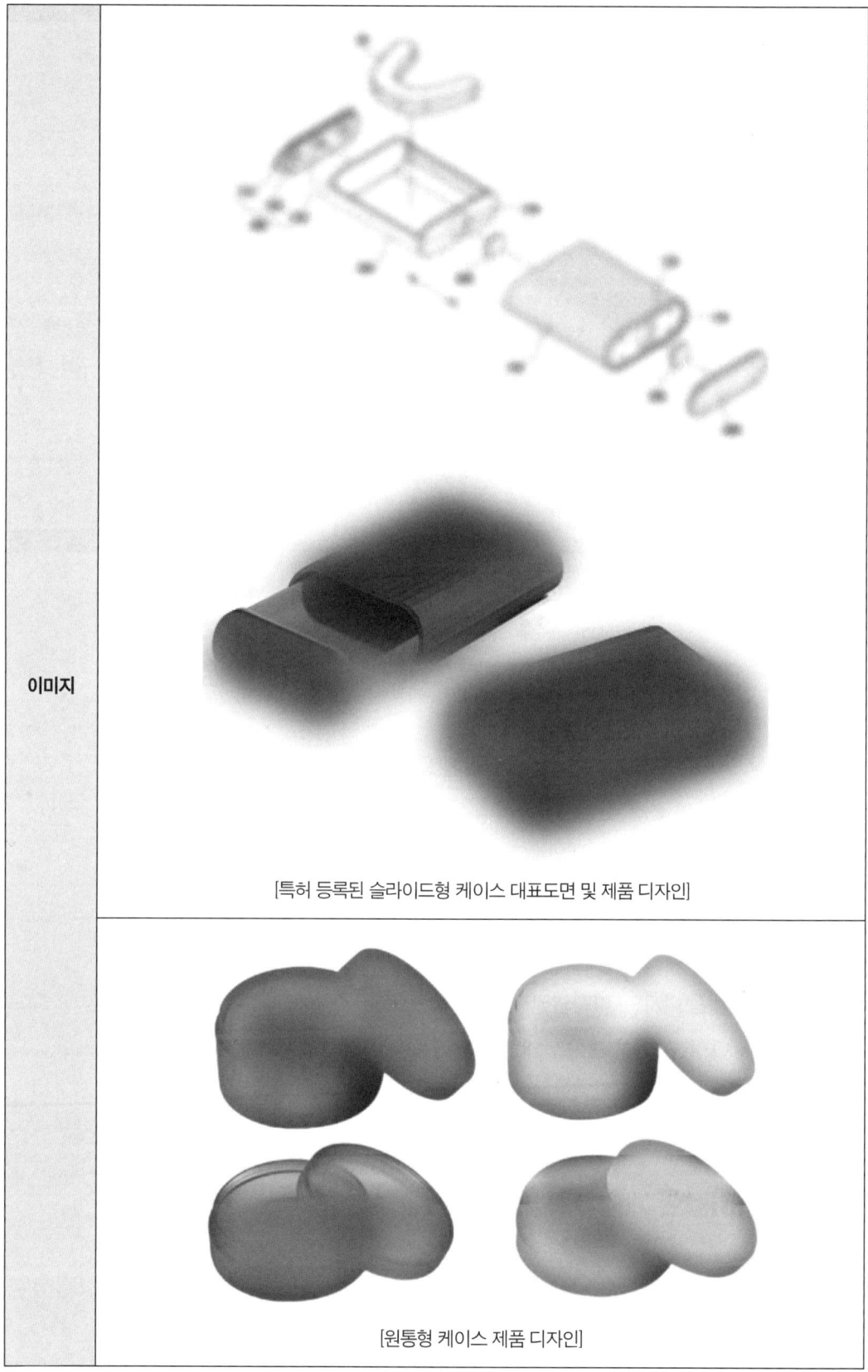 |

[특허 등록된 슬라이드형 케이스 대표도면 및 제품 디자인]

[원통형 케이스 제품 디자인]

1. 문제인식(Problem)

1-1. 창업아이템의 개발/개선 동기

(1) 현재의 시판되는 치아교정기/틀니 케이스의 낮은 품질

치료비 100~200만 원으로 평생 이용하는 틀니. **치료비 600~1,000만 원**으로 2년 이용하는 치아교정기. 대부분의 환자가 싸구려 **중국산 700원짜리 케이스**에 담아 이용 중.

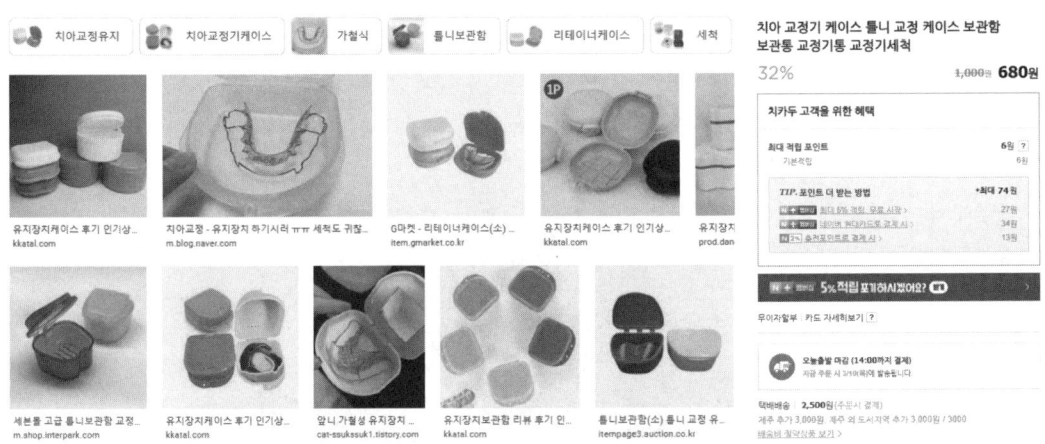

[쇼핑몰에서 판매되는 중국산 유지장치 케이스, 가격 680원]

(2) 20년 이상 OOO전문가로서 고급형 유지장치 필요성 확인

① 90% 이상의 환자가 품질 낮은 케이스에 대한 불만(내원환자 대상)
  치료비에 걸맞는 퀄리티 높은 케이스 요청
② 90% 이상의 치아교정 및 보철전문의들의 요구사항 확인
  치료 환자에게 서비스 차원으로 퀄리티 높은 케이스 제공 니즈

(3) 20xx년부터 제품 디자인, 디자인권/특허 등록 완료

① **고객 니즈를 반영한 2가지 케이스 개발을 위해 20xx년 약 0억 원 투자**
② 제품 및 패키지 디자인, 디자인특허 5건 등록, 기술 특허등록 1건

1-2. 창업아이템의 개발/개선 목적

고품질의 치아교정기/틀니 케이스 개발을 통해 ① 고가의 유지장치 관리상태를 개선하고 ② 치과 및 치료에 대한 신뢰감을 심어 주며 ③ 치과에서 부수익을 창출할 수도 있도록 함.

① 케이스 개폐 시 유지장치가 쉽게 떨어지는 것을 방지(파손, 오염방지)
② 약 600~1,000만 원 상당의 치료 결과물인 치아교정기를 고품격 케이스에 담아 고객에게 제공할 때 고객 신뢰도 증가
③ 교정전문의원의 경쟁심화로 교정치료와 관계된 부가적인 제품판매에 대한 니즈가 높은 상태에서, 비교적 쉽게 수익창출이 가능함
④ 교정치료에 필요한 다른 치아용품 기획/개발을 위한 준비과정, 유지장치 케이스 이후 치아교정환자용 제품을 추가 개발하고자 함. 치아교정용 제품 브랜드화

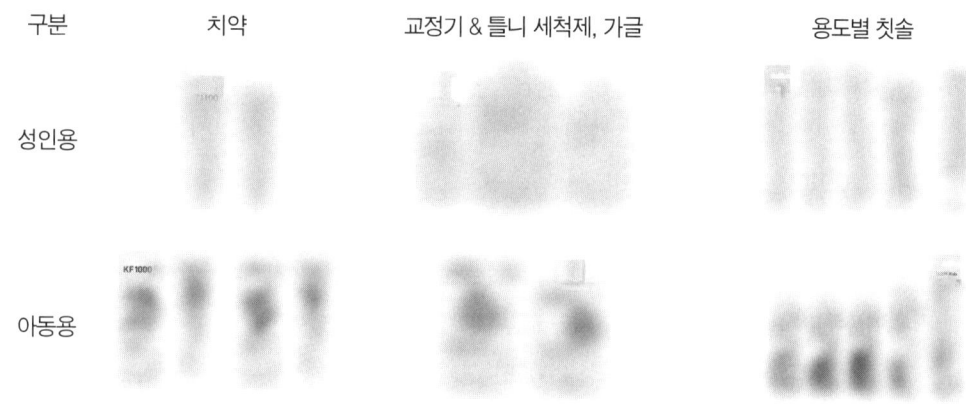

[향후 계속 개발하고자 하는 치과용품 라인업]

1-3. 창업아이템의 목표시장 분석

(1) 제품개발 완료 후 5년간 시장규모 추정 및 목표시장

'00년 매출 5,100만 원, '00년 7.7억 원, '00년 31억 매출목표

구분		계수	단위	현재까지	2022년	2023년	2024년	2025년	2026년	2027년
전체시장	1. 연도별 신규 치아교정 환자	전문의원 3300개 x 연간 환자 약 100명 X 감소율 2.18%	명	330,000	320,496	311,266	302,301	293,595	285,139	276,927
	2. 연도별 신규 틀니 환자	2017년 373,199명/ 연평균2.57% 증가	명	391,563	422,535	433,394	444,532	455,957	467,675	479,694
	3. 연도별 신규 전체고객합계 (1+2)		명	721,563	743,031	744,660	746,833	749,552	752,814	756,621
유효시장	4. 치아교정 환자 중 중고가 구입 선호 고객	59%	명	194,700	189,093	183,647	178,358	173,221	168,232	163,387
	5. 틀니환자 중 중고가 구입 선호고객	59%	명	231,022	249,296	255,702	262,274	269,015	275,928	283,019
	6. 유효고객합계 (4+5)		명	425,722	438,388	439,349	440,632	442,236	444,161	446,407
목표시장	7. 점유율 목표 (6 X 점유율)		%		0.5%	4%	8%	12%	20%	30%
	8. 목표 환자수(6 X 7)		명		2,191	17,573	35,250	53,068	88,832	133,921
	8. 슬라이드형 케이스 매출	16,000	원		35,056,000	281,168,000	564,000,000	849,088,000	1,421,312,000	2,142,736,000
	9. 원통형 케이스 매출	7,500	원		16,432,500	131,797,500	264,375,000	398,010,000	666,240,000	1,004,407,500
	10. 목표시장 매출 합계 (7+8)		원		51,488,500	412,965,500	828,375,000	1,247,098,000	2,087,552,000	3,147,143,500
	비용 구분	계수	단위		2022년	2023년	2024년	2025년	2026년	2027년
원가	1. 슬라이드형 케이스 제품원가	12,000	원		26,292,000	147,613,200	296,100,000	445,771,200	746,188,800	1,124,936,400
	2. 원통형 케이스 제품원가	5,000	원		10,955,000	61,505,500	123,375,000	185,738,000	310,912,000	468,723,500
	3. 제품원가 소계 (1+2)		원	-	37,247,000	209,118,700	419,475,000	631,509,200	1,057,100,800	1,593,659,900
인건비	4. 인당 평균 월인건비	최저임금 *1.3 수준	원	24,000,000	2,470,000	2,593,500	2,723,175	2,859,334	3,002,300	3,152,415
	5. 인원 수		명		4	4	6	8	10	12
	6. 인건비 소계		원	24,000,000	118,560,000	124,488,000	196,068,600	274,496,040	360,276,053	453,947,826
판관비 (인건비 제외)	7. 금형제작비	제품당 2000만원 선	원	30,000,000	30,000,000		30,000,000		30,000,000	
	8. 제품디자인비, 포장디자인 등	상품당 2000만원 선	원	60,500,000		30,000,000		30,000,000		30,000,000
	9. 임대료(연간 3천만원) 및 관리비	인당 관리비 월 30만원	원	15,000,000	14,400,000	14,400,000	21,600,000	28,800,000	36,000,000	43,200,000
	10. 광고선전비/홍보비	매출의 5% '25년부터 1%씩 감소	원	38,680,000	32,574,425	50,648,275	41,418,750	49,883,920	62,626,560	62,942,870
	11. 기타운영관리비	매출의 5%	원	17,799,000	2,574,425	20,648,275	41,418,750	62,354,900	104,377,600	157,357,175
	12.인건비 제외 판관비 소계		원	161,979,000	79,548,850	115,696,550	134,437,500	171,038,820	233,004,160	293,500,045
	비용합계	원가, 인건비, 그외 판관비	원	185,979,000	235,355,850	449,303,250	749,981,100	1,077,044,060	1,650,381,013	2,341,107,771
	영업이익		원	-185,979,000	-183,867,350	-36,337,750	78,393,900	170,053,940	437,170,988	806,035,729
	영업이익률		%		-357.1%	-8.8%	9.5%	13.6%	20.9%	25.6%

[향후 5년간 매출, 비용 예상목표]

※ 산출근거

① **치아교정 환자 수**: 연세대학교 치과병원 교정과 교정환자 2010년 1,706명 2011년 1,439명 2012년 1,222명으로 감소추세(출처: 2014년 연세대학교 치과병원 교정과 내원한 부정교합 환자의 분류 및 분포_박용욱)

② 교정환자 10세 미만 40대 이상 증가세(출처: 2018년 11월 대한치과교정학회 보도자료, 대도시 5개 종합병원 조사 2010년 환자 수 2,104명 2017년 1,782명, 병원당 356명), 연평균 감소율 2.18%

③ 치아 교정전문의 3,300명 + 교정치료하는 일반의 수는 1,700명 합계 약 5천 명(출처: 2020년 12월 2020년 교정 시장의 흐름을 말한다. DenfoLine)

④ 대학병원, 종합병원의 교정환자 수가 연평균 약 356명으로 전문병원의 경우 그 50 수준으로 연간 약 100~200명 수준으로 추정, 본 계획서에서는 보수적으로 100명으로 산정

⑤ 틀니환자 수: 2016년 362,861명, 2017년 기준 371,199명, 연평균 2.57% 증가(출처: 2017년 국민생활밀착형 통계 100선, 국민건강보험공단, 2019년 건강보험심사평가원)

⑥ 유효시장 추정: 전체시장에서 가격대에 따른 고객의 소비패턴 조사 내역을 반영, 고가상품을 구매할 수 있는 고객비율 39% + 20% = 59%로 설정

⑦ 의류시장에서 가격대비 소비패턴 분석 2006년 고가 35%, 중가 36%, 저가 30%, 2015년(추정) 고가 39%, 중가 20%, 저가 41%로 소비패턴 양극화(출처, 삼정KPMG경제연구원), 베블런효과(상품이 비쌀수록 잘 팔리는 경우) 적용

⑧ 목표시장: 2022년 올해 테스트베드 시장으로 유효고객의 0.5% 점유목표, 2023년부터 4%, 8%, 12%, 20%, 30%로 목표 증가

⑨ 슬라드이형 케이스의 치과재료 중간도매상 공급가를 16,000원으로 설정(소비자가 25,000원), 원통형 케이스는 공급가를 7,500원으로 설정

⑩ 슬라이드형 케이스는 5,000개 제작 기준 12,000원 원통형 케이스 원가는 재질, 방식, 문양, 포장 등에 따라 5,000원(초도 물량에 금형비용 포함, 이후 추가 제작 시 단가 30% 인하)

⑪ 금형과 제품디자인 제품 1개당 각각 평균 2,000만 원이며 현재 3가지 형태로 준비하고 있고, 각 2년 간격으로 추가 개발 예정

⑫ 인건비는 월 최저임금의 1.3배로 정하고, 매년 5% 정도씩 인상하는 것으로 설정

⑬ 현재 연구원이 4명으로 내년까지는 그대로 유지하고 그 후 매년 2명씩 충원 목표

⑭ 임대료, 광고선전비, 기타운영비는 계수 참조

⑮ 광고선전비는 매출액의 5%를 기준으로 하는데 1~2년차에는 각 3,000만 원 추가 배정

국내 유지장치 케이스 시장은 연간 약 신규환자 70만 명 × 2,000원 × 2개 = 28억 원, 기존 틀니환자 500만 명, 기존 치아교정 환자 최대 100만 명 정도로 약 600만 명으로 추정, 이들이 연간 1개의 유지장치를 추가 소비할 것으로 가정하면 약 120억 원으로 전체시장은 약 150~200억 원 시장으로 추정됨.

(2) 유지장치 케이스 시장의 특징

① 환자는 최초에 유지장치를 구매하지 않음: 치료비에 포함되는 것. 치과에서 제공하는데 치과도 치기공소에서 유지장치를 납품받을 때, 무료로 받아 그것을 환자에게 제공함. 따라서 치기공소에서는 가장 저렴한 중국산 유지장치 케이스를 제공함.
② 저가 위주로 쇼핑몰에서 판매 중. 추가 유지장치가 필요한 고객은 인터넷 쇼핑몰에서 구매하는데 700원짜리 중국산이 대부분이고 캐릭터 등이 들어간 상품이 25,000원 내외로 판매되고 있음.
③ 고가의 유지장치 라인업을 구성하여 치과에서 유지장치를 제공할 때 저가는 무료로 제공하고 유료 케이스를 선택적으로 구매하게 하면 고가 유료 케이스 시장을 개척할 수 있음.

1-4. 고객 요구사항 분석

① 90% 이상의 환자는 고가 유지장치 보관에 걸맞는 고퀄리티 케이스 요구
   환자는 교정기, 틀니 제작 후 여러 종류의 케이스 중 선택하길 원함. 또, 인터넷 쇼핑에서도 질 높은 제품을 구매하길 원함.
② 연간 200명 내외의 신규 환자를 검진하는 치과전문의도 고객 서비스 차원에서 고퀄리티 케이스 필요성 확인. 또, 치과전문의는 고가의 케이스를 판매하여 부가 수익을 창출하기 원함.

2. 실현가능성(Solution)

2-1. 창업아이템의 개발/개선 방안

(1) 협약기간 내 최종 산출물: 유지장치 케이스 2건

구분	슬라이드형 케이스	원통형 케이스
디자인 설계 완료	디자인특허 등록(1건) 기술특허 등록(1건)	디자인특허 등록(4건)
브랜딩 완료	사이트 브랜딩, 상품브랜딩 완료, 상표등록 완료	
금형 제작 및 양산 계약 체결	시방서 접수	
	전문업체(오에스에스케이) 계약 완료	
재질	ABS, 도금ABS, Steel, 자석	PP, 실리콘
시제품 수량	5,000개	5,000개
제품원가	12,000원	5,000원
현재상태	Mockup 준비 중	Mockup 검토 중

(2) 슬라이드형 유지장치 케이스 개발 방안

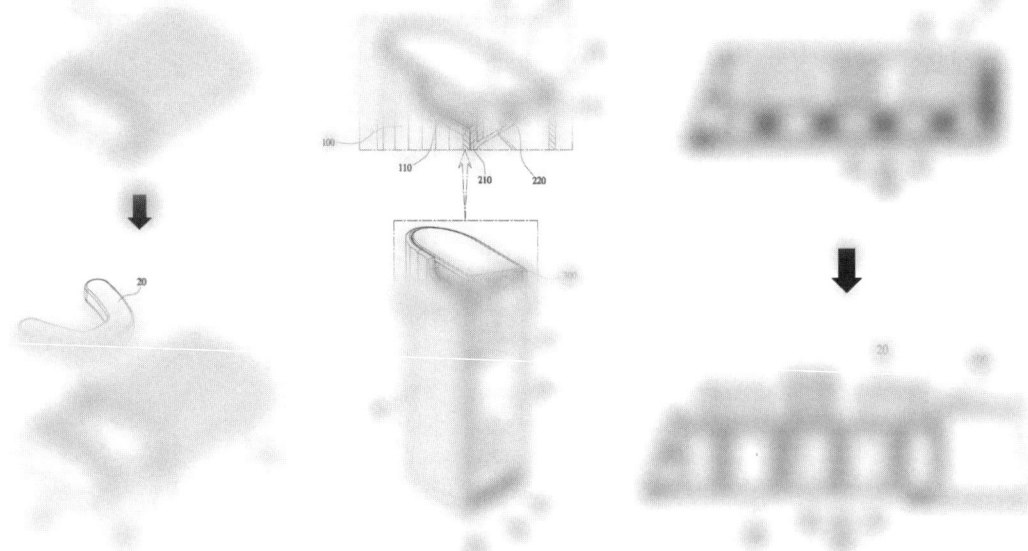

[특허등록된 슬라이드형 케이스 구성도]

일방향으로 긴 3차원 형상으로 일면이 개방되는 외부케이스와 상면이 개방되고, 개방된 상면을 통해 내부에 교정기가 안착시킬 수 있음. 외부케이스의 개방된 일면을 통해 상기 외부케이스에 내장되는 내부케이스와 결합한 내부커버와 자력을 갖는 자석, 그 자력으로 결합된 상태를 유지하는 금속판과 금속판의 외부노출을 방지하는 외부커버를 포함하는 슬라이딩 방식의 교정기.

(3) 원통형 유지장치 케이스 개발 방안

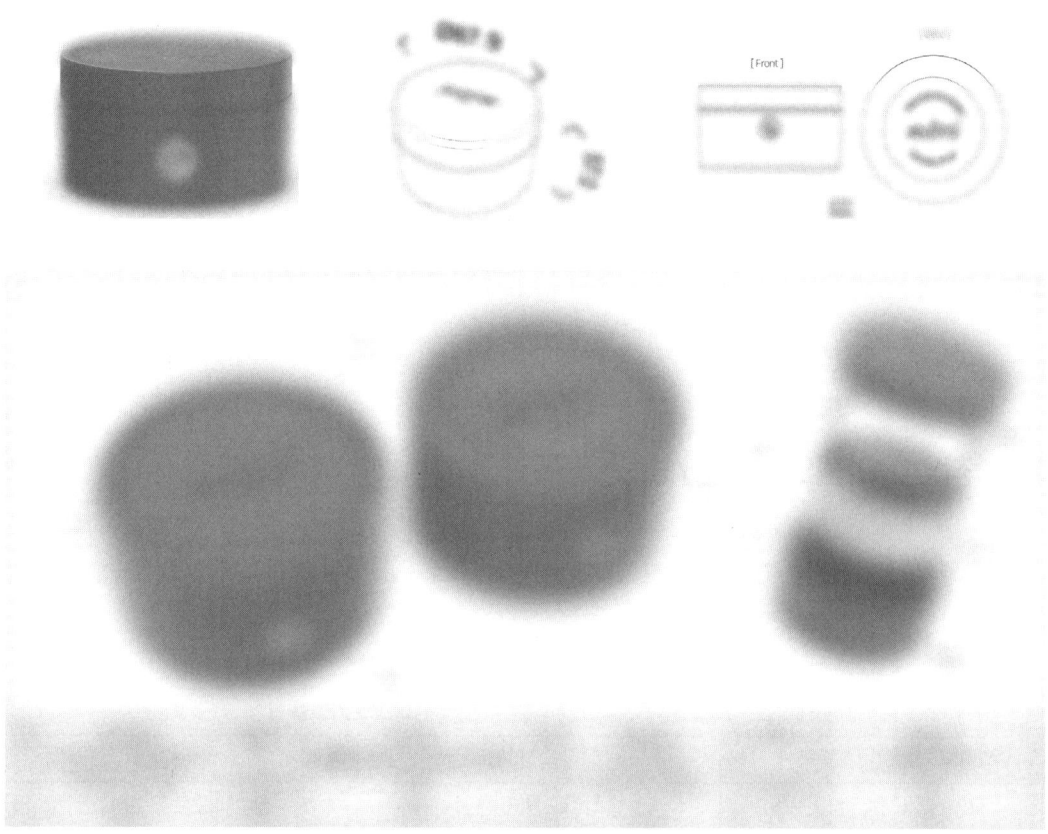

[디자인특허 등록된 원통형 케이스]

2-2. 고객 요구사항 대응 방안

고퀄리티 유지장치 케이스의 니즈는 기본적으로 유지창치를 이용하는 환자로부터 시작되었고 또, 치과병의원에서는 의료서비스의 개선 및 수익창출을 추구하려는 목적으로 요구되고 있음.

고객 구분	요구사항	개선/대응방안
치아교정 틀니환자	① 디자인 우수성	디자인권 등록 5종
	② 내구성, 강도	ABS, 도금ABS, Steel, 자석, 실리콘 재질 이용
	③ 고급화	차별화된 디자인과 재질로 심미성 강조
	④ 쏟음방지 기능	컴팩트 타입 → 슬라이드형, 원통형(뚜껑분리)
교정전문의 치과의사	① 다양한 라인업	틀니용, 치아교정기용, 대형, 소형, 슬라이드형, 색상
	② 차별화, 고급화	차별화된 디자인과 재질로 심미성 강조
	③ 부가수익 창출	소비자가 슬라이드형 25,000원, 원통형 15,000원

[유지장치 케이스에 대한 환자/치과의사의 요구사항 및 대응방안]

2-3. 창업아이템의 차별화 방안

20년 경력의 OOO전문가가 직접 개발하고 특허받은 고급 유지장치 케이스라는 컨셉으로 차별화 전략 제시

구분	기존 케이스	당사 케이스의 차별화 방안	
생산지	중국산	국산	신뢰감
모양	컴팩트형	슬라이드형, 원통형	심미적으로 우수하고 휴대용으로 유지장치를 쏟아짐 현상 없이 보관 디자인특허/기술특허
재질	PP	ABS, 도금 ABS, Steel 자석, 실리콘, PP 등	
가격	700원~2,500원	15,000원~25,000원	고급화전략(베블런 효과)
세일즈 포인트	저가	**20년차 OOO전문의가 개발한 신뢰할 수 있는 제품** 치아의료용품 유통 생태계를 파악하고 있어 중간상을 통한 빠른 유통, 대규모 유통이 가능. **치의신보, 대한치과교정학회** 등을 통해 치과의사에 빠른 전파 가능 전용 사이트 직접 판매, 쇼핑몰 입점 판매	

3. 성장전략(Scale-up)

3-1. 창업아이템의 사업화 방안

1) 비즈니스 모델(BM)

(1) 제품별 가격

구분		제조원가	도매상 공급가	치과 공급가	소비자가
슬라이드형		12,000원	16,000원	18,000원	25,000원
	마진		**4,000원(당사)**	2,000원(도매상)	7,000원(치과)
원통형		5,000원	7,500원	9,000원	15,000원
	마진		**2,500원(당사)**	1,500원(도매상)	6,000원(치과)

※ 제조원가는 금형 비용 포함하여 각 5,000개 사출기준으로 이후 2차로 제작되는 원가는 수량에 따라 40~50%까지 원가 절감 기대

(2) 비즈니스 모델

구분	내용	제품	공급가	마진	판매비율
도매형	치과용품 도매업체에 공급하는 모델	슬라이드형	16,000원	4,000원	90%
		원통형	7,500원	2,500원	
직접판매형	자사쇼핑몰 및 인터넷 쇼핑몰에서 소비자에 직접판매	슬라이드형	25,000원	13,000원	10%
		원통형	15,000원	10,000원	

2) 목표시장 진입 현황

기존 제품 소매를 통해서 약 1,000만 원 정도 매출이 있으나 새로운 제품의 완성 시기를 20xx년 3/4분기로 계획하고 있어 매출 실적은 없음.

3) 목표시장 진출 방안

(1) 시제품 생산 및 출시 방안: 20xx년 x월 정식 출시

① 현재 시제품 생산을 위한 준비 완료 단계
- 제품 디자인 특허등록, 상표등록, 금형사출 계약 완료
- 제품 포장디자인 완료, 판매사이트(홈페이지) 제작완료, 목검 검토 중

② 시제품 제작 수량: 슬라이드형 5,000개, 원통형 5,000개

(2) 유통 및 판매채널: 4가지 핵심 채널

순번	구분	내용
1	치과용품 도매상	(주)OOO(교정재료 최대 규모 도매상)_70% 교정치과 커버 (주)OOO_약 20% 교정치과 커버, (주)OOO, OOO 등 (주)OOO: 일반치과 틀니케이스 공급 (주)OOO: 중국 치과재료 수입유통, 중국 수출
2	자체 쇼핑몰	자체 쇼핑몰(ZZZZ, SZSZ)
3	온라인 쇼핑몰	NAVER 스마트스토어, 소셜커머스
4	오프라인(치과)	대표자가 직접 운영하는 치과의원에서 자체 판매

(3) 홍보 및 마케팅: 4가지 방안

① 치과용품 판매업체 대상: 초도 주문 물량 15% 할인 이벤트
② 대한치과교정학회·대한치과보철학회 보도자료 배포, 학회지 광고
③ 대한치과기공사협회 보도자료 배포, 협회지 광고
④ ZZZZ 자체 쇼핑몰, 네이버 스토어 '검색키워드' 광고 등

〈추정 매출〉

순번	목표시장(고객)	제품(서비스)	진출 시기(기간)	판매(이용)량	가격	판매 금액
1	연간 유지장치 신규환자 74만 명 중 중고가상품 구매력 있는 59% 환자 중 0.5% 2,191명	슬라이드형	20xx년 xx월	2,191건	16,000원	35,056,000원
2		원통형	20xx년 xx월	2,191건	7,500원	16,432,500원
	합계			4,382건	-	51,488,500원

※ 20xx년 목표시장은 5년간 매출목표 산출근거 중 전체시장(74만 명), 유효시장(74 × 59%), 목표시장(유효시장 × 0.5% = 2,191명) 고객, 산정근거 참조. 현재, 치과용품 유통업체 대부분이 서로 먼저 판매하기를 원함.

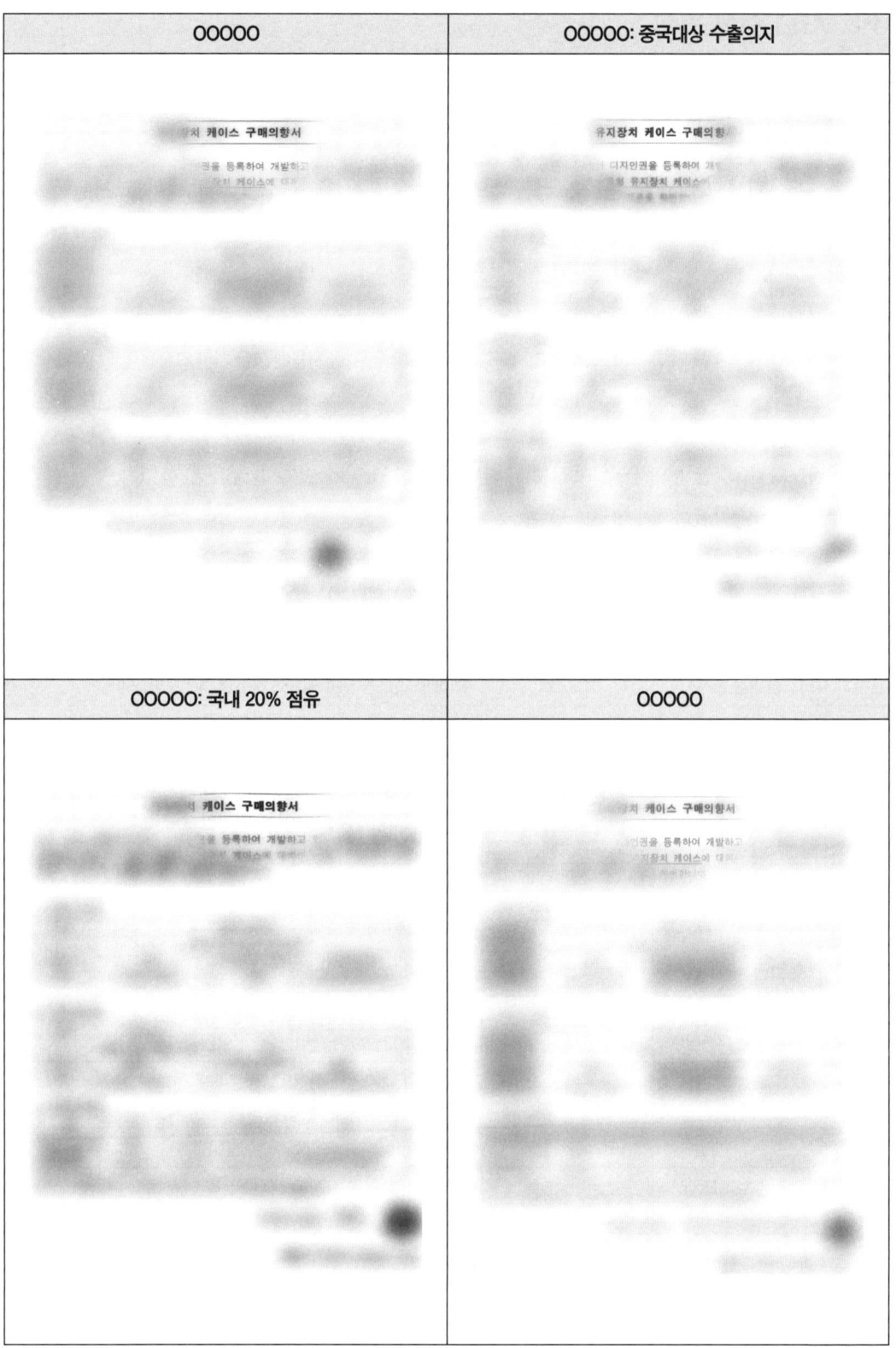

[프리미엄 유지장치 케이스에 판매에 대한 유통업체 구매의향서]

3-2. 사업 추진 일정

1) 사업 전체 로드맵

당사는 고급 치아교정 관련 용품을 전문적으로 개발, 생산, 유통하는 고급 치아 교정용품 국내 No.1 기업이 되고자 함. 그 첫 번째 제품으로 고급 유지장치 케이스를 개발하고 이후, 교정치료, 틀니환자 대상 전문 치약, 가글, 칫솔, 치실 등을 개발.

 스위스 취리히 프리미엄 클리닉 컨셉을 차용해 고급 치아 교정용품 국내 No.1 기업이 되고자 브랜드 개발

현재 치약, 가글, 칫솔 분야 연구도 진행 중이며 관련하여 디자인, 상표등록을 하였으며 제품 개발 연구를 진행하고 있음.

〈사업 추진 일정(전체 사업단계)〉

순번	추진 내용	추진 기간	세부 내용
1	신제품 출시	20xx.xx	슬라이드형, 원통형 케이스 각 5,000개 사출/판매
2	신제품 판매 프로모션	20xx.xx	치아용품 도매상 대상 초도 주문 물량 15% 할인 도매상 리스트 확보 및 브로셔 전달
3	신제품 홍보	20xx.xx	교정학회, 보철학회 보도자료 배포 학회지 노출 치기공사협회 보도자료 배포, 협회지 노출 네이버 검색광고, 키워드 광고 진행
4	웹사이트 리뉴얼	20xx. 하반기	홈페이지 사이트 리뉴얼 NAVER 스마트스토어 제품 등록
7	칫솔 상품 금형 및 사출	20xx. 상반기	현재, 1차 디자인 시안 완료
8	치약 제품 개발 진행(성분,디자인)	20xx.xx	현재, 1차 디자인 시안 완료, 성분배합 검토 중 성분배합 완료하여 시제품 제작(성인용, 아동용)
7	가글 제품개발	20xx. 하반기	현재, 1차 디자인 제작 완료, 성분배합 검토 중 (성인용, 아동용)
8	치실 등 개발	20xx. 상반기	치실, 치간칫솔 등 브랜드화 상품개발
9	고급 치아교정 용품 브랜드화	20xx. 상반기	고급 치아교정 용품 개발/생산 No.1 기업으로 브랜드화

2) 협약기간(20xx.xx ~ 20xx.xx) 내 목표 및 달성 방안

협약기간 시제품 2건을 개발하고 4,400개 판매하여 총매출 5,100만 원 이상 달성하는 것을 목표로 함. 금형계약은 이미 완료하였음. 현재 유지장치 1건에 대해서는 Mockup을 받아 검토 중에 있음. 검토 후 이상이 없어 사출을 시작하면 20xx년 xx월 이전에 시제품을 완성할 수 있음. 치아용품 도매상 8곳을 이미 거래처로 확보하였으며 단가협상을 통해 계약을 맺고 소비자 대상 판매가 가능함. 홈페이지 개발 및 스마트스토어 입점은 이미 진행되고 있어 시제품 완성과 동시에 공개 예정. 대한치과교정학회 정회원으로 신규제품에 대한 홍보가 가능함.

〈사업 추진 일정(협약기간 내)〉

순번	추진 내용	추진 기간	세부 내용
1	유지장치 시제품 2건	20xx.xx~20xx.xx	슬라이드형 5,000개, 원통형 5,000개 시제품 완료
2	판매 4,400개 매출 5,100만 원	20xx.xx~20xx.xx	치과용품 도매상에 4,000개 판매 400개는 자체 판매, 온라인 쇼핑몰 판매 전체 매출 약 5,100만 원 달성
3	치과용품 도매상과 계약 4건	20xx.xx~20xx.xx	치과용품 도매상에 납품계약 체결 최소 4개 업체 계약하여 공급 최소 단위 설정 가격 Feedback 등
4	홈페이지 개발완료	20xx.xx~20xx.xx	ZZZZ, SZSZ 홈페이지 개발완료, 상품홍보/판매
5	온라인스토어 입점완료	20xx.xx~20xx.xx	NAVER 스토어에 소비자가로 상품 등록 판매 개시
6	학회/협회 홍보 2건	20xx.xx~20xx.xx	대한치과교정학회, 대한치과보철학회, 대한치과기공소협회, 치의신보 등에 보도자료 배포 치과 관련 온라인 매체 보도자료 배포

3-3. 자금 소요 및 조달계획

1) 사업 추진을 위한 자금 소요계획

<사업비 집행계획>

비 목	산출근거	금액(원)			
		정부지원금 (ⓐ)	대응자금(ⓑ)		합계 (ⓐ+ⓑ)
			현금	현물	
인건비	• 참여 인력 인건비 (0,000,000원 × 10개월 = 00,000,000원) • 추가 인력 인건비 (0,000,000원 × 10개월 = 00,000,000원)	00,000,000	00,000,000	00,000,000	00,000,000
지급 수수료	• 회계감사비 000,000원 • KCL 안전성 테스트 0,000,000원	0,000,000			0,000,000
광고 선전비	• 홈페이지 제작 비용-자사 홈페이지 제작 교정기케이스 소개, 사업 소개 • 블로그 / 인스타그램 - 레뷰, 공팔리터 등 인플루언서 또는 블로거 모집하여 광고, 홍보비 (0,000,000원 × 3개월) • 네이버 키워드 광고(0,000,000원 × 10개월)	0,000,000 0,000,000 00,000,000			00,000,000
	• 3D제작업체, 3D사진촬영, 촬영본 원본(연출 컷, 누끼, 상세컷), 상세페이지 제작. • 서랍형케이스, 틀니케이스 화이트, 틀니케이스 그레이 (0,000,000원 × 3 = 00,000,000원) • 유지장치케이스 핑크, 유지장치케이스 그린 (0,000,000원 × 2 = 0,000,000원)	00,000,000 0,000,000			00,000,000
	• 광고대행비 - 사진촬영, 상세페이지 틀 제작, 트래픽 관리, 키워드 마케팅, 상세페이지 수정 제작 (0,000,000원 × 7개월 = 00,000,000원)	00,000,000			00,000,000
합 계		00,000,000	00,000,000	00,000,000	000,000,000

2) 기타 자금 조달계획

현재, 자본금 0억 원 + 은행대출 0억 원으로 사업진행 중
① 자본금 0억 원으로 창업, 은행대출로 추가 0억 원 자금조달
② 디자인, 금형, 사출 및 특허, 포장 등 상품화에 대부분 비용 투자
③ 20xx년 xx월 기술보증기금에 추가로 대출 0억 원 추가 조달
④ 시제품 생산 및 판매 후, 투자유치 진행할 예정

4. 팀 구성(Team)

4-1. 대표자 현황 및 보유역량: 생략

4-2. 기업 현황 및 보유역량

〈업무파트너(협력기업 등) 현황 및 역량〉

순번	파트너명	보유역량	협력사항	협력 시기
1	(주)ОООО	교정치료용품 전국최대 도매업체(70%)	교정치과 공급	20xx.xx~ 계속
2	(주)ОООО	교정치료용품 도매업체(20%)	교정치과 공급	20xx.xx~ 계속
3	(주)ОООО	교정치료용품 신생 도매업체	교정치과 공급	20xx.xx~ 계속
4	(주)ОООО	일반 치과 재료상	일반치과 틀니케이스 공급	20xx.xx~ 계속
5	(주)ОООО	중국 치과재료 수입업체	중국수출 협력	20xx.xx~ 계속
6	(주)ОООО	디자인회사면서, 금형 사출을 같이 진행가능한 회사	칫솔디자인 및 교정기 케이스 금형, 사출, 조립	20xx.xx~ 계속
7	(주)ОООО	패키지디자인, 포장박스 디자인 감리	포장디자인 감리	20xx.xx~ 계속
8	(주)ОООО	디자인	교정기케이스 디자인 감리	20xx.xx~ 계속
9	(주)ОООО	치약, 교정기 세정제 제조업체	치약, 교정기 제조	20xx.xx~ 계속
10	(주)ОООО	가글 전문 제조업체	소아, 성인 가글 제조	20xx.xx~ 계속
11	(주)ОООО	칫솔생산업체	0.1 특수모 칫솔 생산	20xx.xx~ 계속
12	(주)ОООО	칫솔생산업체	중저가 칫솔 생산	20xx.xx~ 계속
13	(주)ОООО	브랜딩, 디자인, 웹사이트, 영상제작	브랜딩, 칫솔디자인	20xx.xx~ 계속

청년창업사관학교

의류용 디자인 수출 중개 플랫폼

이 사업계획서에서 참고할 만한 부분

1. **초기 사업자임에도 수출 실적**이 있다. 창업지원사업에 있어 수출 실적이 있는 경우가 매우 드물기 때문에 선정 가능성이 높은 편이다. 또 해외 디자인 특허를 획득한 것이 최종 선정에 가점으로 작용했을 것이다.

2. **사회적 약자인 청년 디자이너를 위한 서비스**로 플랫폼 개발에 필요한 기술력이 낮은 편이라도 그 사업 취지가 좋아 선정 가능성이 높다. 청년 디자이너의 실업문제도 해결할 수 있는 솔루션으로 포지셔닝한 것이 주요했다.

3. 초기 사업으로 수출 실적을 올린 상태에서 동일한 고민을 하는 고객들을 대상으로 **본인이 불편했던 경험을 개선하는 목적으로 플랫폼**을 개발하기 때문에 필요성이 인정될 가능성이 높다.

4. 해외 진출 부분에서 해외 특허등록 및 해외 진출 실적을 근거로 하여 성공 가능성이 높아 보인다. 아주 사소한 것이라도 해외 진출 실적이 있다면 **사업계획서에 해외 진출 관련 증빙(지식재산권, MOU, 계약서, 수출확인서 등) 자료로 첨부하는 것이 좋다.**

□ 사업화 과제 개요(요약)

사업화 과제 소개	**디자인 수출 중개 플랫폼** ※ **텍스타일 디자인**: 각종 천이나 원단에 들어가는 문양, 패턴, 컬러 등에 관한 디자인 〈아이디어 개요〉 디자인 전문 미국 특허 업체와 연계하여 국내외 000여 개 이상의 원단업체 인적 DB를 기반으로 실력 있는 **국내 디자이너가 자신의 지식재산권을 보호하며 본인의 디자인을 비대면으로 해외 원단 업체에 온라인으로 수출**할 수 있도록 중개하는 서비스 플랫폼. (1) **주 사업 모델**: 국내 텍스타일 디자이너와 해외 원단업체 디자인 수출 중개 **국내 디자이너 회원가입** → 디자인 수출 중개 플랫폼 (판매 수수료 20%) ← **해외 원단업체 회원가입** 원단 디자인 파일 업로드 / 판매 수수료 제외 판매금 지급 원단 디자인 파일 다운로드 / 구매 결제 (2) **부 사업 모델**: 국내 디자이너와 해외 디자인 특허 업체 중개 **국내 디자이너 회원가입** → 수출 중개 플랫폼 T00O ← **미국 특허법인** 해외 디자인 특허 출원/등록 의뢰 / 해외 특허 업체 연결 해외 디자인 특허 출원 등록 대행 **창업 아이템 동기(배경 및 필요성)** 해외 판로개척을 원하는 국내 디자이너와 한국 디자이너의 텍스타일 디자인을 구매하고자 하는 해외 원단업체의 니즈를 연결하는 플랫폼 ① 해외 섬유업계의 한국 패션 및 패턴 디자인 선호 경향(20xx년 기준 수출 실적 2.9% 증가) ② 국내 디자인 수출 중개 웹 플랫폼 부재(해외 수출 연계로 글로벌 진출 가능) ③ 무분별한 디자인 Copy를 방지하고 디자이너의 지식재산권 보호를 위한 안전장치 역할 가능 ④ COVID 장기화로 인해 비대면 온라인 디자인 판매에 대한 수요와 니즈가 높아짐 ⑤ 국내 디자인 대학(원) 졸업생 실업률 32.2% 육박(2019년 산업디자인통계조사) ⑥ 미국 디자인 시장은 한국 디자인 시장보다 10배 이상 규모(2019년 산업디자인통계조사 기준)

구분		항목	내용
사업화 과제 차별성	차별성 독창성	니치마켓	기존에 없던 O2O 디자인 수출 중개 플랫폼으로 새로운 틈새시장
		수출 연계	국내 실력 있는 디자이너가 본인의 디자인을 수출하여 수익 획득 가능(국내 고용 위기 극복 및 수출 확대)
		지식재산권 보호	미국 특허청에 라이센스 등록으로 국내 디자이너의 지식재산권 보호
		비대면	COVID 시대에 O2O 수출 중개 플랫폼으로 디자인 비대면 수출 가능
	글로벌 경쟁력	특허	20xx년 국내 디자인특허 출원 등록 완료(2건) 20xx년 미국 특허청에 디자인특허 출원 완료(5건)
		시장검증	지난 1년간(20xx.xx~20xx.xx) 미국 OOO Inc에 당사의 디자인 독점계약 및 수출(OOO건)로 시장검증 완료
		새로운 판로 개척	미국 디자인 특허전문 컨설팅 업체와 협력하여 특허, 해외 인적 DB를 활용한 빠른 실행으로 독점 비즈니스로 글로벌 진출 가능
	BI기술 경쟁력	인적 DB	국내외 OOO여 개 이상의 원단 및 패턴업체와 국내 디자이너의 인적 DB를 기반으로 초기 이용자 확보. 빠른 시장 장악 기대
		수익화 용이	디자인 파일은 디지털 파일로 온라인 판매가 용이하고 재고가 남지 않기에 재고에 관한 리스크가 없어 수익화 용이

국내외 목표시장

(1) **국내시장의 규모**: 미취업 국내 디자이너의 예상 가치 창출 포함 시,
  국내 디자인 경제적 가치 年 1,764억 이상
◆ **전체시장(TAM) 추정**: 국내 디자인 경제적 가치 산출 통계

구분	대학(원) 관련학과 수 (단위: 개)	연간 대학원 졸업생 수 (단위: 명)	실업률 (단위: %)	국내 관련 업체 수 (단위: 개)	디자인의 경제적 가치 (단위: 백만 원)
패션/텍스타일 디자인	220개	4,548명	32.2%	6065개	1조 3,365억 1,600만 원

참고: 2019년 한국디자인진흥원 산업디자인 통계조사 총괄보고서

◆ **유효시장(SAM) 추정: 텍스타일 디자인 경제적 가치 산출**: 1,336억 원
(위 국내 디자인 경제적 가치 통계 中 10.41%에 해당 추정)
미취업 디자이너의 예상 창출 가치: 年 427억 추정(유효시장)

◆ **목표시장(SOM) 추정: 3년간 유효시장의 10% 이상 점유 목표**: 42억 원

(2) **목표타겟**
① 본인의 디자인을 수출하고자 하는 국내 디자이너 및 프리랜서
② 한국 디자이너의 디자인을 사고자 하는 국내 및 해외 원단업체

(3) **목표시장 판매 전략**: 국내외 700여 개의 DB를 기반으로 텍스타일 디자인 중개 플랫폼 "TOOO"을 개발 후, 국내 220여 개의 디자인학과 졸업생 및 국내 프리랜서 디자이너를 국내 및 해외 원단 업체와 중개해 디자인 판매금에 관한 판매 수수료(20%)를 얻고, 미국 디자인 특허등록을 원하는 국내 디자이너를 디자인 전문 미국 특허 업체와 연결하여 중개 수수료(20~30%)로 수익화

◆ **TOOO DOOO BOOO**
  당사는 지난 미국 OOOO Inc.에 디자인 독점 계약(연 OOOOO달러)하고 지난
  1년간까지 직접 디자인한 디자이너(OOO건)을 **이미 수출하여 검증**

	◆ 1차 접근 시장 / 국내 원단업체 국내 220여 개의 디자인 관련 대학과 연계하여 미취업 졸업생 및 국내 프리랜서 디자이너를 우선적으로 해당 플랫폼에 입점시키고 국내 중소기업 원단업체(25개)에 디자인을 팔 수 있도록 중개하여 판매금에 관한 수수료 획득 ◆ 2차 접근 시장 / 미국 LA 자바시장 및 뉴욕 원단업체 현재 당사가 거래하고 있는 미국 OOOO Inc를 비롯해 미국 LA 자바시장 및 뉴욕 원단업체 200여 곳에 국내 텍스타일 디자이너의 디자인을 팔 수 있도록 중개하고 수수료 획득 ◆ 3차 접근 시장 / 유럽 및 일본, 중동 원단업체 디자인 전문 미국 특허 업체와 연계하여 디자인 수요가 많은 유럽 및 일본, 중동의 해외 원단업체에 국내 디자이너의 디자인을 팔 수 있도록 판로를 확장하여 중개하고 판매금에 관한 수수료 획득
이미지	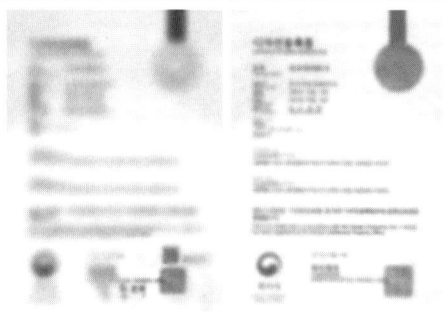 1. 아이디어 검증: ① 국내 디자인권 특허등록 완료 ② 미국 Copyright Registration 디자인 특허출원 완료  2. 시장 검증: 미국 OOOOO와 디자인 독점 계약(연 OOOOO달러) 및 디자인 수출(OOO건)  3. 개발 기획: 국내외 OOO여 개 이상의 인적 DB 수집 및 미국 디자인 시스템 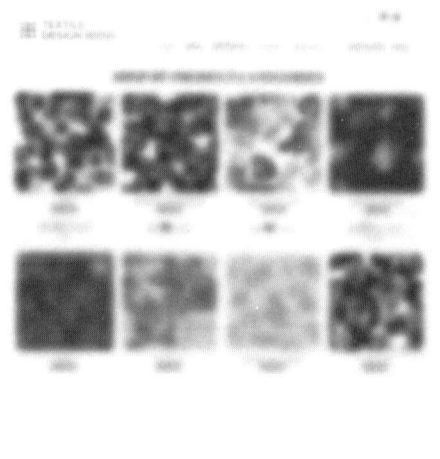 4. 사업화: UI 기획 및 주요 웹 플랫폼 화면 설계 시안

1. 문제인식(Problem)

1-1. 제품·서비스의 개발동기

〈섬유 및 패션/텍스타일 디자인 업계의 문제점〉

순번	문제점의 핵심	상세 내용
1	비대면 온라인 디자인 판매 채널 부족	- 해외 섬유업계의 한국 패션 및 패턴 디자인 선호 경향 - COVID로 인해 직접 고용 어려움(비대면 디자인 수입 수요 증가)
2	디자인 무단복제 문제 심각	국내 디자이너들이 저작권에 대해 문외한일 경우 많음 창작자의 허락 없는 텍스타일 디자인 무단 복제 성행
3	고용 위기 및 디자이너 청년실업	- 국내 고용 위기 현실화로 청년 체감 실업률 25% 기록 - 국내 디자인 졸업생의 실업률 32.2% 육박

(1) 해외 섬유업계의 한국 패션 및 패턴 디자인 선호 경향 - 비대면 온라인 디자인 수요 증가

① 2020년 12월 기준 섬유류 수출 2.9 % 증가한 11.2억 달러('KOFOTI'의 2020년 12월 섬유류 수출입 실적 통계 보고서) → 해외 섬유 업계의 한국 패션 및 패턴 디자인 선호 경향과 일치
② 한국 디자인 시장보다 10배 큰 미국 디자인 시장(2019년 한국디자인진흥원 산업디자인 통계조사 총괄보고서) → 해외 디자인 시장은 합리적인 가격에 손기술 좋은 한국 디자인 선호
③ COVID로 인해 현실적인 고용의 어려움이 있어 디자인을 비대면으로 수입하고자 하는 수요 증가 → 현재 국내 비대면 온라인 텍스타일 디자인 판매채널이 부재(블루오션으로 선점할 경우 신시장 창출 가능)

(2) 디자인 분야 무분별한 Copy(무단복제) 문제 심각

① 프린트디자인이 의류제품의 트렌드로 부상하면서 창작자의 허락 없이 무단복제 사용하는 경우가 비일비재, 국내 디자이너들은 자기 작품에 대한 권리 행사에 대해 문외한일 경우 다수
② 디자인을 필요로 하는 기업들마저도 이를 간과하고 디자인을 카피해 결국 소유권 분쟁으로 비화 → 온라인으로 디자인을 거래할 경우 지식재산권 보호에 관한 안전장치 필요성 대두

출처: [한섬칼럼] 텍스타일 디자인 中 일부 내용 발췌(한국섬유신문, 2020.8.7.)

(3) 국내 디자인 대학 졸업생 실업률 32.2% 육박, 청년실업 문제 심각

① 고용 위기의 현실화로 청년 체감 실업률이 25%를 기록, 청년층의 지난해 경제활동 참가율이 전년 대비 1.4%가 하락. 외환위기 이후 22년 만에 최대 폭 감소

출처: 코로나發 청년 고용 위기 현실화…청년 체감실업률 25%(아시아경제, 2021.1.27.)

② 국내 220여 개의 디자인 대학(원) 졸업생 실업률 32.2%에 육박한 심각한 문제 발생→ 국내 디자이너들의 국내 고용 기회 감소 및 해외 진출 필요성 대두

출처: 2019년 한국디자인진흥원 산업디자인 통계조사 총괄보고서

1-2 제품·서비스의 목적(필요성)

(1) 국내 최초 텍스타일 디자인 온라인 수출을 위한 '수출 중개 플랫폼' 필요

〈국내 디자이너와 해외 업체의 니즈〉

목표 고객(타겟)	고객의 니즈
국내 텍스타일 디자이너	자신의 지식재산권 보호하면서도 본인의 디자인을 비대면으로 해외에 수출하고자 하는 니즈를 가짐
해외 섬유/패션 원단업계	합리적인 가격에 손기술 좋은 한국 디자이너의 디자인을 비대면으로 수입하고자 하는 니즈를 가짐

(2) 디자인 수출 중개 웹 플랫폼의 필요성

순번	필요성	상세 내용
1	디자이너 청년 실업 해결	- 국내 미취업 디자이너의 디자인 수출 판로 확대기여 - 국내 청년 디자이너의 신시장 창출로 실업률 감소 기대
2	국내 디자인 해외 진출	- 한국 패션 및 패턴 디자인 수출로 국가 경쟁력 제고 - 디자인을 비대면으로 거래 가능하게 만들어 신시장 창출
3	국내 디자이너의 지식재산권 보호기여	- 미국 디자인 특허등록을 중개하여 무단복제에 관한 안전장치 마련 - 국내 디자이너들이 지식재산권 보호에 기여

(3) 해외진출 목표 및 계획

① 국내외 000개 이상의 섬유/원단 업체 및 디자이너의 인적 DB 수집
② 국내 최초 텍스타일 디자인 수출 중개 플랫폼을 개발
③ **디자이너 모집: 국내 220여 개의 패션/텍스타일 디자인학과 졸업생 및 국내 프리랜서 텍스타일 디자이너**
④ **원단업체 모집: 수집한 000여 개의 인적 DB를 바탕으로 국내 및 해외 원단 업체에 홍보 및 마케팅 진행**
⑤ 해외 IP 업체 중개: 국내 디자이너들의 미국 특허청에 디자인 특허 등록 중개(지식재산권 보호) 미국 디자인 시장은 한국 디자인 시장 규모보다 10배 이상 크고, 디자인은 디지털 파일이기에 재고가 남지 않아 판매가 용이하며 명확한 비즈니스모델을 갖고 있기 때문에 충분히 해외 진출이 가능함

2. 실현가능성(Solution)

2-1. 제품·서비스의 개발 방안

1) 국내 디자인 온라인 수출을 위한 개발 목표

국내 실력 있는 디자이너들이 자신의 지식재산권을 보호하면서도 본인의 디자인을 비대면으로 해외에 수출할 수 있도록 해외 원단 업체와 중개하는 '디자인 수출 중개 수수료 웹 서비스 플랫폼'

2) 플랫폼 개발 계획

(1) 국내 디자인 해외 수출에 관한 가능성 확인 및 해외 시장검증(완료)

미국 독점계약 MOU 체결 영문계약서 (연 00000달러)	비대면으로 수출한 디자인(000건)

(2) 국내외 000개 이상의 디자인 관련 인적 DB 수집(현황)

NO.1 패션 컬러리스트 취업 아카데미 운영 - 네이버 카페(000명)	OOO대학교 미술대학 'OOO 패션디자인과' 커뮤니티(000명)	미국 LA 패션/ 섬유디자인 원단업체 list(000개)

- 직접 패션 취업 클래스 열어 000명 이상의 예비 & 현직 국내 디자이너 인력풀 확보
- 페이스북 커뮤니티를 통해 000명 이상의 국내 디자이너 인력풀 확보, 해외 디자인 수출에 관한 국내 디자이너의 니즈 확인
- 미국에 직접 디자인을 수출하며 000개 이상의 미국 LA 자바시장의 패션/섬유디자인 원단업체의 인력풀 확보, 한국 디자인 수입에 관한 해외업체의 니즈 확인

(3) 플랫폼 서비스 개발(3~4개월 소요 예상)

① UI 기획 및 주요 웹 플랫폼 화면 설계 시안

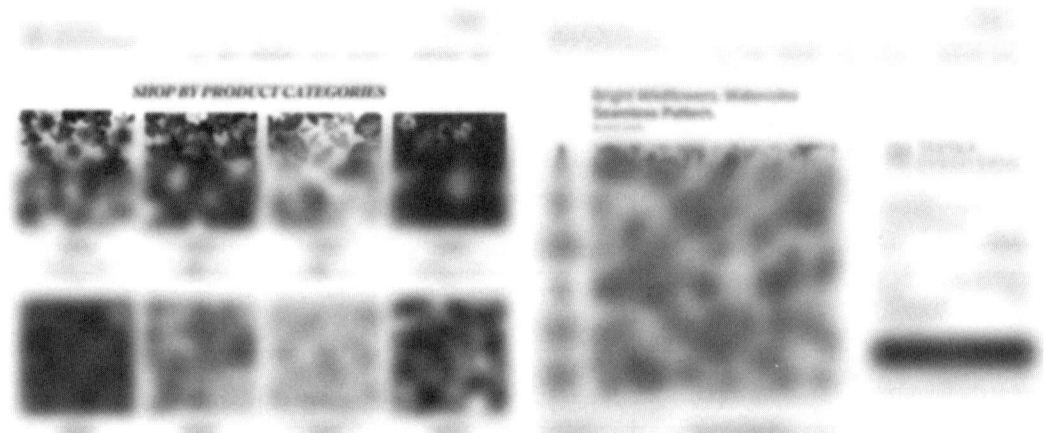

[메인 페이지 및 디자인 판매 상세 화면 설계 시안]

- 회원가입: Designer로 가입/Buyer로 가입: paypal 계좌 등록
- 검색: 태그 검색, 카테고리(스타일별, 가격별, 시즌별 등) 검색
  상품 카테고리 목록: Floral, Animals, Stripes, Geometric, Cheaks, Ethnic, Conversationals
- 마이페이지(Seller 유저/Buyer 유저): 포토샵 PSD, JPG 파일 등록 및 다운로드, 거래승인
- 한/영/중 다중언어 지원
- 고객센터
- 상품 상세 페이지: 내용, 패턴 디자인을 아이템에 적용한 맵핑 이미지
- 결제(신용카드, PAYPAL): 판매 수수료 제하고 디자이너에게 디자인 판매금 Paypal 정산

② 플랫폼 서비스 제공방법: 웹 플랫폼 형태로 디자인을 팔고자 하는 국내 디자이너와 해외 원단업체를 연결하여 디자인 거래금의 20%를 수수료로 얻는 중개 서비스 플랫폼
  - 국내 디자이너: 플랫폼에 디자인 파일 업로드/해외 원단업체: 플랫폼에서 디자인 파일 다운로드(디자인 판매금의 20%의 수수료를 제하고 매월 디자이너에게 판매 대금을 PAYPAL로 정산해서 지급)

⟨서비스 내용⟩

구분	서비스 유형	서비스 용도	판매 가격
대여	라이센스 대여 디자인 (디자이너가 복수의 원단업체에 디자인 사용권 대여)	비상업적(개인용)	00$(약 0만 원)
		상업적	000$(약 00만 원)
판매	라이센스 포함 디자인 (디자이너가 한 명의 원단업체에만 독점적인 디자인 사용권 판매)	상업적	000$(약 00만 원)

③ 플랫폼 서비스 오픈 베타 진행(상용 오픈 베타 최소 5개월 진행)

⟨사업 추진일정⟩

추진내용	추진기간	세부 내용
아이템 기획	20xx.xx.xx ~20xx.xx.xx	- 3개월간 아이템 기획 - 아이템 관련 관계자 의견수렴
플랫폼 도메인 구매	20xx.xx.xx ~20xx.xx.xx	- 웹 도메인 구매완료 - 테스트 홈페이지 제작완료
미국 MOU 체결	20xx.xx.xx ~20xx.xx.xx	- 3개월간 해외 디자인 시장 파악완료 - 미국 디자인 시스템 및 저작권법 분석
디자인 특허출원	20xx.xx.xx ~20xx.xx.xx	- 국내 디자인권 특허출원 및 등록 - 미국 Copyright Registration(디자인특허) 출원
디자인 독점 수출	20xx.xx.xx ~20xx.xx.xx	- 미국 OOOO와 디자인 독점 계약 (연 00000달러) 및 비대면 온라인 수출(000건) - 국내외 000여개의 원단업체 인적 DB 수집
웹 플랫폼 개발	20xx.xx.xx ~20xx.xx.xx	- 견적 의뢰 - 3~4개월 플랫폼 외주 의뢰 개발 예정
오픈 베타 진행	20xx.xx.xx ~20xx.xx.xx	- 상용 오픈베타 최소 6개월 진행 - 시스템 효과 검증 및 이용자 피드백 및 데이터 수집
자사 SNS 관리	20xx.xx.xx	- 브랜딩 및 홍보(인스타그램, 페이스북, 블로그)
관련 업체 제휴	20xx.xx.xx ~20xx.xx.xx	- 디자인 전문 미국 특허 IP 업체 제휴 - 국내 220여 개의 디자인 대학 제휴 - 국내 디자인 아카데미 제휴
마케팅 및 영업	20xx.xx.xx ~20xx.xx.xx	- 6개월간 수수료 50% 할인 이벤트 진행 - 국내 및 해외 원단업체 대상 SNS 홍보 마케팅 진행
분야별 인재 채용	20xx.xx.xx	- IT 운영인력, 웹 디자인 등 매출에 따른 순차적 채용

2-2. 고객 요구사항에 대한 대응방안

<디자인 수출 중개 웹 플랫폼 핵심 경쟁 요소>

핵심 경쟁 요소	내용
니치마켓/블루오션	기존에 오프라인으로 거래하던 디자인을 온라인 플랫폼의 형태로 비대면으로 수출할 수 있도록 중개함으로써 국내 디자인 글로벌 진출 및 신시장 창출
국내 디자이너의 지식재산권 보호	디자인 전문 미국 특허 IP 업체와 연계하여 미국 특허청에 디자인 라이센스를 등록하여 온라인에서 디자인을 거래 시 발생할 수 있는 무단복제를 예방하는 것에 기여
가격 경쟁력	기존 해외 온라인 플랫폼의 판매 수수료 50% > 본 플랫폼의 판매 수수료 20% 가격 경쟁력으로 국내 실력 있는 디자이너들의 유입 유도
다중언어 지원	기존의 해외 온라인 플랫폼이 한가지 언어로만 웹 서비스를 지원해 해당 언어를 모르는 이용자는 플랫폼 이용에 불편함을 겪었다면, 본 플랫폼은 한/영 다중언어 지원 웹 서비스로 해외 여러 이용자들의 유입 유도
투명한 결제 시스템	기존의 중국 온라인 플랫폼이 투명하지 않은 결제 시스템으로 디자이너에게 판매 대금을 지불하지 않는 등의 부당함을 주었다면, 본 플랫폼은 디자이너의 PAYPAL 계좌를 등록하여 매월 디자이너에게 판매 대금을 투명하게 PAYPAL로 정산해서 지급

3. 성장전략(Scale-up)

3-1. 자금소요 및 조달계획

(1) 현재 보유한 자기자본 활용

현재 창업을 위해 정립한 0,000만 원으로 창업 초기 필요한 자금 집행

(2) 청년창업지원금 등 정부정책지원 통한 자금 확보

- 창조경제혁신센터 등 창업사업화 지원사업에 지원하여 사업화지원 자금 확보
- 인건비 지원사업 신청: 일자리안정자금, 청년추가고용장려금 등 지원
- 지역지식재산 센터 IP 관련 지원사업 신청: 중소기업 IP, 나래 IP 등 지원

(3) 엑셀레이터, 엔젤투자 유치는 계속 진행(투자설명회 참여)

K스타트업, 창조경제혁신센터 홈페이지를 통해 투자유치설명회 정보 수집

〈사업비 세부내역(정부지원금 + 대응자금)〉

비 목	산출근거	금액(원) 정부 지원금	대응자금 (현금)	대응자금 (현물)
인건비	• 참여인력 000만 원 × 0개월 = 0,000만 원 - 마케팅, 기획, 사업화전략 담당			00,000,000
	• IT 개발자 운영인력 000만 원 × 0개월 = 0,000만 원 - 시스템개발, 서버운영, 플랫폼 운영 담당	00,000,000		
	• 디자인 운영인력 000만 원 × 0개월 = 0,000만 원 - 웹디자인, 퍼블리셔, 텍스타일 디자인 업로드, CS 담당	00,000,000		
외주 용역비	• 플랫폼 웹 개발 제작 외주비 = 0,000만 원(외주 견적 기준) - 0개월간 작업완료조건, 서버임대포함	00,000,000	0,000,000	
유지 보수비	• 플랫폼 1년 유지보수비(외주 1차 견적 기준) = 000만 원	0,000,000		
기계 장치	• 업무용 PC 2세트 000만 원 × 2세트 = 000만 원(SW포함) • 업무용 노트북 1세트 000만 원 × 1세트 = 000만 원 (SW포함)	0,000,000		
무형자산 취득비	• 특허출원 000만 원 × 1건 = 000만 원 • 상표출원 000만 원 × 1건 = 000만 원	0,000,000		

지급 수수료	• 회계감사비 000만 원 × 1회 = 000만 원 • 해외 IP 업체 특허등록 수수료 000만 원 × 0개월 = 000만 원 • 멘토링비 00만 원 × 00회 = 000만 원 　기술개발자문, 사업화(마케팅자문), 정부지원 사업 자문 • 전시회(박람회) 참가비 000만 원 × 0회 = 000만 원 　- 참가등록비, 부스임차비	00,000,000	0,000,000	
광고 선전비	• 인스타그램 마케팅 000만 원 × 0회 = 000만 원 • 페이스북 마케팅 000만 원 × 0회 = 000만 원 • 블로그 마케팅 000만 원 × 0회 = 000만 원 • 신문기사 마케팅 000만 원 × 0회 = 000만 원 • 패션 커뮤니티 마케팅 000만 원 × 0회 = 000만 원 • 구글 배너 마케팅 000만 원 × 0회 = 000만 원	00,000,000	0,000,000	
합 계		000,000,000	00,000,000	00,000,000

3-2. 시장진입 및 성과창출 전략

1) 내수시장 확보 방안(경쟁 및 판매가능성)

(1) 개발 완료 후 6개월간 판매 수수료 50% 할인, 아래 제휴처와 단계별 연계 진행

〈기술개발 후 3년간 국내 주요 제휴처와 단계별 연계 및 목표 매출〉

제휴처명	예상이용자(명)	예상 연간 판매 디자인 수(건)	예상 연간 순 매출(원)	현재 상황
패션 취업 완전정복 (패션&취업 커뮤니티)	1,000	00,000	000,000,000	제휴완료
국내 220여 개 디자인 대학	3,000	0,000	000,000,000	1차 제안 예정
OOO 디자인 스튜디오	50	000	000,000,000	구두 협의
OOO 디자인 아카데미	1,000	00,000	000,000,000	1차 제안 예정
NO.1 패션 컬러리스트 취업 아카데미	200	0,000	000,000,000	직접 운영

(2) 사업화 목표 산정 근거

<사업화 1년 매출 목표 산정 근거>

세부 성과지표	산정근거
예상 이용자(명)	각 제휴처별 디자이너들의 수
예상 연간 판매 디자인 수 (건)	1명의 디자이너가 1년간 창작하는 디자인 건수 = 평균 120개 그중 실제로 원단업체에 판매되는 디자인 건수 = 10%(평균 12개)
예상 연간 순 매출(원) (초반 6개월 수수료 50% 할인서비스 플랫폼 순매출 + 후반 6개월 플랫폼 순매출)	디자인 1건당 판매금 = 400$(약 45만 원) 초반 6개월 수수료 50% 할인서비스 플랫폼 순매출 = 판매금의 약 10% (디자인 1건당 약 4만 5천 원) 초반 6개월 예상 순매출 = 예상 연간 판매 디자인 수 1/2 × 판매금의 10%(약 4만 5천 원)
	디자인 1건당 판매금 = 400$(약 45만 원) 후반 6개월 플랫폼 순 매출 판매금의 약 20%(디자인 1건당 약 9만 원) 후반 6개월 예상 순 매출 = 예상 연간 판매 디자인 수 1/2 × 판매금의 20%(약 9만 원)

2) 해외시장 진출 방안(경쟁 및 판매가능성)

(1) 국내 디자인 해외 수출에 관한 가능성 확인 및 해외 시장 검증

지난 1년간 미국 ○○○○와 디자인 독점 계약(연 00000달러) MOU를 체결하고 직접 디자인한 텍스타일 디자인(000건)을 미국에 수출하며 한국 디자인에 관한 가능성을 해외시장 검증함.

(2) 해외 특허 출원을 통한 지식재산권 확보 및 미국 디자인 시장의 시스템 분석, 해외 특허 출원을 통해 지식재산권 확보, PCT 출원과 관련하여 현재 변리사 멘토링 중

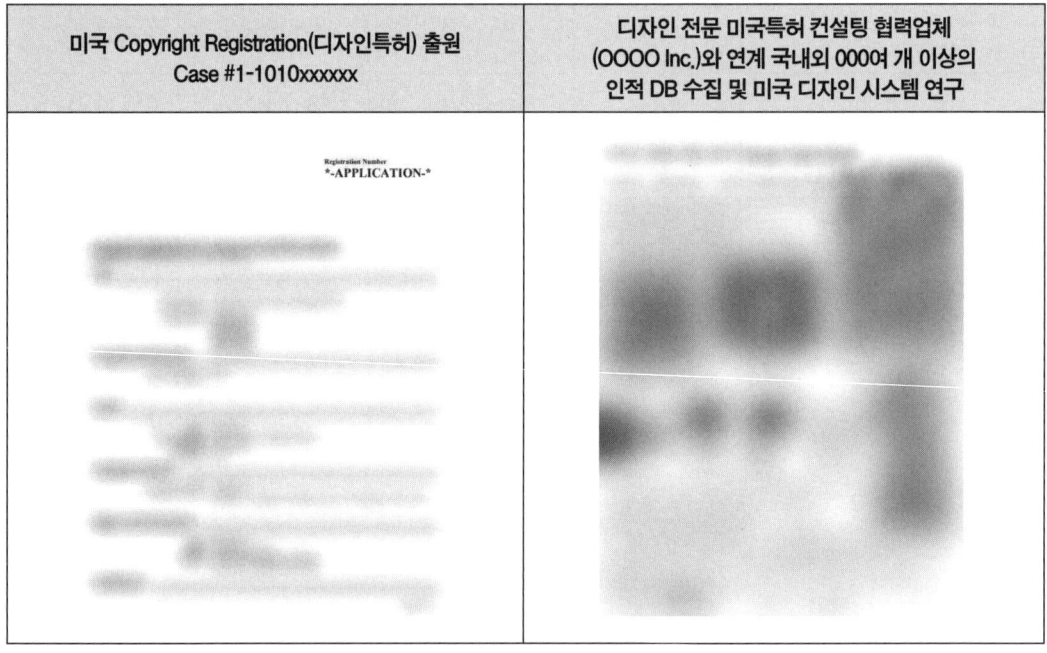

(3) 플랫폼 개발 완료 후 목표 시장 및 해외 진출 계획

① 국내 디자이너
- 국내 220개의 디자인 관련 대학 연계
- 국내 디자인 아카데미 연계
- 국내 대형 패션 커뮤니티와 연계하여 홍보 진행

② 해외 원단업체
- 현재 당사가 거래하고 있는 미국 OOO사
- 미국 LA 자바시장 및 뉴욕 원단 업체 OOO여 곳을 대상으로 온라인 마케팅 진행
- 유럽 및 일본, 중동의 해외 원단 업체를 대상으로 온라인 마케팅 확장 계획

③ 해외 IP 업체(협력업체 모집)
- 디자인 전문 미국 특허(OOO)와 연계
- 다수의 국내외 해외 특허 업체 수집 및 연계 진행

(4) 글로벌 진출 실적

수출국가 수	수출액	수출품목 수	수출품목명
1개국(미국)	OO백만 원	OOO개	텍스타일 디자인

(5) 글로벌 진출 역량

해외특허 건수 (출원 제외)	국제인증 건수	국제협약체결 건수 (외국 현지기업과 MOU, NDA 등)
OOO건*	0건	0건(미국 OOO와 연 OOOOO달러 디자인 독점 계약 및 수출 MOU 체결)

* 해외특허 본 창업자가 디자인하여 미국에 수출한 디자인 건은 모두 독점 거래처인 미국 OOOO 이름으로 미국 특허청에 디자인 특허 등록되어 있음.

(6) 수출분야 핵심인력 현황: 1명

성 명	직급	주요 담당업무	경력 및 학력
OOO	대표	디자인 및 영어권 수출 담당	① OOOOO OOOOO ② OOOOO 교육 ③ OOOOO 대표 ④ OOOOO ⑤ OOOOO ⑥ OOOOO ⑦ OOOOO

개인정보 유출 방지 프로그램

이 사업계획서에서 참고할 만한 부분

1. **사회적으로 이슈가 되고 있고 개인에게 심각한 피해를 줄 수 있는 문제를 해결**할 수 있으며 사업화에 있어서 희소성을 인정했다. 심각한 사회적 문제를 해결하는 아이템은 선정될 가능성이 매우 높다.

2. **해당 분야 전문가들이 참여하고 여러 MOU를 통해 사업화 가능성을 입증**하고 있으며, 실제 해결할 수 있는 기술을 확보하고 있다고 판단된다.

3. 프로그램 알고리즘을 개발 단계별로 매우 상세하게 설명하고 있다. **프로그램이나 알고리즘을 개발하는 사업 아이템의 경우 이와 같이 프로그램 개발 단계별로 코딩 내용을 캡쳐하고 그 원리를 알기 쉽게 설명**하는 것이 좋다. 평가위원 입장에서 개발 내용을 쉽게 이해할 수 있어 긍정적인 효과를 줄 수 있다.

☐ 사업화 과제 개요(요약)

사업화 과제 소개	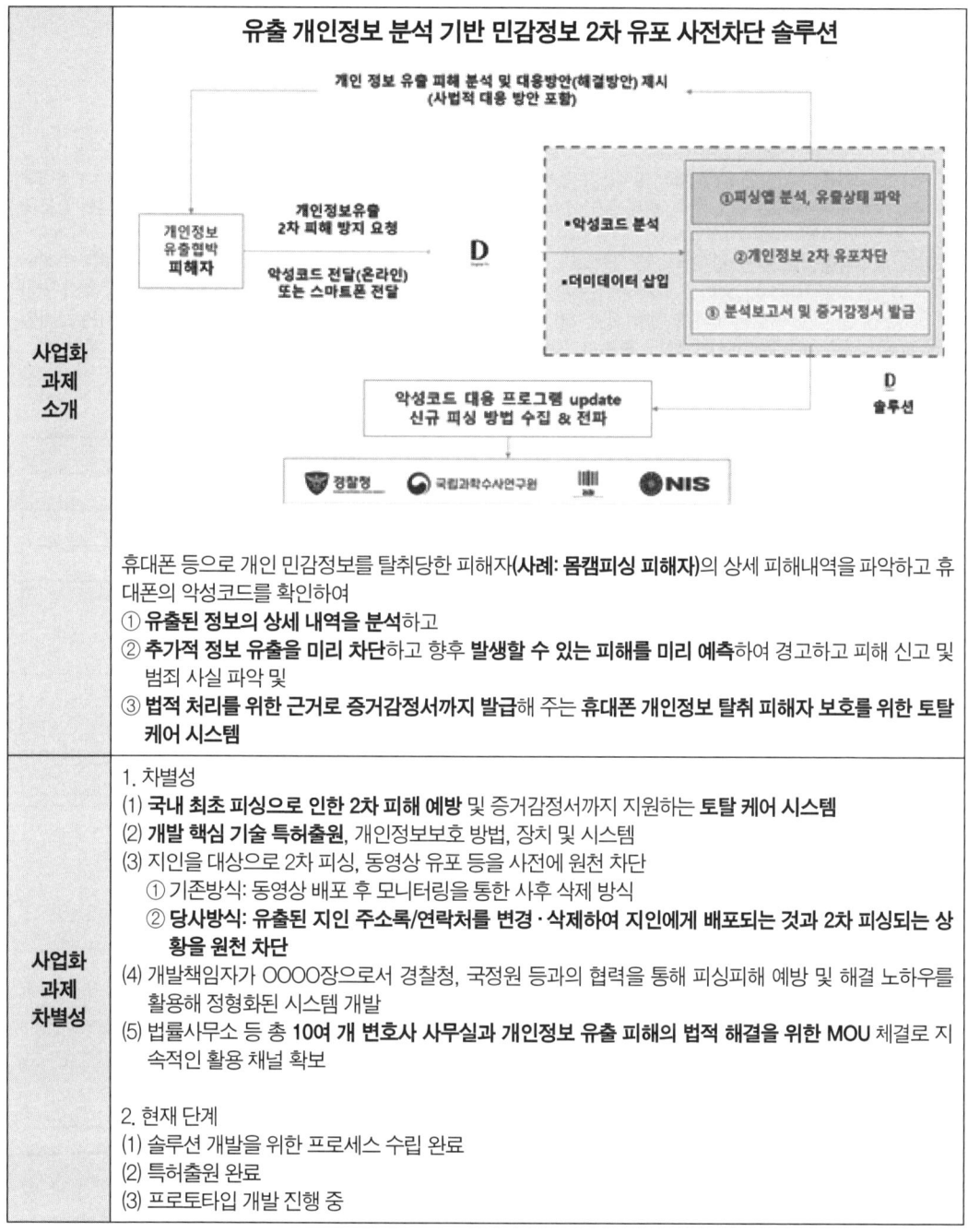 휴대폰 등으로 개인 민감정보를 탈취당한 피해자(**사례: 몸캠피싱 피해자**)의 상세 피해내역을 파악하고 휴대폰의 악성코드를 확인하여 ① **유출된 정보의 상세 내역을 분석**하고 ② **추가적 정보 유출을 미리 차단**하고 향후 **발생할 수 있는 피해를 미리 예측**하여 경고하고 피해 신고 및 범죄 사실 파악 및 ③ **법적 처리를 위한 근거로 증거감정서까지 발급**해 주는 휴대폰 개인정보 탈취 피해자 보호를 위한 **토탈 케어 시스템**
사업화 과제 차별성	1. 차별성 (1) **국내 최초** 피싱으로 인한 **2차 피해 예방** 및 증거감정서까지 지원하는 **토탈 케어 시스템** (2) **개발 핵심 기술 특허출원**, 개인정보보호 방법, 장치 및 시스템 (3) 지인을 대상으로 2차 피싱, 동영상 유포 등을 사전에 원천 차단 　① 기존방식: 동영상 배포 후 모니터링을 통한 사후 삭제 방식 　② **당사방식: 유출된 지인 주소록/연락처를 변경·삭제하여 지인에게 배포되는 것과 2차 피싱되는 상황을 원천 차단** (4) 개발책임자가 ○○○○장으로서 경찰청, 국정원 등과의 협력을 통해 피싱피해 예방 및 해결 노하우를 활용해 정형화된 시스템 개발 (5) 법률사무소 등 총 100여 개 변호사 사무실과 개인정보 유출 피해의 법적 해결을 위한 MOU 체결로 지속적인 활용 채널 확보 2. 현재 단계 (1) 솔루션 개발을 위한 프로세스 수립 완료 (2) 특허출원 완료 (3) 프로토타입 개발 진행 중

국내외 목표시장	**〈목표시장의 규모 및 상황〉** ① 1차 개인정보 유출로 인한 피싱 피해사례 지속 증가. 2021년 기준 10년간 23만 건, **피해액 3조 2천억 원**. 하루 평균 70건, 10억 원 규모 ② 최근 보이스피싱뿐만 아니라 **몸캠피싱 피해 급증(연평균 17.5%씩 증가)** ③ 메신저 피해 급증, 2021년 991억 원으로 전년 대비 165% 급증 ④ 정부 주도적 대응 방안에는 한계, 민간주도 기술개발 및 방지 솔루션 도입 장려 **〈경쟁 강도 및 향후 전망〉** **기존의 기술은 사후 처리 방식**으로 몸캠피싱 동영상이 유포되었을 때 이를 모니터링하고 삭제하기 위해 유해 사이트 수집, 추적, 연계 정보 수집, 동영상 분석 및 감지 시스템, 유포 동영상 탐지 및 가시화 정도의 시스템 **유출정보 사전차단** 방식으로 몸캠피싱 동영상의 경우 지인에게 유포되는 것을 사전에 차단하는 방식의 기술 개발에 집중하고 있으며 기존 기술과 달리 수작업 형태의 대응서비스가 아닌 정형화된 구조와 방법을 갖는 시스템 형태로 개발. 또한 개인정보 유출로 인한 2차 피해에 대한 법적 처리를 위해서는 모바일 포렌식 등을 거쳐 **신뢰성을 확보하기 위해 증거감정서까지 발급할 수 있는 시스템으로 개발할 계획** 〈4P 전략〉 | 구분		내용
---	---	---
서비스명		DxxS(DOOO OOO OOO security) 솔루션
4P 전략	product	민감정보 유출 상태분석 기반 2차 유포 사전 차단 솔루션
	price	Basic 수수료 건당 약 400만 원
	place	1단계: 제휴 법률사무소 대상으로 서비스 개시 2단계: 기존 관계사 대상으로 확대 3단계: 온라인 홍보를 통해 일반 고객 유입
	promotion	① 서비스 초기 6개월간 50만 원 상당 증거감정서 발급 서비스 이용료 50% 할인 ② 법률사무소 등 제휴처 대상 50% 할인 서비스 제공 ③ 10건 이상의 홍보/보도자료 배포	
이미지	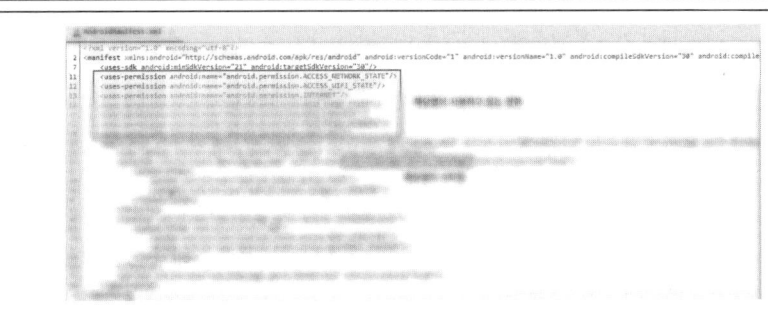 앱에서 'AndroidOOOO.xml' 메타데이터 파일을 분석하여 개인정보 탈취 내용 확인 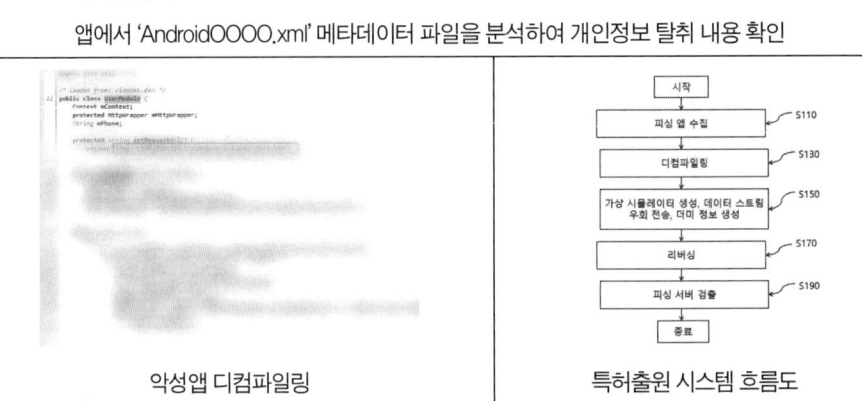 악성앱 디컴파일링 특허출원 시스템 흐름도

1. 문제인식(Problem)

1-1. 제품·서비스의 개발동기

(1) 보이스 피싱, 메신저 피싱, 몸캠피싱 등 피해 급증

① 1차 개인정보 유출로 인한 피싱 피해사례 지속 증가. 2021년 기준 10년간 23만 건, 피해액 3조 2천억 원. 하루 평균 70건, 10억 원 규모
② 최근 보이스피싱뿐만 아니라 몸캠피싱 피해 급증(연평균 17.5%씩 증가)
③ 메신저 피해 급증, 2021년 991억 원으로 전년 대비 165% 급증

(2) 개인정보 유출로 인한 2차 피해 급증에 대한 대응책 필요

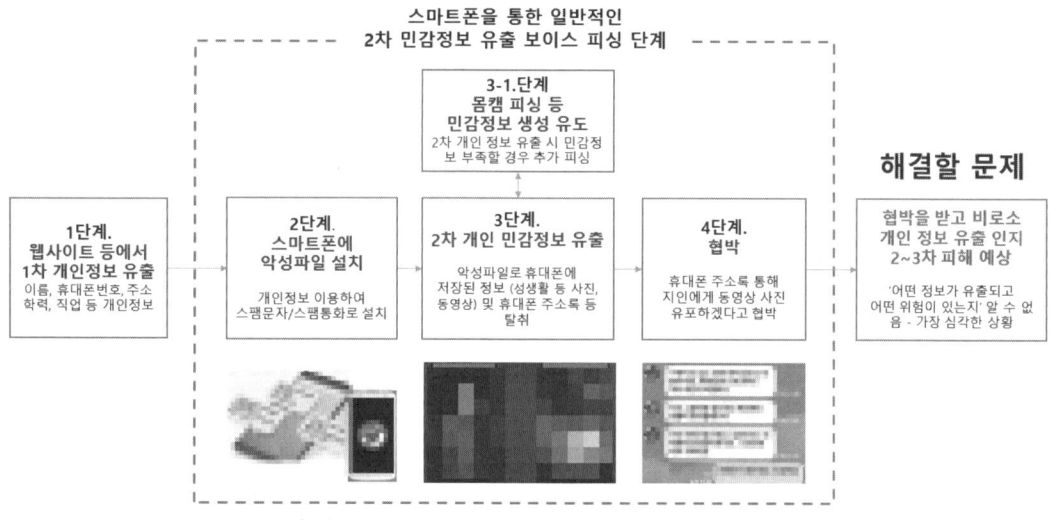

[2차 민감정보 유출로 인한 일반적인 보이스피싱 플로우]

일반적으로 보이스피싱은 1차적으로 웹사이트에서 먼저 개인정보가 유출된 후 그 정보를 기반으로 스미싱/보이스피싱을 통해 스마트폰에 악성코드가 포함된 프로그램을 설치하고 난 후 본격적으로 민감정보가 포함된 2차 개인정보를 탈취하기 시작. 이렇게 탈취한 민감정보를 이용해 피해자를 협박하여 금품을 갈취.

(3) 5년 이상 OOOO장으로 활동하면서 미성년자 대상 최소 1,000건 이상 피해 무료 해결 경험

① 이를 통해 경찰청, 국정원 등과 협업 관계 유지
② 법률 사무소 등 총 00개 단체와 MOU 체결
③ 사이버 보안 관련 다양한 표창 수상(OOO경찰청장 감사장) 및 교육활동

1-2 제품·서비스의 목적(필요성)

(1) 개발기술의 필요성

구분	내용
보이스피싱 2차 피해 최소화 (피해고객 대상)	개인정보 유출 후 2차 보이스피싱 피해 예방, **몸캠피싱 등 민감정보 유포 차단 및 삭제 처리**로 피해 예방
해결 시간/비용 단축 (피해고객 대상)	유출정보의 상세 내역을 체계적으로 분석하는 프로그램을 통해 피해 사실을 명확히 정의함. 정규화된 프로그램을 이용하여 분석 시간과 비용을 최소화
법적 대응까지 원스톱 케어 시스템 (법률사무소 대상)	**정보유출, 피해 내역 상세분석, 악성코드 분석 및 디지털 포렌식에 진행되는 전 과정을 정보화**하고 그에 따라 사법적으로 증거가 될 수 있는 '증거감정서'까지 발급하는 서비스를 개발하여 문제해결 및 법적 대응에 필요한 작업까지 **한 번에 지원할 수 있는 솔루션** 필요
사정기관 공조 및 정보제공을 통한 범죄자 검거/예방 (경찰청,국정원 대상)	**피싱 방법 및 유형 등 정부기관과 공조를 통한 범죄자 검거, 예방**(해킹된 자료의 해외판매, 국내보안체계 무력화, 제2, 3회 범죄 등 예방), 피싱 피해 경각심 제고, 보안 위협 감지, 악성코드 분석 및 대응, 정보공유

(2) 해결방안(솔루션): 3가지 솔루션 개발

① 피싱앱 분석 및 유출상태 파악 솔루션: 피해현황 파악, 악성파일 배포 URL, IP, APK 파일 등 정보수집, 악성파일 수집 및 정밀분석, 디컴파일 후 소스코드 내 악성 행위 정보수집(전송 서버 IP, 계정정보 등), 동적분석을 통한 정소 수집, 유출정보 유형 분석(연락처, SNS, SMS, 사진, 위치정보 등)

② 개인정보 2차 유포차단 솔루션: 분석 서버의 악의적인 행위 여부 검증, 전송된 자료내역 파악, 해킹 서버에 피해자의 전송파일을 Dummy Data로 변경(해커의 추적 방지)을 통한 유포차단

③ 분석보고서 및 증거감정서 발급 솔루션: 유출정보 상세분석의 디지털 포렌식을 통해 증거법에 의거하여 데이터 무결성 손상되지 않은 상태로 증거를 수집 분석한 검정서를 자동으로 생성하여 법정기관 혹은 수사기관에 증거자료로 제출할 수 있는 리포팅(SMS, 메신저 대화 내용, 음성 내용, 전화번호 등 확인) 용도의 증거감정서 발급 시스템

2. 실현가능성(Solution)

2-1. 제품·서비스의 개발 방안

1) 협약기간 내 최종 산출물 3건: 개발목표

개발목표	주요 기능 및 내용
① 유출정보 상세분석 (피해분석) 솔루션	가. 악성앱을 찾아내 디컴파일 보안전문가들이 악성 앱 정보를 공유하는 바이러스쉐어, 콘다지오 등 사이트와 자체 확보한 악성앱 DB를 활용하여 피해자 스마트폰에서 악성앱을 찾아내고 악성앱이 탈취하는 개인정보, 탈취하는 방식, 루트 등을 확인할 수 있는 앱에 소스코드를 분석 나. 가상 시뮬레이터를 활용한 더미(dummy) 데이터 전송 난독화된 경우, 가상 시뮬레이터 생성하여 개인정보를 포함한 가상 데이터 스트림(stream)의 우회 전송을 통해 개인정보 유출을 방지할 수 있는 더미 데이터 전송 프로그램. 이때 임의의 플래그를 넣어 전송하기도 함 다. 리버싱(reversing) 가상 시뮬레이터를 통해 전송되는 데이터 스트림을 인터셉트하여 앱의 구조를 디버깅하는 솔루션 라. 피싱 서버 검출 디컴파일링 및 리버싱 단계의 결과를 이용한 피싱 서버 검출 솔루션
② 유출정보 추가유출차단 및 삭제 솔루션	가. 개인정보를 더미(dummy) 정보로 교체/추가하는 솔루션 피싱 서버 검출 단계에서 피싱 서버의 IP 주소를 획득하고, 해당 서버에 접속하여 관리자(ADMIN) 계정을 해킹하여 피싱 서버에 침입하고 가해자가 알아차리지 못하게 유출된 개인정보를 더미 정보로 교체/추가 나. 유출정보 삭제 솔루션 피싱 서버 검출 후 삭제 명령을 통해 개인정보를 삭제하는 프로그램이 임의의 플래그를 넣어 둔 데이터가 저장되는 위치를 찾을 수 있음
③ 증거감정서 발급솔루션	가. 증거감정서 발급 솔루션 위 프로세스를 진행하는 과정에서의 결과물을 법적 증거물로 채택할 수 있도록 공식화된 문서로 발급하는 솔루션(법률사무소 MOU 체결) 나. 분석보고서 작성을 위한 양식 표준화

2) 개발방안

(1) 개인정보 2차 유출차단 플로우 7단계

휴대폰 등을 통한 개인정보 유출 후, 피해사실을 인지한 후 개인정보의 2차 유출차단 플로우. 먼저, 개인정보 유출 피해 의뢰(피해자→당사), 의뢰 요구사항 파악 후 2차 유출 피해를 방지하기 위해 다음과 같은 7단계 조치를 진행함.

가. 피싱앱 검색 및 피싱앱/방식 정보파악: 개인정보를 후킹하는 악성앱 특정
나. 피싱앱 디컴파일링: 악성코드 분석
다. 가상 시뮬레이터 생성 및 데이터 우회 전송, 임의의 플래그 삽입 전송: 난독화된 악성코드 분

석을 위한 우회 방식
라. 리버싱: 데이터 스트림을 인터셉트하여 악성코드 구조 분석
마. 피싱서버 검출, 유출 개인정보 저장위치 확인, 관리자 계정 해킹
바. 더미(dummy) 데이터를 활용한 유출 개인정보(휴대폰 주소록 등) 변경, 삭제
사. 분석보고서 작성, 증거감정서 발급 시스템을 통한 법적 문서 발급

(2) 1단계 피싱앱 정보 파악

피싱앱 검색 및 피싱앱/방식 정보 파악: 개인정보를 후킹하는 악성앱 특정
APK 파일은 안드로이드 환경에서 실행하는 데 필요한 파일들의 압축 파일 형태로 되어 있음. 압축해제 프로그램을 사용하여 압축을 해제하게 되면 'AndroidOOO.xml'이라는 메타 데이터 파일이 존재. 이 파일에 앱에 대한 정보들이 저장되어 있어 이를 확인하여 악성앱 여부를 판단할 수 있음.

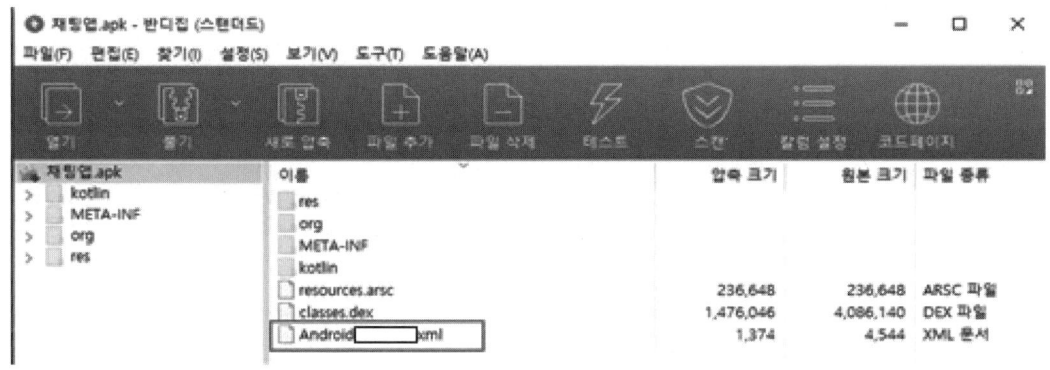

[악성앱에서 AndroidOOO.xml 파일 첨부 예시]

해당 파일을 열어 보면 해당 앱이 어떤 권한을 가지고 실행하는지에 대한 정보를 파악하고, 의심스러운 권한을 가지고 실행한다면(e.g. READ_CONTACTS) 악성앱일 확률이 높다고 인지할 수 있음. 해당 앱이 사용하고 있는 권한과 해당 앱의 시작점 정보를 파악하는 것이 이 단계에서 중요.

악성앱의 사용하는 권한 중에 고객 개인정보인 GPS 정보, 사용자 휴대폰번호, 디바이스 고유식별번호, SMS 데이터, 사진, 다른 사람 연락처, 주민등록번호, 계좌번호 등을 탈취할 수 있는지 확인함.

위험한 권한	INFO	DESCRIPTION	한글설명
android.permission.AUTHENTICATE_ACCOUNTS	act as an account authenticator	Allows an application to use the account authenticator capabilities of the Account Manager, including creating accounts as well as obtaining and setting their passwords.	애플리케이션이 계정 생성, 비밀번호 획득 및 설정을 포함하여 계정 관리자의 계정 인증자 기능을 사용할 수 있도록 합니다.
android.permission.READ_CONTACTS (매우 위험)	read contact data	Allows an application to read all of the contact(address) data stored on your phone. Malicious applications can use this to send your data to other people.	응용 프로그램이 휴대 전화에 저장된 모든 연락처(주소) 데이터를 읽을 수 있습니다. 악의적인 응용 프로그램은 이것을 사용하여 다른 사람에게 데이터를 보낼 수 있습니다.
android.permission.READ_PHONE_NUMBERS		Allows read access to the device's phone number(s). This is a subset of the capabilities granted by READ_PHONE_STATE but is exposed to instant applications.	장치의 전화 번호에 대한 읽기 액세스를 허용합니다. 이 기능은 READ_PHONE_STATE 부여한 기능의 하위 집합이지만 인스턴트 응용 프로그램에 노출됩니다.
android.permission.READ_PHONE_STATE	read phone state and identity	Allows the application to access the phone features of the device. An application with this permission can determine the phone number and serial number of this phone, whether a call is active, the number that call is connected to and so on.	응용 프로그램이 장치의 전화 기능에 액세스할 수 있습니다. 이 권한이 있는 응용 프로그램은 이 전화의 전화 번호와 일련 번호, 통화가 활성화되어 있는지 여부, 통화가 연결된 번호 등을 결정할 수 있습니다.

[악성앱이 가질 수 있는 주요한 위험한 권한 및 내용]

(3) 2단계 피싱앱 디컴파일링

악성앱을 디컴파일링하여서 더 상세한 정보를 얻을 수 있음. 해당 앱의 시작점을 살펴보면 '로딩 중…'이라는 메시지와 함께 해당 앱이 로딩되는 것을 확인할 수 있음.

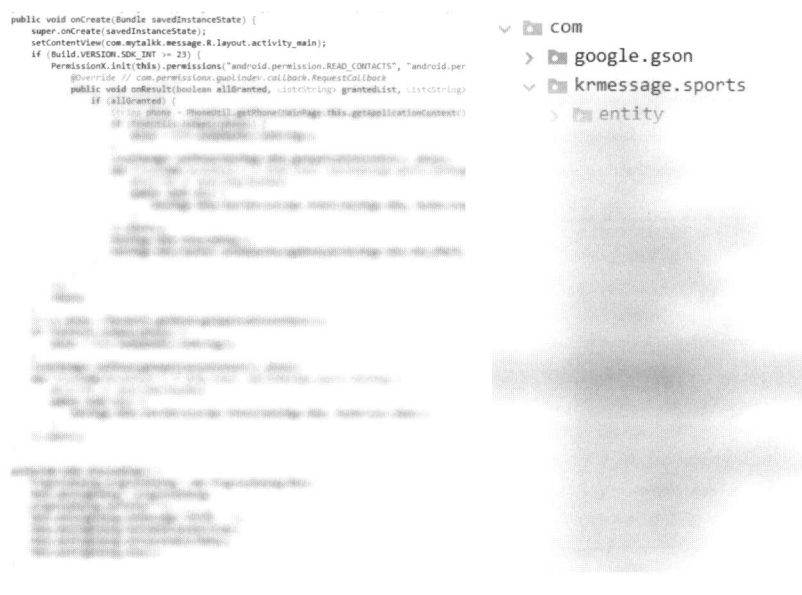

[악성앱 디컴파일링 예시]

이후 다른 클래스들은 어떤 행위들을 하는지 체크. 'OOOOOOO'의 클래스 내에 'SOOO' 값으로 서버의 주소가 하드코딩 되어 있음을 확인. 함수의 내용을 더 살펴보면 'OOO()' 함수에서 해당 연락처를 전송하는 것으로 보이는 코드를 확인. 위와 같은 방식으로 SMS, GPS, 사진첩, 등의 정보도 전송이 되는 것을 확인 할 수 있음. 이를 통해 악성앱이 어느 서버에 데이터를 전송하는지 확인할 수 있음.

(4) 3단계 가상 시뮬레이터 생성 및 데이터 우회 전송

악성앱 중에 코드를 암호화한 경우에는 가상 시뮬레이터 생성 및 데이터 우회 전송, 임의의 플래그 삽입 전송으로 암호화된 악성코드를 분석할 수 있음. 먼저, 일반적으로 공개된 가상 시뮬레이터(예, Android Studio AVD, Nox 등)를 이용하여 코드를 확인할 수 있음.

[난독화된 악성앱의 AndroidOOOO.xml 내용 예시]

해당 앱 같은 경우는 정적분석 방법을 택하기보다는 동적분석 방법을 통해 피해자의 정보가 어떤 곳으로 전송되는지 찾음. Nox에 바로 설치해서 동적분석으로 넘어감. 에뮬레이터를 사용하는 것과 앱의 설치, 그리고 난독화된 경우 디컴파일로 해당 앱을 정적분석 하기보다 난독화된 데이터를 풀어야 하기 때문에 에뮬레이터에 바로 설치를 하면 난독화된 데이터가 풀리며 설치.

(5) 4단계 리버싱: 데이터 스트림을 인터셉트하여 악성코드 구조 분석

먼저, Virustotal*(https://www.virustotal.com/gui/home/upload)을 통해 앱의 정보를 대략 파악함. 해당 웹사이트에 앱을 등록하면 해당 앱에 대해서 여러 가지 안티바이러스 프로그램이 어떤 판단을 하는지 요약본을 확인.

* VirusTotal은 무료로 파일 검사를 제공하는 웹사이트이다. 최대 70가지 이상의 각기 다른 바이러스 검사 소프트웨어 제품을 사용한다. 검사할 파일은 웹사이트나 전자 메일을 거쳐 올릴 수 있다. 이 웹사이트에 쓰이는 다양한 제품을 통해 사용자가 소유하고 있는 바이러스 검사 소프트웨어가 잡아내지 못하였거나 오진을 하는 바이러스 또한 진단할 수 있다.

상세내역 확인을 통해 IOOO OOOO 부분에서 의심스러운 서버의 주소들을 확인할 수 있으며 POOO부분에서는 관련 권한들을, BOOOO탭에서는 관련 행동들에 대한 정보를 HTTP Requests에서 어디로 Request하는지 확인 할 수 있음. 이후 해당 앱의 데이터 스트림을 인터셉트(스니핑)하여 어떤 구조로 전송되는지 파악. POOO 설정을 통해 데이터 스트림을 인터셉트할 준비함. POOO 설정이 완료되면 앱의 권한을 허락해 주면서 실행. 이후 POOO 툴에서 인터셉트하여 해당 패킷에 대한 정보를 확인할 수 있음. ROO 탭에서 해당 패킷이 POST 방식에서 예시와 같은 데이터를 전송.

〈원래 데이터 예시〉 'data=820101000000**20000**samsung-SM-G00N%3Dfoo%7C0100000000%3Dbar%7C0100000000'
〈데이터 분석 예시〉 'data=핸드폰번호**랜덤값**기기명=연락처이름|연락처번호=연락처이름|연락처번호' 위의 형식으로 이루어진 것을 확인.

(6) 5단계 피싱서버 검출, 개인정보 저장위치 확인

피싱서버 검출, 관리자 계정 해킹, 유출 개인정보 저장위치 확인

가. 피싱서버 검출: 위 과정에서 확인한 IP를 통해 피싱서버가 살아 있는지, 기본적으로 어떤 포트를 열어 놓고 서비스를 하고 있는지 파악. 해당 서버에 접속해서 서비스가 작동하는지를 확인함(예: 개발언어, 프레임워크, 앱 버전 등을 확인).

나. 관리자 계정 해킹: 약 20여 가지 화이트 해킹 방법으로 관리자 계정 확인, 해킹을 통해 서버 접속.

다. 유출 개인정보 저장위치 확인: 서버에 접속하여 장치 확인 탭을 클릭하여 어떤 정보들을 가지고 있는지 확인, 피해자의 핸드폰 번호와 주소록을 확인할 수 있음.

(7) 6단계 더미(dummy) 데이터 전송을 통한 개인정보 변경

더미(dummy) 데이터를 활용한 유출 개인정보(휴대폰 주소록 등) 삭제, 변경

악성 앱 서버에서 피해자 번호를 완전히 삭제할 경우, 범죄자가 해당 사실을 확인할 수 있기 때문에 피해자의 연락처 부분에 값을 임의의 번호와 임의의 이름값으로 변경함. 리버싱 데이터 스트림을 인터셉트하여 악성코드 구조 분석 부분에서 데이터 분석을 토대로 임의의 번호와 임의의 이름으로 데이터를 재조합. 이후 삭제 및 삽입을 진행하게 되면 데이터가 변조됨.

(8) 7단계 분석보고서, 증거감정서 발급

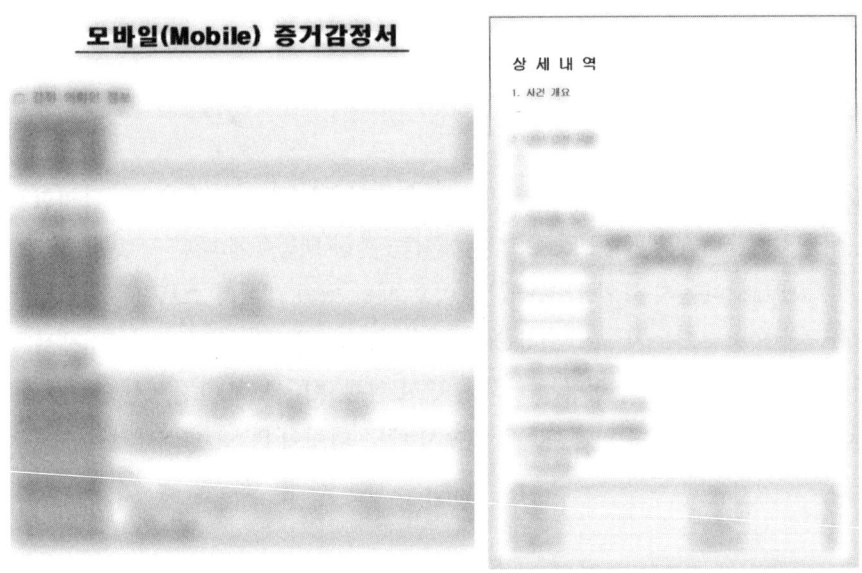

[증거감정서 및 분석보고서 양식]

감정서의 경우 모바일 감정보고서, 카카오톡 분석보고서, 감정물 사전, 원부 증명서 등 포함하여 제공

⟨사업 추진일정⟩

순번	추진 내용	추진 기간	세부 내용
1	솔루션 개발	20xx. x분기	베타테스트 가능한 수준의 솔루션 1차 개발
2	베타테스트 프로모션	20xx. x분기	서비스 초기 6개월간 50만 원 상당 증거감정서 발급 서비스 이용료 50% 할인 법률사무소 등 제휴처 대상 50% 할인 서비스
3	홍보	20xx. x분기	10건 이상의 홍보/보도자료 배포 보안관련 세미나 참여, 강연참석, 홍보
4	웹사이트	20xx. 하반기	홈페이지 사이트 리뉴얼 웹사이트 통한 고객 유인, 서비스 제공
5	특허등록 및 저작권등록	20xx. 상반기	출원 특허의 등록 절차 완료 프로그램 저작권 등록 완료
6	수정보완	20xx. 상반기	시스템 수정 보완, 유지보수 계속 진행
7	제휴처 추가	20xx. 하반기	공공기관, 법률사무소 제휴처 계속 추가

⟨차별화 방안⟩

차별성	내용
토탈 케어 시스템	① 유출된 정보의 상세 내역을 분석하여 ② 추가적으로 정보가 유출되는 것을 미리 차단하고 향후 추가로 발생할 수 있는 피해를 미리 예측하여 경고함. 이에 대한 피해신고 및 범죄 사실파악 및 ③ 법적 처리를 위한 근거로 '증거감정서'까지 생성하여 리포팅하는 국내 최초 휴대폰 개인정보 탈취 피해자 보호를 위한 토탈 케어 솔루션
기술특허출원	특허출원번호 XXXXX 개인정보보호 방법, 장치 및 시스템(METHOD, DEVICE AND SYSTEM FOR PROTECTING PERSONAL INFORMATION)
2차 피싱 사전에 원천 차단	지인에게 유출되는 것을 사전에 차단하는 방식으로 유출된 지인 주소록/연락처를 변경·삭제하여 지인에게 배포되는 것과 2차 피싱되는 상황을 원천 차단
경력 5년 이상 노하우 적용	○○○○장으로서 경찰청, 국정원 등과의 협력을 통해 피싱피해 예방 및 해결 노하우를 활용해 정형화된 시스템 개발 - 한국 ○○○를 통해 1,000건 이상 피싱 피해 해결 - 경찰청, 국정원으로부터 월평균 10건 이상 피싱 피해 해결 - 청소년 대상 무료 지원
법률사무소 협약 체결	법률사무소 등 총 ○○여 개 변호사 사무실과 개인정보 유출 피해의 법적 해결을 위한 MOU 체결로 지속적인 활용 채널 확보 이를 통해 솔루션의 신뢰성 입증

2-2. 고객 요구사항에 대한 대응방안

(1) 2차 민감정보 유출 방지 요구
① 개인정보 유출 피해자는 2차 민감정보 유출로 인해 사기 피해를 당하거나 정보 유출에 대한 협박을 받게 되면 심적으로 위축된 피해자들이 금품을 갈취당하게 됨. 그런 사실을 인지한 시점에 경찰에 신고하거나 보안전문업체에 의뢰하여 2차 정보유출 피해를 막고 법적으로 해결할 수 있는 증거를 확보하는 것이 최선의 대응책이라고 할 수 있음
② 휴대폰 주소록 지인을 대상으로 2차 피싱, 동영상 유포 등을 사전에 차단

(2) 사후 방식이 아닌 사전 차단 방식 요구
① 기존 방식: 동영상 배포 후 모니터링을 통한 사후 삭제 방식
　불법 동영상 유해 사이트 도메인 자동화 수집/ 추적, 불법 동영상 유포 유해 웹사이트(Surface, Dark web), 추적 및 연계 정보 수집 기술, 불법 동영상 다운로더, 동영상 분석 및 감지 시스템, 불법 동영상 탐지 및 유포 결과 가시화 통합 플랫폼, 유포 차단을 위한 사정기관 연동 인터페이스 기술
② 고객이 요구하는 방식: 지인에게 유출되는 것을 사전에 차단하는 방식
　유출된 지인 주소록/연락처를 변경·삭제하여 지인에게 배포되는 것과 2차 피싱되는 상황을 원천 차단

(3) 문제 발생 시, 법적 대응까지 일괄 대응 처리 요구
피해신고 및 범죄 사실파악 및 법적 처리를 위한 근거로 증거감정서 발급을 지원하고 법률사무소까지 연계하여 최대한 빨리 문제를 해결

〈개인정보 유출에 따른 피해자의 요구사항 및 대응방안〉

요구사항	대응방안
2차 민감정보 유출 방지 요구	- 유출된 정보의 상세 내역을 분석하여 추가적으로 정보가 유출되는 것을 미리 차단하고 향후 추가로 발생할 수 있는 피해를 미리 예측하여 경고
사후 방식이 아닌 사전 차단 방식 요구	- 민감정보가 휴대폰 주소록의 지인에게 유출되는 것을 사전에 차단하기 위해 가해자의 서버에 접속하여 유출된 주소록과 연락처를 변경 또는 삭제시켜 지인에게 배포되는 것과 2차 피싱되는 상황을 원천 차단 - 화이트해킹 방식으로 서버접속, 더미데이터 변경처리
문제 발생 시 원스탑 지원 요구	- 증거물 확보를 위해 휴대폰 악성앱 분석을 통한 증거감정서 생성 및 제공. - 법률서비스의 지원을 위해 법률사무소와 MOU를 통한 피해자 지원.

3. 성장전략(Scale-up)

3-1. 자금소요 및 조달계획

현재, 자본금 0천만 원 + 은행대출 0억 원으로 사업 진행 중
① 자본금 0천만 원, 은행대출 0억 원으로 창업
② 인건비 및 마케팅 비용에 투자
③ 20xx년 x월 기술보증기금에서 운영자금으로 0억 원 조달
④ 서비스 런칭 후 투자유치 진행할 예정

〈사업비 세부내역(정부지원금 + 대응자금)〉

비 목	산출근거	금액(원)			
		정부지원금 ⓐ	대응자금 ⓑ		합계 (ⓐ+ⓑ)
			현금	현물	
인건비	• 인력1 0,000천 원×9×30% = 00,000천 원 • 인력2 0,000천 원×9×30% = 00,000천 원 • 인력3 0,000천 원×9×30% = 00,000천 원 • 인력4 0,000천 원×9×50% = 00,000천 원 • 인력5 0,000천 원×9×50% = 00,000천 원	00,000,000	00,000,000	00,000,000	00,000,000
지급 수수료	• 회계감사비 300,000원	300,000			300,000
광고 선전비	• 블로그, 인플루언서 또는 블로거 모집하여 광고, 홍보비(0,000,000원×5개월) • 네이버키워드광고(0,000,000원×5개월)	00,000,000 00,000,000			00,000,000
	• 온라인 광고대행비 (0,000,000원×5개월 = 00,000,000원)	00,000,000			00,000,000
합 계		70,000,000	10,000,000	20,000,000	100,000,000

3-2. 시장진입 및 성과창출 전략

(1) 보이스피싱 피해 규모

1차 개인정보 유출로 인한 피싱 피해사례는 지속적으로 늘어나 이미 심각한 사회적 문제가 되었음. 2021년 기준 10년간 23만 건, 피해액 3조 2천억 원. 하루 평균 70건, 10억 원 규모로 발생. 이에 따라 관계 당국과 민간에서 다양한 대응을 하고 있지만 그 피싱 방법이 날로 교묘해지고 있음.

출처: 보이스피싱 10년간 23만 건 발생…피해액 3조 2천억 원(한국세정신문, 2021.9.8.)

<최근 보이스피싱 피해 현황 상세>

(단위: 억 원, 건, %, %p)

구분	'17년	'18년	'19년	'20년	'21년	전년대비 증감률
피해금액	2,431	4,440	6,720	2,353	1,682	△28.5
환급액	598	1,011	1,915	1,141	603	△47.2
환급률	24.6	22.8	28.5	48.5	35.9	△12.6
피해자수	30,919	48,765	50,372	18,265	13,204	△27.7

출처: 2021년 보이스피싱 피해현황분석(금융감독원, 2022.4.19.)

(2) 개인정보 유출에 따른 2차 피해 규모

① 최근 메신저피싱 피해의 주요 특징
- 메신저피싱 피해 급증 2021년 991억 원으로 전년 대비 165% 급증
- 비은행 금융회사를 통한 피해 급증, 증권사 피해액 220억 원으로 144% 급증
- 고령자 등 금융취약층 피해 증가 40~50대 52.6%, 60대 이상 37% 차지

② 정부의 주요 대응방안과 한계
- 사전예방을 위한 금융기관 기술개발, 도입장려: 원격조종 프로그램 작동 시 금융앱에서 앱 구동을 차단하는 기술 도입, 의심거래탐지시스템(FDS) 활용
- 홍보 위주의 대응으로만 대응하기 어려움, 민간차원의 기술개발 노력과 자발적 참여를 통해 기존 피해를 줄이고 새로운 피해를 예측하여 미리 차단

(3) 최근 심각한 '몸캠피싱' 피해 규모

몸캠피싱은 최근 6년간 꾸준히 증가해, 2021년 몸캠피싱 건수는 2016년에 대비 2.5배 이상 증가. 청소년 피해자가 50% 이상에 달함.

<몸캠피싱 발생 건수 및 범죄자 검거 건수 추이>

구분	'17년	'18년	'19년	'20년	'21년	전년대비 증감률
발생 건수	1,234	1,406	1,824	2,583	3,026	△17.5
검거 건수	334	281	478	519	718	△3.7

출처: [몸캠피싱 공화국] 익명성·비대면 탓 피싱범죄 2년 새 66%↑ (파이낸셜뉴스, 2022.4.5.)

1) 내수시장 확보 방안(경쟁 및 판매가능성)

(1) 비즈니스 모델(BM)

개인정보 유출 피해에 대한 처리는 ① 악성코드 분석에 따른 피해분석 ② 2차 민감정보 유출 분석 및 추가 유출 차단 ③ 증거감정서 발급 ④ 법률사무소 지원 등 4가지 단계에 따라 수수료가 발생하는데, 법률사무소 지원의 경우 법률사무소와 피해자가 직접 계약을 하기 때문에 해당 없음. 평균적으로 개인정보 유출 피해 1건당 평균 400만 원 내외로 발생함.

서비스	수수료	평균
① 악성코드 분석에 따른 피해분석	000만 원	건당 약 000만 원
②-1 2차 민감정보 유출 분석	000만 원	
②-2 추가 유출 차단, 삭제	000~000만 원	
③ 증거감정서 발급(분석보고서 포함)	00만 원	
합계	000~000만 원	(부가세 별도)

(2) 사업화 전략

① 4P 전략

구분		내용
서비스명		D000(D000 000 000 000) 솔루션
4P 전략	product	민감정보 유출 상태분석 기반 2차 유포 사전 차단 솔루션
	price	Basic 수수료 건당 약 000만 원
	place	1단계: 제휴 법률사무소 대상으로 서비스 개시 2단계: 기존 관계사 대상으로 확대 3단계: 온라인 홍보를 통해 일반 고객 유입
	promotion	① 서비스 초기 6개월간 00만 원 상당 증거감정서 발급 서비스 이용료 50% 할인 ② 법률사무소 등 제휴처 대상 50% 할인 서비스 제공 ③ 10건 이상의 홍보/보도자료 배포

기존 주요 제휴처으로부터 D000(D000 0000 000 000) 솔루션에 대한 의견 수렴. 5년간 업계 종사하면서 확보한 기존 제휴처: 5년간 무료 피해 지원

제휴대상	목적
A	위클래스 청소년 피싱사기관련 업무협약
B	사이버상의 불법 성관련 콘텐츠제작 및 유포 등 전반에 걸친 서비스 제공
C	사이버상의 불법 성관련 콘텐츠제작 및 유포 등 전반에 걸친 서비스 제공
D	이러닝 콘텐츠 원격교육서비스 제공
E	사이버상의 불법 성관련 콘텐츠제작 및 유포 등 전반에 걸친 서비스 제공

② 사업화 계획의 실행전략
- 개발 후 6~7개월: 솔루션 1차 개발 후 내부 알파테스트
- 개발 후 7~8개월: 관계 제휴사를 통해 베타 서비스 진행
- 개발 후 8~11개월: 테스트 결과 수정 보완, 추가 개발
- 개발 후 12개월: 홈페이지 정식 오픈, 홍보 세미나 준비 온라인 키워드 마케팅 시작, 법률사무소 등 안내
- 개발 완료 후: MOU 추가 체결, 온라인 고객 유치, 사정기관 정보 공유를 위한 제휴, 분석결과를 보고서화하여 공개
- 실무자: 당사 수석 외 2명
- 온라인 키워드 마케팅(네이버, 포탈), 마케팅 에이전시 협력
- 관계제휴사 e-mail 주기적 발송, 보도자료, 방송매체 참여

〈추정 매출〉

순번	목표시장(고객)	제품(서비스)	진출 시기(기간)	판매(이용)량	가격	판매 금액
1	개인정보 유출피해자& 법률사무소	DOOO솔루션	20xx년 3/4분기	000건	000만 원	00억 원

※ 개발 완료 후 2023년~2027년 매출, 사업화목표 참고

2) 매출목표: 20xx년 1,159건 피해 해결로 매출 46억 원 목표

구분		계수	단위	2021년	2022년	2023년	2024년	2025년	2026년	2027년
전체시장	1. 보이스피싱 발생건수	연 2.3% 감소	건	30,982	30,269	29,573	28,893	28,228	27,579	26,945
	2. 보이스피싱 피해액	연 10.%증가	억원	7,744	8,565	9,473	10,477	11,587	12,816	14,174
유효시장	3. 몸캠피싱 발생건수	연 17% 증가	건	3,026	3,540	4,142	4,846	5,670	6,634	7,762
	4. 메신저피싱 피해액	상동	억원	991	1,159	1,357	1,587	1,857	2,173	2,542
목표시장	5. 점유율목표	매년 10% 증가	%	5.0%	6.0%	7.2%	8.6%	10.4%	12.4%	14.9%
	6. 유료 피해자의뢰 건수	상동	건	151	212	298	419	588	825	1,159
	목표시장 매출 소계	건당 400만원	백만원	605	850	1,193	1,675	2,352	3,302	4,636
인건비	1. 인원 수	연평균 5명충원	명	2	3	5	6	7	8	9
	2. 연도별 인건비 소계	평균 월 500만원	백만원	120	180	300	360	420	480	540
판관비 (인건비 제외)	3. 하드웨어 도입/운영비	연평균 5,000만원	백만원	50	50	50	50	50	50	50
	4. 임대료(연간 3천만원) 및 관리비	인당관리비 월50만원	백만원	30	18	30	36	42	48	54
	5. 광고선전비/인터넷 키워드광고	매출액의 20%	백만원	121	170	239	335	470	660	927
	6. 제휴처 수수료/법률사무소 등	매출액의 20%	백만원	121	170	239	335	470	660	927
	7. 기타운영비	매출의 10%	백만원	61	85	119	167	235	330	464
	인건비 제외 판관비 소계		백만원	383	493	676	923	1,268	1,749	2,422
	비용합계		백만원	503	673	976	1,283	1,688	2,229	2,962
	영업이익		백만원	103	177	216	391	664	1,073	1,674
	영업이익율		%		20.8%	18.1%	23.4%	28.2%	32.5%	36.1%

〈개발 완료 후 향후 5년간 매출목표〉

※ 사업화 목표 산출근거
①~② 보이스피싱 발생 건수: 출처 2022년 최근 5년간 보이스피싱 발생현황(경찰청)
- NSP통신/보이스피싱 발생 건수↓ ·피해액 3배↑ …대출사기형 압도적/2022년 1월 30일
- 2017년 24,259건 2,470억 원 2018년 34,132건 4,040억 원 2019년 37,667건 6,398억 원, 2020년

31,681건 7,000억 원으로 확인, 발생 건수는 약 2.3% 줄고 피해액은 10.6% 증가. 2020년/2021년 발생 건수가 줄어든 것은 코로나19로 인한 사기 활동 위축 예측, 2022년 이후 계속 증가 예상

③ 몸캠피싱 발생 건수: 출처 2022년 몸캠피싱 발생 건수 및 검거 건수(경찰청)
- 파이낸셜뉴스/[몸캠피싱 공화국(上)] 익명성·비대면 탓 피싱범죄 2년 새 66%↑/2022년 4월 5일
- 2016년 1,193건, 2017년 1,234건, 2018년 1,406건, 2019년 1,824건, 2020년 2,583건으로 확인, 피해자의 40%가 청소년

④ 메신저피싱 피해액: 출처 '21년 보이스피싱 피해현황 분석(금융감독원)/2022년 4월 20일', 2019년 342억 원 2020년 373억 원 2021년 991억 원 165% 이상 증가, 피해액 비중은 약 60%로 보이스피싱 핵심피해로 진화 중, 2022년부터 발생 건수 상승비율인 약 연 17% 이상 증가할 것으로 예측

⑤ 목표 점유율은 2021년 기준으로 한국사이버보안협회 통해서 연간 400여 건 이상 피싱피해 문제 해결 진행 중. 매년 20% 성장 목표

⑥ 피해자 의뢰 건수는 연도별 예상 몸캠피싱 건수에 점유율을 곱하여 추정

⑦ 인원은 2022년 기준 5명에서 매년 5명증 충원 목표, 1명당 월평균 인건비로 500만 원

⑧ 하드웨어는 포렌식 장비, 특수 프린터 장비, 개발용 서버 및 컴퓨터 등 구입이 필요하고 운영 유지비용 발생

⑨ 광고선전비는 매출액의 약 20% 수준이며, 제휴처 수수료 등 영업비용은 매출액의 20%, 그 밖의 비용을 매출액에 10%로 산정

재도전성공패키지

화장품

이 사업계획서에서 참고할 만한 부분

1. 화장품을 개발할 때 어떤 부분에 효과가 있다고 설명하면서 수치로 표시하지 않는 경우가 많은데 이 과제는 화장품의 효과를 수치로 표현하여 객관화했기 때문에 전문적으로 보인다. 최종 개발 목표로 애매모호한 목표를 제시하는 것이 아니라 'Ph5+ 이상 약산성', '30초 빠른 건조', '피부과 의사들과 공동연구' 등 개발 제품의 효능과 효과를 정확한 수치로 제시했다. 또 화장품 제조 방법을 특허로 등록했다.

2. 크라우드 펀딩과 온라인 판매 경험을 제시함으로써 상용화 가능성이 높아 보인다. 특히 아마존 등 해외 쇼핑몰의 판매실적을 제시함으로써 해외 진출 가능성까지 제시했다.

3. 화장품을 테스트하기 위해 대학교, 피부과의원 등과 MOU를 체결하여 임상 가능성을 제시했다. 관련하여 MOU 첨부, 참여 피부과의원 및 의사명을 제시하여 신뢰도를 높였다. K-뷰티, 화장품 개발 과제에 있어서는 기능과 성능을 강조할 때 수치로 표현하는 부분과 그 검증 측면에서는 의사, 교수 등과 공동연구 등을 통해 신뢰도를 증명하는 것이 중요하다.

☐ 제품·서비스 개요(요약)

제품 (서비스) 소개	무좀은 원인균이 피부의 각질을 녹여 이를 영양분으로 삼아 기생, 번식하기 때문에 피부 각질을 제거해 주면 무좀 예방. 따라서 각질제거제를 무좀 치료약과 함께 사용 시 치료 효과를 높여 주고 단독 사용 시 무좀 재발을 완화시켜 줄 수 있다는 점에 착안하여 **피부과 의사들과 함께 특허성분 〈OO콤플렉스〉를 이용하여 ph5 이상의 저자극이면서도 각질제거 효과가 우수하고 끈적임 없이 30초 내에 피부에 빠르게 흡수되는 고보습 발 각질 제거 에센스 개발**	
제품 (서비스)의 차별성	| 구분 | 내용 |	
	기술적 측면	**ph5 약산성 +** 각질연화 기능 극대화
		- 특허성분 OO콤플렉스 사용(출원인: OOO) - OO콤플렉스 특허성분은 우레아 및 락틱애씨드 성분을 최대치를 함유하면서도 자극적이지 않도록 하면서 발 각질 제거 효과는 최대치로 높이고, ph는 정상피부와 동일한 수준의 5~6 정도의 약산성으로 피부 자극 최소화 민감성 피부 및 유아도 사용 가능

(위 표 구조가 복잡하여 아래에 재작성)

대구분	중구분	구분	내용
제품 (서비스)의 차별성	기술적 측면	**ph5 약산성 +** 각질연화 기능 극대화	- 특허성분 OO콤플렉스 사용(출원인: OOO) - OO콤플렉스 특허성분은 우레아 및 락틱애씨드 성분을 최대치를 함유하면서도 자극적이지 않도록 하면서 발 각질 제거 효과는 최대치로 높이고, ph는 정상피부와 동일한 수준의 5~6 정도의 약산성으로 피부 자극 최소화 민감성 피부 및 유아도 사용 가능
		30초의 빠른 건조, 고보습, 산뜻한 사용감	- 제품 도포 시 건조시간이 길어 사용이 불편하다는 고객들의 의견을 반영하여 30초 안에 건조될 수 있도록 제형 개발 - 각질 제거 후 건조해 지기 쉬운 문제점을 보완하기 위해 에센스 타입으로 보습력은 높이고 산뜻한 사용감으로 여름철에도 사용 용이
		항균, 항곰팡이, 냄새 제거 탈취력	- 발 관리 제품으로서 각질이 쌓이지 않도록 하면서도 항균기능, 불쾌한 냄새 제거 기능을 갖출 수 있도록 식물생약추출물 유효성분으로 기능 강화
		제품 손실 줄이고 위생적 사용 가능한 용기	- 일반 스프레이가 아닌 국소 부위 타겟 스프레이로 분사 시 제품이 적용 부위에만 도포되어 제품 손실을 줄여 주고, 손을 대지 않고 위생적으로 제품 도포 가능
	서비스 측면	**피부과 교수들과 공동 연구** 및 환자 대상 만족도 테스트	- 병원마케터로 10년 이상 근무한 경험을 바탕으로 OO대 출신 3명의 의사 및 교수와 팀을 이룸. OO피부과 원장, OOO피부과 원장, OOO 가정의학과 교수 - 3명의 의사들은 시중 화장품들의 부작용으로 병원을 내원하는 환자들의 증가로 보다 더 안전하고 믿을 만한 제품을 만들어 보고자 함께 공동 연구개발, 제품 만족도 및 효능 테스트, 환자 대상 시제품 실사용 테스트 진행

국내외
목표시장
	기존 출시된 제품의 병원 유통망과 온라인 유통망을 이용하고 추가로 온라인 유통망을 확장하고 드럭스토어 및 해외 온라인 및 간접 수출을 확대 예정
	
	① 국내 목표: 피부과 전문 병의원 및 온라인 유통
	  - 20xx년 수도권 40개 병원, 온라인 유통 입점
	  - 20xx년 와디즈 크라우드 펀딩 2회 성공 후 하반기 현재 개발 제품으로 펀딩 예정
	  - 20xx년 전국 60개, 20xx년 전국 80개 병원유통 및 온라인 매출 확대
	
	② 해외 목표: 글로벌 온라인 유통망을 활용한 B2C 시장 진출
	  - 기존 제품 현재 아마존 미국 입점 중
	  - 20xx년 풋케어 부문 베스트셀러 목표로 홍보 마케팅에 집중
	  - 20xx년 아마존 일본 및 유럽 진출 및 미국 Ulta, Sephora, 아이허브 진출계획
	
	③ 제품라인 확장으로 프리미엄 풋케어 전문 브랜드 입지 고취
	  - 풋크림, 풋비누 양산 이후에, 발각질제거제, 풋밤(고농축보습제), 풋미스트로 제품라인 확장을 통해 풋케어 전문 브랜드 입지를 다지고자 함

⟨향후 5년간 목표 매출 및 예상비용 분석표⟩

(단위: 백만 원)

	20xx년 현재	20xx년 (개발종료 해당년)	20xx년 (개발종료 후 1년)	20xx년 (개발종료 후 2년)	20xx년 (개발종료 후 3년)	20xx년 (개발종료 후 4년)	20xx년 (개발종료 후 5년)
(1) 매출액	103	381	1,393	2,119	3,909	5,076	7,172
(2) 매출원가	31	114	418	636	1,173	1,523	2,152
(3) 인건비	54	216	294	414	576	720	906
(4) 일반관리비	43	173	235	331	461	576	725
(5) 당기순이익	-25	-122	446	738	1,700	2,257	3,390

[문제점]

(1) 산성 성분 다량 함유로 피부 자극과 건조함 유발
 1) 강한 효과를 위해 화장품법상 허가 한도를 벗어난 강한 산성 제품
 2) 임산부, 민감성 피부가 사용하기에 자극적
 3) 사용 후 심한 건조감

(2) 제품 흡수 시간이 길고 끈적임
 1) 제품 도포 후 흡수가 2분 이상 걸림
 2) 피부에 바로 흡수 되지 않고 끈적거려 사용시 불편함

[개발 제품]

(1) 식물성 생약추출물 & 베타인의 ⟨진정콤플렉스⟩ 특허성분으로 Ph5 이상의 약산성 저자극
 1) 약산성이면서도 각질 제거효과 극대화
 2) 유아나 임산부, 민감성 피부도 믿고 사용가능

(2) 끈적임 없는 30초 빠른 흡수 고보습의 산뜻한 사용감
 1) 제품 도포 즉시 흡수되어 끈적임 최소화
 2) 보습력 강화로 사용후 건조감 최소화

각질형 무좀 예방을 위한 각질 제거에센스

[개발 기획: 기존 각질제거제의 문제점과 새로운 개발 제품을 통한 문제점 해결]

이미지

[특허등록] ○○○○○○○○과 ○○○○을 함유한 발관리용 화장품 조성물

○○○ 가정의학과 및 피부과 7개 MOU 체결

1. 문제인식(Problem)

1-1. 폐업기업 사업 개요

- 미국 OOO 도매상을 주 대상으로 국내 제품 수출 위주
  * 미국 OOO 도매상의 요구에 따라 국내 액세서리를 구매 후 배송해 주는 역할
  * 국내 OOO 신제품에 대한 정보 제공 및 제안

1-2. 폐업(실패)원인 및 개선방향

- 고정 고객에 대한 믿음으로 새로운 고객 확보에 대한 능동적인 움직임 없이 기존 고객과의 업무만 유지하는 수동적인 대처
  * 신규 고객 확보에 대한 관심 없이 기존 대형 바이어 한두 개에만 의존
  * 자사 제품은 없이 단순히 중개의 역할만 한 것이 문제

1-3. 재창업 배경

① 국내 K-뷰티에 대한 시장 가능성을 보고 OOO회사를 통해 익힌 노하우와 병원 마케팅을 통해 알게 된 인맥을 바탕으로 병원 화장품을 개발 유통한다면 승산이 있을 것으로 보고 창업하게 됨.
② 과거 창업의 실패의 경험을 바탕으로 자사 브랜드를 먼저 구축하는 것이 가장 중요할 것으로 보고 창업 이전부터 브랜드 구축에 힘씀.
③ 병원 유통은 네트워킹이 중요하기 때문에 기존 화장품 업체들이 진입 장벽이 높지만 **10년 이상 병원에서 일을 하면서 알게 된 네트워크**로 병원 유통 성장 가능성이 높을 것으로 봄.
④ **화장품 개발 기획 전문가 과정 교육을 통해 화장품에 대한 전문 지식을 쌓고** 화장품 연구원 및 제조업체와의 네트워킹을 쌓음.

1-4. 제품·서비스의 개발동기

① 기존에 유사 제품을 개발하여 판매하였고 **크라우드 펀딩도 성공**
② 피부과 의사의 권유 및 요청사항 등으로 신제품 개발
③ 기존 제품의 문제를 해결하여 의사가 추천하는 제품으로 개발
- 스프레이를 사용하여 위생적으로 제품 도포 각질 제거 기능이 우수하면서도 **ph5 이상의 약산성 저자극 제품**으로 유아 및 민감성 피부도 사용 가능
- **끈적임 없이 30초 내 빠른 흡수**로 무좀 연고와 함께 사용 시 환자에게 치료의 편리성 도모

1-5. 제품·서비스의 목적(필요성)

① 일반인들의 무좀 감염추정치 36.5%, 그 중 병원치료 환자 수는 약 5%인 240만 명

출처: 보건복지부 2017년 6월 / 건강보험심사평가원 통계(2017 기준)
'무좀 옮는 장소는 집'(MBC 생생정보, 2013.7.15.)

② 병원 치료를 받아도 증상 개선되면 91% 치료 중단

출처: '증상 개선돼 중단 '반짝 무좀치료' 2차 감염 생겨'(헬스경향, 2014.7.14.)

③ 차선책으로 24.5%가 병원 치료가 아닌 일반 풋케어 제품 사용하지만 시중 판매 제품들은 ph 3 이하의 강한 산성(acid)성분 다량 함유로 강한 효과만을 강조하여 피부 자극 유발 및 부작용 속출

출처: 무좀치료, 남성 '일반약' - 여성 '풋케어' 선호(데일리팜, 2009.2.3.)
손·발 부위별 시트팩 '주의보 발령'(뷰티경제, 2019.6.13.)

2. 실현가능성(Solution)

2-1. 제품·서비스의 개발 방안

1) 제품·서비스의 개발 방안(사업 전체 로드맵)

<사업 추진일정>

추진내용	추진기간	세부 내용
아이디어 도출	20xx.xx	시중 풋제품 구매 후 테스트를 통해 문제점 도출
아이디어 개발	20xx.xx	피부 자극도, 흡수율 및 끈적임을 보완한 제품 개발 기획
제형 개발 논의	20xx.xx	OO대학교 교수와 시제품 2회 테스트 진행 중
제형 테스트 진행	20xx.xx	시제품 병원 및 네일샵에서 테스트 진행 중

개발내역	내용
제품 주요 사양	빠른 흡수의 저자극 고보습 발 각질 케어 에센스(국소부위 스프레이 용기)
효능 효과	- 우레아, 소듐락테이트와 같은 각질연화 성분 함유로 발 각질 제거 효과를 높임 - 각질 제거 후 건조해질 수 있는 피부에 보습력이 높은 천연 식물 추출 유효성분으로 보습력을 높이면서 피부 ph를 5~6으로 맞추어 피부 밸런스 유지 - 항염, 항균, 냄새 제거 기능이 우수한 성분 함유로 발 관리 기능 효과를 높임 - 끈적임 없는 빠른 흡수로 발 관리를 용이하게 할 수 있도록 하였으며, 국소부위 스프레이 사용으로 제품 낭비 없이 필요 부위에 손을 대지 않고도 도포될 수 있도록 용기 적용 - 저자극 고보습 각질제거 에센스로 민감성 피부나 유아 및 임산부도 안심하고 사용할 수 있는 제품

기능 성분	- 각질연화성분: 우레아, 소듐락테이트, OO콤플렉스
	  (특허출원성분: 베타인, 계피, 생강, 사탕수수추출물)
	- 보습성분: 스쿠알란, 시어버터, 마카다미아씨오일 등
	- 보습 및 피부 진정 기능: 천연추출물 20가지
	  (천궁추출물, 작약뿌리추출물, 탱자추출물 등)

사용방법	발을 씻은 후 본 제품을 적당량 분사하여 1일 2회 이상 건조하거나 각질이 심한 부위에 분사. 잠들기 전에 사용 권장
용량 / 가격	100ml / 00,000원

2) 사업(협약) 기간 내 목표 및 달성 방안

(1) 발 각질제거 에센스 시제품 제작 및 양산모델 확정

사용자 피드백을 반영하여 시제품 제작 및 양산모델 확정, 제조 원가분석을 통한 수익분석, 수요예측을 통한 EOQ(경제적 주문량) 산정

(2) 국영문 홈페이지 및 쇼핑몰 제작, 국내외 홍보 활동

〈사업 추진일정〉

추진내용	추진기간	세부 내용
풋크림 시제품 제작, 양산모델 확정	20xx.xx~20xx.xx	제품 피드백을 통한 2차 시제품 제작 및 양산모델 확정(제조 원가분석, EOQ 확정)
홈페이지 및 쇼핑몰 제작	20xx.xx~20xx.xx	국영문 홈페이지 및 쇼핑몰 제작
국내 병의원 홍보 및 마케팅	20xx.xx~20xx.xx	국내 병의원에 대해 제품 인지도를 높이기 위한 홍보 활동
해외 온라인 홍보 및 브랜딩	20xx.xx~20xx.xx	해외 온라인몰 입점, 브랜딩 및 인스타그램, 페이스북을 통한 온라인 홍보

2-2. 고객 요구사항에 대한 대응방안

ph5 이상의 저자극이면서도 각질제거 효과가 우수하고 끈적임 없이 30초 내에 피부에 빠르게 흡수되는 발 각질 제거 에센스 개발

〈최종개발 목표 주요 내역〉

구분		내용
기술적 측면	ph5 약산성 + 각질 연화 기능 극대화	- 특허성분 〈OO콤플렉스〉 사용 - 발 각질제거를 위해 우레아, 락틱애씨드와 같은 산성 성분을 사용하여야 효과적이지만 이들은 피부각질을 지나치게 제거하거나 피부에 자극감을 줄 가능성이 있어 그다지 많은 함량을 처방하기 어려우며, 자극이 적은 한도 내에서 적은 양을 사용할 경우 각질 관리에 별로 효과적이지 못함. - 계피, 생강 및 사탕수수에서 추출된 식물생약추출물과 베타인을 유효성분으로 하는 〈OO콤플렉스〉는 우레아 및 락틱애씨드 성분을 최대치로 함유하면서도 자극적이지 않도록 하면서 발 각질제거 효과는 최대치로 높이고, ph는 정상피부와 동일한 수준의 5~6 정도의 약산성으로 피부 자극 최소화 - 민감성 피부 및 유아도 사용 가능
	30초의 빠른 건조, 고보습, 산뜻한 사용감	- 30초의 빠른 건조로 발 관리시간의 단축 및 편리성 제공: 제품 도포 시 건조시간이 길어 사용이 불편하다는 고객들의 의견을 반영하여 30초 안에 건조될 수 있도록 제형 개발 - 각질 제거 후 건조해 지기 쉬운 문제점을 보완하기 위해 에센스 타입으로 보습력은 높이고 산뜻한 사용감으로 여름철에도 사용 용이
	항균, 항곰팡이, 냄새 제거 탈취력	- 발 관리 제품으로서 각질이 쌓이지 않도록 하면서도 항균기능, 불쾌한 냄새 제거 기능을 갖출 수 있도록 식물생약추출물 유효성분으로 기능 강화
	제품 손실 줄이고 위생적 사용 가능한 용기 채택	- 일반 스프레이가 아닌 국소 부위 타겟 스프레이로 분사 시 제품이 적용 부위에만 도포되어 제품 손실을 줄여 주고, 손을 대지 않고 위생적으로 제품 도포 가능
서비스 측면	피부과 의사들과 공동 연구 및 환자 대상 만족도 테스트	- 병원마케터로 10년 이상 근무한 경험을 바탕으로 OO대 출신 3명의 의사 및 교수와 팀을 이룸 - 3명의 의사들은 시중 화장품들의 부작용으로 병원을 내원하는 환자들의 증가로 보다 더 안전하고 믿을 만한 제품을 만들어 보고자 공동 연구개발: 제품 만족도 및 효능 테스트, 환자 대상 시제품 실사용 테스트 진행

3. 성장전략(Scale-up)

3-1. 자금소요 및 조달계획

풋크림 시제품 제작, 특허 및 상표등록, 홍보마케팅 등

<사업비 세부내역(정부지원금+대응자금)>

비목	산출근거	금액(원) 정부지원금	대응자금 현금	대응자금 현물
재료비	시제품 원료 구입비 - 기능성 원료(Urea, BHA, AHA, PHA 등) - 천연아로마오일 - 천연 유래 추출물 및 각종 복합물	0,000,000		
	부자재 - 튜브, 어플리케이터 몰드 개발, 단상자	0,000,000		
외주용역비	시제품 제작 OEM 외주 용역비	0,000,000		
특허권 등 무형자산취득비	국내 제품 조성물 특허 출원 및 등록비	0,000,000		
인건비	기존직원(월000만 원 × 8개월)			0,000,000
	신규직원(월000만 원 × 6개월)	0,000,000	0,000,000	0,000,000
지급수수료	제품 임상시험 - 안정성 및 효능평가	0,000,000		
광고선전비	국내외 광고집행비(월000만 원 × 7개월)	00,000,000		
	홍보 인쇄물 제작 - 카달로그, 쇼핑백	0,000,000		
합계		40,000,000	0,000,000	00,000,000

3-2. 시장진입 및 성과창출 전략

1) 내수시장 확보 방안(경쟁 및 판매가능성)

<향후 5년간 목표 매출 및 예상비용 분석표>

(단위: 백만 원, 개)

구분		20xx년	20xx년	20xx년	20xx년	20xx년	20xx년	20xx년
(1) 매출액		103	381	1,393	2,119	3,909	5,076	7,172
(2) 매출원가		31	114	418	636	1,173	1,523	2,152
(3) 인건비		54	216	294	414	576	720	906
(4) 일반관리비		43	173	235	331	461	576	725
(5) 당기순이익		-25	-122	446	738	1,700	2,257	3,390
기개발제품	리페어 풋크림	103	143	388	525	877	1,169	1,702
	클렌징 솝	-	71	192	259	434	579	843
개발제품	각질제거에센스	-	152	414	560	934	1,238	1,783

추후 개발제품	퍼스널풋파일	-	15	46	56	91	114	145
	어드밴스트 풋밤	-	-	314	427	712	937	1,408
	풋데오미스트	-	-	39	218	350	434	588
	캘러스풋팩	-	-	-	59	420	499	572
	프로페셔널풋파일	-	-	-	13	91	107	131
유통병원(국내)		25	40	60	100	150	180	220
온라인쇼핑몰(국내)		2	4	6	8	10	13	15
온라인쇼핑몰(해외)		1	1	4	6	6	6	6
드럭스토어(국내)				1	3	3	3	3

※ 산출근거
① 매출액 = 병원판매 + 국내외 온라인 쇼핑몰 + 수출 + 드럭스토어
 - 병원 입점 목표는 1년차 월별 3개, 2년차 5개, 3년차 7개, 4년차 10개, 5년차 15개씩 영업 목표
 - 국내 온라인 쇼핑몰은 1년에 2개씩, 해외 미국 쇼핑몰은 현재 아마존에서 6개까지 입점 목표
 - 드럭스토어는 개발종료 후 1개씩 입점 예정
② 매출원가 = 원가의 3.5배를 공급단가로 산정
③ 비용 = 인건비 + 일반관리비
 - 연구인력, 마케터, 디자이너 인건비 월 000만 원, 영업인력 인건비 월 000만 원, 관리 인력 인건비 월 000만 원
 - 임원 인건비 월 000만 원, 중간관리자 월000만 원(5년 후 총 21명 고용 예정)
 - 영업 관리비 및 일반관리비는 인건비의 80%로 산정

(1) 오프라인 유통

① OOO대 및 피부과 총 7곳과 환자 대상 실사용 테스트 MOU 체결 및 25개 병의원에서 제품 판매(20xx년 현재)

〈 당사 제품 입점 병원 및 MOU 체결 병원 리스트 〉

1 가정의학과	2 OO피부과	3 OO피부과	4 OO클리닉	5 OO피부과
6 OOOO의원	**7 OO피부과**	8 OOOO의원	9 OO피부과	10 OO피부과
11 OOOO의원	12 OOOO의원	13 OOOO의원	14 OOOO의원	15 OOOO의원
16 OOOO의원	17 신한OO내과	18 OOOO의원	19 OO피부과	20 OOOO의원
21 OO피부과	22 OO피부과	23 OO피부과	24 OO피부과	25 OOOO의원

② 드럭스토어 입점
추후 오프라인 판매를 위해 온누리 약국유통망 및 올리브영, 랄라블라, 롭스 등에 입점 추진 예정

(2) 국내 온라인 유통

① 당사는 현재 네이버쇼핑, 아이뷰티랩(뷰티쇼핑몰), 쿠팡, 우체국쇼핑에 기존 제품을 입점 판매 중
② 온라인쇼핑몰(지마켓, 옥션, 11번가, 인터파크, GS몰, 롯데몰, 현대몰, 위메프, 무신사, 화해, 카카오몰) 유통 확대 중

(3) 크라우드 펀딩

- 20xx년 x월, x월 국내 최대 크라우드 펀딩 와디즈(WADIZ) 2회 펀딩 성공(펀딩액: 총 00,000천 원, 펀딩율 1차: 0000%, 2차: 0000% 성공)
- 20xx년 하반기 본 개발제품으로 와디즈 재펀딩 계획

(4) 내수시장 진출 실적

유통채널명	진출시기	판매 아이템	판매금액
피부과 병원(24개)	20xx.xx~현재	풋크림	00천만 원
와디즈(클라우드펀딩)	20xx.xx~20xx.xx	풋크림	00천만 원
네이버스마트스토어, 쿠팡, 우체국쇼핑	20xx.xx~현재	풋크림	00백만 원

당사에서 개발하고자 하는 제품을 분석하고 기획하기 위해 기능적인 면이나 효과적인 면에서 유사한 제품들을 구매해 실제 사용해 본 평가를 바탕으로 비교

구분	국산			수입
제품명	각질제거에센스	캘러스필미스트	발각질제거제	켈러스소프트너
희망가격	25,000	35,000	34,000	60,000
업체명	OOOOO	웰맥스	토소웅	풋로직스
유통	국내온라인, 피부과병원, 미국 아마존	국내온라인	국내온라인	국내외 온라인, 네일샵
건조 시간 및 끈적임	30초	1분 이상	1분 이상 (끈적임이 남음)	1분 이상
보습력	높은 보습력	심한 건조함	심한 건조함	보통
각질제거	좋음	좋음	보통	좋음
ph 수치	5	6.5	3.5	3
	특징	단점		
	Ph5 이상의 저자극 약산성이고 30초 내 빠른 흡수가 가능하고 사용 후 보습력이 높음	사용 후 건조함이 심해서 보습크림을 반드시 발라 주어야 함.	고마쥬 타입이라 고객 반응이 좋지 않음	네일샵 위주 유통의 전문가 라인으로 고가마케팅

2) 해외시장 진출 방안(경쟁 및 판매가능성)

미국 amazon.com에 기개발된 풋크림으로 입점(20xx년)
20xx년 미국 내 상표등록을 통해 아마존 브랜드 페이지
구축 예정(Kotra IP Desk 지원사업으로 진행 중)

추후 아마존 일본, 유럽 그리고 미국 내 온라인 쇼핑몰 Ulta, Sephora, 아이허브에 입점 추진 예정, 미국 및 유럽 선진국 내 OOOO(발전문클리닉)에 B2B 수출을 목표로 시장 조사 중(Kotra 신규수출기업화 1:1 수출전문위원과 진행 중)

(1) 글로벌 진출 실적

수출국가수	수출액	수출품목수	수출품목명
미국(1개국)	USD 850	1개	풋케어 전문 병원 화장품 'OOOOO'
유럽 및 일본	진출 예정	1개	풋케어 전문 병원 화장품 'OOOOO'

(2) 국내외 마케팅 전략

병원판매는 병원화장품(메디컬화장품, 더마코스메틱)이라는 이미지로 제품의 신뢰도 및 프리미엄 이미지 구축에 도움을 줄 것으로 기대

국내	해외
- 자사 홈페이지 구축 - 자사 쇼핑몰 구축 예정	- 영문 홈페이지 구축 예정 - 영문 쇼핑몰 구축 예정
- 인스타그램, 페이스북 브랜드 계정 운영 - 네이버블로그 추가 진행 예정 - 유튜브 채널 운영 계획	- 인스타그램, 페이스북 해외 계정 구축 예정 - 핀터레스트, 유튜브 채널 운영 계획
- 네이버 키워드, 쇼핑키워드, GFA광고(밴드), 카페, 지식인, 입점 쇼핑몰 자체 광고 진행 예정	- 아마존 자체 광고(SP) 진행 중 - 해외 인플루언서를 통한 리뷰마케팅 진행 - 구글 검색광고(미국 시장 타겟) 진행 예정

(3) 글로벌 진출 역량

해외특허 건수(출원 제외)	국제인증 건수	국제협약체결 건수(외국 현지기업과 MOU, NDA 등)
해당사항 없음	해당사항 없음	해당사항 없음

(4) 수출분야 핵심인력 현황: 1명

성명	직급	주요 담당업무	경력 및 학력
OOO	대표	영어권 수출	미국 대상 OOO 경력 2년(OOO대 경영학과 졸업)

4. 팀 구성(Team)

4-1. 대표자·팀원의 보유역량 및 기술보호 노력: 생략

(1) 업무파트너(협력기업 등) 현황 및 역량

순번	파트너명	주요역량	주요 협력사항
1	OOO	OO대 졸업 / 교수	대학병원 환자 대상 임상 스터디 MOU 체결
2	OOO	OO대 졸업 / OO피부과 원장	병원내 환자 대상 임상 스터디 MOU 체결
3	OOO	OO대 졸업 / OO피부과 원장	병원내 환자 대상 임상 스터디 MOU 체결
4	OOO	OO대 졸업 / OO피부과 원장	병원내 환자 대상 임상 스터디 MOU 체결
5	OOO	OO대 졸업 / OO피부과 원장	병원내 환자 대상 임상 스터디 MOU 체결
6	OOO	OO대 졸업 / 피부과 원장	병원내 환자 대상 임상 스터디 MOU 체결
7	OOO	OO대 졸업 / OO피부과 원장	병원내 환자 대상 임상 스터디 MOU 체결
8	OOO	화장품 OEM 생산업체	화장품 OEM 생산

(2) 기술보호 노력

기술유출 방지 대책: 출입관리, 인적보안, 문서보안, 시스템보안 등 보안교육 실시

4-2. 사회적 가치 실천계획

〈중소기업 성과공유제 도입현황 및 계획〉

제도명	도입 여부	주요내용	실적*
내일채움공제	-	5년 이상 장기재직한 핵심인력에게 중소기업과 핵심인력의 공동적립금과 복리이자를 성과보상금 형태로 지급하는 제도	근로자 1인 적용 예정
경영성과급	-	기업 차원에서 이익 또는 이윤 등의 경영성과가 발생했을 때 해당 성과를 회사 종업원들과 공유하는 경영활동	

부록

창업성장기술개발사업 디딤돌과제

네트워크 광고 시스템

이 사업계획서에서 참고할 만한 부분

1. 모바일 팟캐스트가 활성화된 시기에 일반 디스플레이 배너 네트워크 광고와 같이 **국내 최초로 오디오 기반 네트워크 광고 시스템을 구축**했다. 관련하여 국내외 특허등록 및 출원, 프로그램 저작권 등록을 완료한 상태로 차별성이 인정된다.

2. **기존에 개발되고 특허도 등록된 이어폰연결음 시스템 기술을 활용**하여 그 응용기술인 오디오 광고 시스템을 개발하여 도전성을 인정받았다.

3. 매출 목표에 있어서 마케팅 계획을 구체적으로 제시했고 **거래하는 광고대행사로부터 시스템 활용에 대한 의향이 있다는 메일을 근거자료로 제시**했다. 모바일 광고 업계 담당자들의 호응을 제시하여 신뢰도를 향상시켰다.

4. 기술개발의 차별화 항목을 4가지로 구분하고 각 차별화 기능을 이미지와 함께 표로 만들어 설명함으로써 개발 내용의 구체성을 보여 주었다.

5. 개발 성능지표 및 목표로 9가지 개발항목을 명확히 제시하였다. 평가위원이 인정할 수준의 개발지표를 제시해야 한다. 실제 9가지 지표를 검증하는 것이 어렵지 않지만 평가항목을 구체화하고 검증방법을 상세하게 설명하는 것이 좋다.

네트워크형 모바일 오디오 광고 시스템 개발

1. 기술개발의 개요 및 필요성

1) 개요 - 국내 최초 오디오 서비스 분야의 모바일 네트워크 광고 시스템

수많은 App이 광고수익을 위해 채택하고 있는 구글 Admob, 애플 iAD, 다음 Ad@m, 퓨쳐스트림네트워크 Cauly 등과 같은 네트워형 모바일 배너 광고 SDK처럼, 모바일라디오, 모바일뮤직 같은 모바일 오디오 App과 다양한 신규 오디오 서비스 플랫폼(AI음성비서, 카넥티드, 팟캐스트 등)에 최적화된 오디오 광고를 자동으로 공급하는 국내 최초의 "네트워크형 모바일 오디오 광고 시스템".

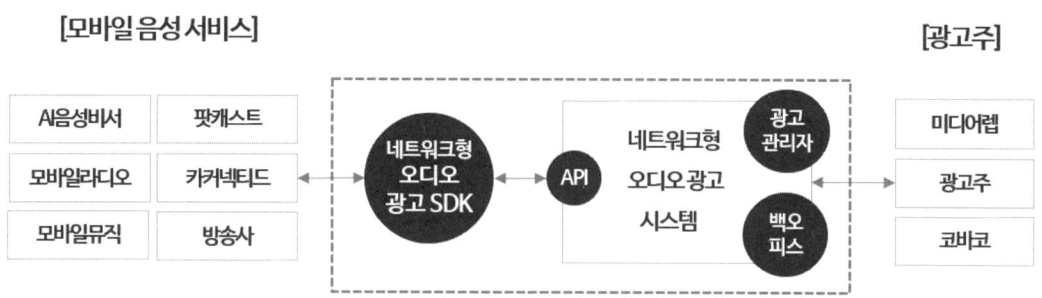

[네트워크형 모바일 오디오 광고 서비스 개요도]

2) 배경 - AI기반 음성비서, 카커넥티드 등 오디오 콘텐츠 서비스 확대 시작

① 최근 AI기반 음성비서 스피커 시장이 확대되면서 팟캐스트 위주의 오디오 콘텐츠 서비스가 음성비서 OS, 카커넥티드 시장 오디오 콘텐츠로 활용가치 증가(시리, 구글나우/구글홈, 아마존 에코, MS 코타나, SKT 누구, KT 기가지니 등)
② 국내외 팟캐스트 서비스 시장 확대(NAVER 오디오클립/클로바, NHN팟티 등) 오디오 콘텐츠 매체의 다양화 및 On-Demand 콘텐츠 급성장
③ 정부도, 대기업도 AI 음성비서 서비스 활성화에 투자확대 및 기업간 협력요구, NAVER, 오디오 콘텐츠 및 플랫폼사에 300억 원 투자펀드 조성
　→ 오디오 콘텐츠를 소비할 수 있는 하드웨어 시장이 마련됨에 따라 오디오 콘텐츠 부족 현상이 발생할 것으로 예상되고, 시장 성장 가능성이 매우 높음

3) 필요성 - 오디오 콘텐츠사업자의 수익을 위한 오디오 광고서비스는 필연적으로 출현

① 국내에는 Network형 Digital Audio AD Tech 시스템 全無
② 모바일 오디오 광고 시장 초기 태동 단계로 블루오션 시장 선점 필요
③ 오디오 콘텐츠 사업자들의 위해 오디오 콘텐츠에 특화된 수익화 시스템 필요
④ 해외 유력 오디오 콘텐츠 서비스 사업자들 오디오 광고 플랫폼 주목(Spotify 등)

2. 기술개발의 독창성 및 차별성

현재, 인스트림 오디오 광고상품은 개별적으로 존재하지만, 이를 네트워크형 SDK로 여러 매체에 제공할 수 있는 플랫폼은 개발되어 있지 않음. 차별화된 핵심기술은 오디오 광고에 있어서는 Ⓐ 국내 최초의 네트워크형 오디오 광고 플랫폼으로 인스트림 오디오 광고를 제공하며, Ⓑ 이어폰연결 징글 광고와 Ⓒ 이어폰연결 오디오 Push 광고 3가지를 통합 제공하는 SDK과 그 플랫폼 기술.

차별기술	차별화 내용
네트워크형 모바일 오디오 광고 SDK & 즉각 반응을 위한 오디오 Push 결합형 기술	① **국내 최초의 네트워크형 모바일 오디오 광고 SDK** 오디오 콘텐츠 서비스 매체에서 오디오 콘텐츠 실행 前, 中에 오디오 광고 인벤토리와 연결된 API를 통해서 자동으로 15~30초짜리 인스트림 오디오 광고물을 송출하고 그에 대한 청취 리포트를 전달하는 기술 ② **이용자 즉각 반응을 위한 Push 메시지 동시 제공 기술** 디지털 라디오와 같은 통상의 오디오 광고는 청취를 목적으로 하기 때문에, 이용자가 듣고 흘려버리는 경우가 많음. 이 때문에 이용자의 즉각적인 반응을 유도할 수 없으나, 본 기술은 오디오 광고가 송출되는 시점에 Push 메시지를 통합 발송하여 오디오 광고에 대해 즉각적인 반응을 유도할 수 있도록 하는 오디오 Push 결합형 기술
이어폰연결 징글 광고 기술	출퇴근 시간 스마트폰에 이어폰이나 블루투스 스피커를 연결할 때, 통화연결음 컬러링처럼 5초 내외의 징글*을 자동 송출하는 기술. 5초 내외의 짧은 오디오 광고이며 지속적인 노출로 브랜드형 광고에 적합한 기술 *징글: 상업적으로 사용되는 짧은 길이의 곡. 텔레비전이나 라디오의 광고 음악으로 많이 사용되는데 멜로디는 기억하기 쉽도록 인상적인 훅으로 만들어지고 가사는 광고의 슬로건을 잘 전달할 수 있도록 간결하고 참신한 표현으로 만들어진다.
이어폰연결 오디오 Push 광고 기술	스마트폰에 이어폰이나 블루투스 스피커를 연결 할 때, 그 신호를 받아, 타겟팅된 "오디오 Push 광고"를 발송하는 기술. 오디오 Push는 이용자가 이어폰을 착용한 상태에서만 Push 클릭 시 광고주 페이지로 랜딩될 때, 오디오 설명 멘트가 자동으로 송출되는 광고 기술

1) 차별화 1: 네트워크형 모바일 오디오 광고 시스템, 인스트림 모바일 오디오 광고

구분	기존 기술	네트워크형 모바일 오디오 광고 기술
사례	프리롤광고와 인스트림광고	[플랫폼 광고]: 플랫폼에서 특정영역에 광고 노출 광고 / 컨텐츠 앞부분 / 광고 / 컨텐츠 뒷부분 컨텐츠 유통사업자가 플랫폼을 통해서 컨텐츠 청취중 시작/중간/끝에 광고노출 프리롤/인스트림 광고 등 이어폰연결 징글, 이어폰연결 Push 광고 등 3가지 새로운 오디오 광고 기법 통합 SDK
광고 시스템 (개방)	1) 1: N 세스템 2) 폐쇄형 독자 시스템 3) 독자광고영업, 광고독자소비	1) **1 vs N 시스템** 2) **오픈 시스템, 다양한 매체로 광고 소비** 독자시스템을 구축하는 비용과 광고 영업비용 때문에 오디오 콘텐츠를 제공하는 다양한 매체사에서 큰 투자비용 없이 오디오 광고 SDK를 탑재함으로써 광고수익을 창출할 수 있는 진보된 시스템 3) **오디오 콘텐츠 분야 최초**

광고
형태
(결합)
	1) 콘텐츠 시작 전 프리롤 광고
	  - 오디오 광고와 앱내 배너광고
	2) 콘텐츠 청취중 오디오 광고
	  - 오디오 광고 전용(측정불가)
		1) **프리롤 광고**: 오디오 광고와 Push 광고 결합형
		2) **인스트립(측정가능) 광고**: 오디오 광고와 Push 광고 결합형
		오디오 청취 시 앱 화면을 보는 경우가 드물기 때문에, 오디오 광고노출 시 이용자 클릭을 위해 Push 메시지를 함께 노출하여, 청취 중/후로 광고내용을 다시 확인할 수 있도록 구현
		3) **부가 광고물 지원**: 동영상 광고물 첨부 가능
		4) **오디오 광고 공유 지원**: SNS로 오디오 광고물 공유 가능

광고 리포팅	1) 팟빵: 광고청취시간 기록 2) SBS 등 기타: 광고청취 건수 보장 안 됨, 청취시간 기록 안 됨	1) **광고청취시간 기록** 2) **Push 배너 클릭 여부 기록 성과에 따른 과금 가능**

2) 차별화 2: 이어폰연결 모바일 "징글" 광고 기술

스마트폰을 이용하는 이어폰 사용자를 대상으로 스마트폰에 이어폰 연결 시 항상 발생하는 5초 내외의 유휴시간을 활용하여 5초 징글 광고 멘트와 광고 Push를 제공하는 신개념 오디오 광고. 이어폰 연결 시 오디오 광고와 Push 메시지를 사용자에게 송출할 수 있도록 SDK를 제휴매체에 탑재하여, 업데이트 이후 활용.

- 하루 평균 이어폰 이용자 수: 1,600만 명(스마트폰 이용자의 30%)
- 하루 평균 유니크 이어폰 이용자당 평균 이어폰 이용 수: 3.1회
- 이어폰 이용자에게 하루 2회 광고 노출 기준으로 연간 1,000억 원 잠재시장
- 해외시장 규모: 통상 모바일 광고의 경우 세계시장이 국내시장의 30~40배

[이어폰연결 징글 오디오 광고 기술 개요]

(1) 기술의 차별성

통화연결음 컬러링처럼, 이어폰연결을 할 때 징글을 통해 브랜딩할 수 있는 서비스로 국내 특허 기술로 개발된 최초 서비스. 큰 투자 비용 없이 기존의 제휴 매체사의 인프라를 활용하여 비교적 사업 참여가 간편. 사용자의 일반적인 패턴 속에서 서비스가 이루어지므로 거부감을 최소화할 수 있으며 국내외 모바일 시장 전체를 빠르게 확장시킬 수 있는 특징을 갖고 있음.

(2) 광고 기술의 우수성

자체 테스트 진행결과, 놀라운 효율이 검증되었으며 시장진입에 있어 낮은 허들로 신속한 확산이 가능하며 모바일 광고에 신규 오디오 광고 시장을 창출할 수 있음.
- True Listen율 80%: 2015년 1월 1개월간 5만 명을 대상으로 베타테스트한 결과
- 모바일 배너 광고 평균 CTR 0.38%(DG MediaMind가 10개월간 노출 조사결과)
- 광고의 반응률은 평균 10% 이상으로 모바일 배너 광고의 30배 효과 측정

(3) 서비스 시나리오

3) 차별화 3: 이어폰연결 Push 오디오 광고 기술

[이어폰연결 오디오 Push 광고 기술 개요]

이어폰연결 징글 광고 SDK를 적용할 때, 모든 이용자를 대상으로 이어폰연결 시 5초 내외의 기본 징글광고의 경우 부분적으로 거부감이 발생할 수 있기 때문에 이를 피하여 이어폰연결 시 징글 광고가 바로 나오지 않고, Push 메시지만 먼저 도착하게 함.

그리고 그 Push 메시지를 클릭할 때, 이어폰을 계속 연결하고 있다면, 그때 오디오 광고 멘트를 송출하는 기능. 이어폰 연결신호를 감지하여 징글 광고(오디오 콘텐츠)를 바로 실행하는 것이 아니라 오디오 Push 메시지를 먼저 발송하는 기술.

4) 차별화 4: 멀티미디어 Push

	이어폰연결음 광고 ❌	이어폰연결음 Push 광고 ✅
제품에 대한 핵심기능 정의	✓ 이어폰 연결음 오디오 광고 솔루션 스마트폰에 이어폰을 연결하는 순간 원하는 APP을 실행시키기 전까지의 약 15초 idle time 때 오디오 광고가 자동으로 송출되는 AD system	✓ 이어폰 연결 상황을 인식하는 프리미엄 Push 마케팅 Tool 이용자가 스마트폰의 화면에 가장 주목할 수 있는 이어폰 연결 순간에 오디오/비디오 format을 지원하는 Push notification 메시지를 발송. 기업 고객의 마케팅/홍보툴로 활용
사업화방안	✓ 국내 최초 모바일 오디오 광고 네트워크 플랫폼 광고 SDK를 다수의 제휴 APP에 포팅하고, 광고를 영업/수주하고 SDK를 통해 송출하여 발생된 수익을 쉐어하는 방법	✓ 기업 고객의 APP에 주목도 높은 마케팅 솔루션 공급 사업 광고보다는 멀티미디어(비디오,오디오) 마케팅 지원 Tool로서 SDK를 재개발하여 솔루션 형태로 공급, 활성화 이후 공동 광고 사업을 병행하여 전개하는 전략 추진
문제점에 대한 해결방안 (Solution)	# Problem① : 기술적인 문제 이어폰을 연결하는 순간 오디오 광고가 송출되는 것에 대한 이용자들의 거부감을 극복하기 어려움 # Problem② : BM의 문제 독특하고 효율적인 기술을 확보했음에도 제휴 APP 입장에서는 수익모델로만 접근하는 한계를 나타냄	① 사용자의 행동을 인식한 프리미엄 Push로 전환 이어폰 연결 순간의 사용자 행동을 인식(Context-awareness) 오디오, 비디오 등 멀티미디어 콘텐츠가 포함된 Push 알림을 클릭할때 콘텐츠가 재생되는 방식으로 기능을 개선 ② 기업 고객의 APP 사용자들을 위한 마케팅 Tool로 접근

[멀티미디어 Push 광고기술 개요]

멀티미디어 콘텐츠(오디오·동영상)가 포함된 오디오 Push가 도착되는 방식으로 개선
기존 Push 메시지에 없는 새로운 기능 추가, 오디오 광고 Share 기능, 비디오 첨부 기능, 오디오 첨부가 가능한 새로운 형태의 오디오 Push 기능.

3. 기술개발 준비현황

1) 선행연구 결과 및 애로사항

순번	선행연구	내용
1	오디오 광고 + Push 메시지 결합 형태 광고	- 광고효과 증대를 위해, 오디오 광고와 링크가 포함된 Push 배너 동시 제공 가능한 시스템 기획 완료
2	이어폰연결 "징글" 광고 기법 개발	- 국내유일 특허기술 - 해당 기술을 활용한 베타테스트 사례 확보
3	이어폰연결 "오디오 Push 광고 기법" 개발	- 기술적으로 알파버전을 구현 완료하였으며 베타서비스가 필요한 상태이며, 관련 기술 프로그램 등록 완료

(애로사항) 연구개발 관련하여 가장 큰 애로사항은 일정 규모(100만 다운로드 이상)의 App과 제휴하여 상용화 버전 베타테스트가 필요한 사항인데, 관련 제휴 App을 미리 영업하기 어려운 것이 가장 큰 애로사항임. 관련하여 당사가 KT 관련하여 협력이 가능해 KT 앱서비스 위주로 제안할 예정.

2) 지식재산권 확보 · 회피 방안

국내 유일의 오디오 광고 기술 확보. 이를 바탕으로 오디오 Push 광고 솔루션을 개발하는 등 관련 서비스에 대한 기술적 장벽을 구축하고 있음. 기존 배너광고 시스템관련 특허를 회피하기 위해서 이어폰징글/오디오 Push 기능이 포함된 SDK 개발을 배너광고와의 기능적으로 차별화되고 회피할 수 있는 근거를 제시할 수 있음.

〈개발대상 기술(제품, 서비스 등) 관련 지식재산권〉

지식재산권명	등록국/등록번호
1. 디지털 디바이스에서 오디오 출력장치의 연결신호를 이용한 광고 시스템 및 그 방법	한국/10-1639xxx
2. 리소스 활용 프로그램의 우선순위를 결정하는 시스템 및 방법	한국/10-1631xxx
3. 모바일 오디오 광고 솔루션	한국/2017-032xxx
4. 이어링 SDK 2.0	한국/ASSET_0005xxx
5. ADVERTISEMENT SYSTEM USING CONNECTION SIGNAL OF AUDIO OUTPUT DEVICE IN DIGITAL DEVICE AND METHOD FOR THE SAME	일본/6056xxx
6. ADVERTISEMENT SYSTEM USING CONNECTION SIGNAL OF AUDIO OUTPUT DEVICE IN DIGITAL DEVICE AND METHOD FOR THE SAME	중국/20151024xxx.1 인도네시아/P00201502xxx

3) 기술유출 방지대책

대기업의 상용서비스를 개발하고 운영한 경험이 있으면서, 반기별로 기술유출 방지 및 정보보안 관련 심사를 자체적으로 점검을 진행하고 있고 이동통신사로부터 강력한 점검을 함께 받고 있어 확실하게 정보보안 및 기술유출 방지가 가능.

① 보안관리체계확립: 보안관리규정 제정, 정기보안교육, 보안사고 방지대책 수립
② 참여연구원관리: 보안서약서 작성
③ 연구개발내용결과관리: 연구자료 성과물 무단유출 방지, 기술이전관련 내부규정
④ 연구시설관리: 연구시설 관리지침 수립, 보안장비 설치, 보안구역 지정
⑤ 정보통신망보안관리: 보안관리책임자 및 승인규정, 주기적 데이터백업(일, 주, 월)

4. 기술개발의 목표

1) 개발 최종목표: 국내 최초 네트워크형 모바일 오디오 광고 시스템 및 SDK

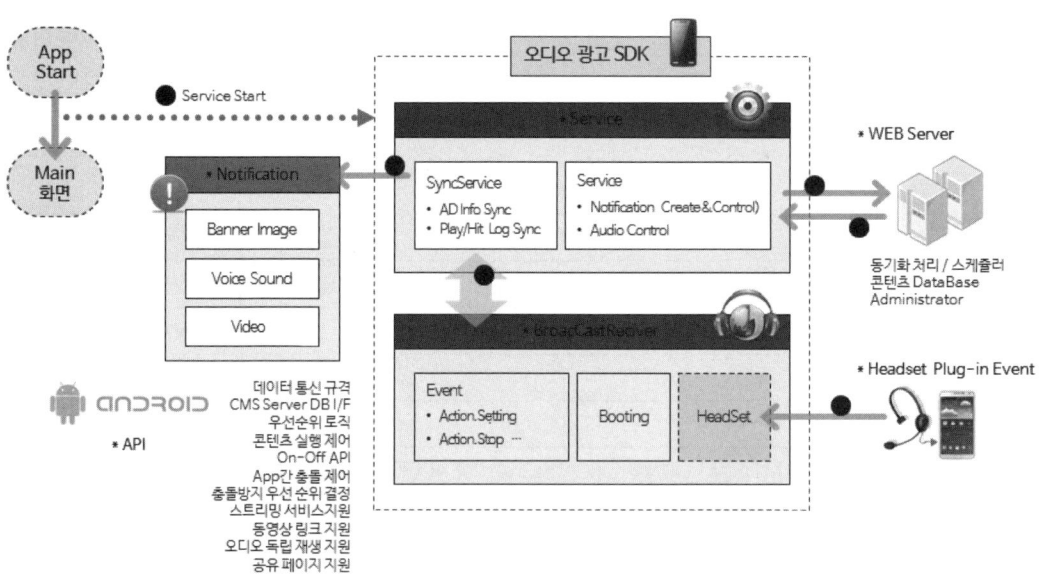

[네트워크형 모바일 오디오 광고 시스템 개략도]

오디오 콘텐츠 매체사가 서비스를 제공하는데 방해하지 않으면서 매체사의 다양한 요구에 유연하게 적용할 수 있는 3가지 형태의 오디오 광고 방식을 제공하여 수익을 창출시킬 수 있는 광고 시스템을 구축하고 그 SDK를 매체사에 제공.

개발내역	내용
시스템 및 서비스 프로세스 개발	오디오 서비스 매체사와 시스템 간 서비스 플로우 개발 광고주와 시스템 간 서비스 플로우 개발 오디오 광고 청취 시 Push메시지가 함께 제공되는 광고 상품 개발
3가지 차별화된 모바일 광고 기법 적용	① 인스트림 프리롤 광고 기술: 오디오 콘텐츠 실행 전 광고 송출 기술 ② 이어폰 징글 광고 기술: 이어폰연결 시 5초 내외 오디오 광고 송출 ③ 오디오 Push 광고 기술: 이어폰연결 시 Push & 클릭 시 광고 송출 오디오 광고물 type(포맷, 길이, 용량 등), 부가광고물인 Push 광고물 (배너 이미지, 포맷, 용량, 사이즈), URL 첨부, 동영상 첨부 조건 정의
네트워크형 오디오 광고 SDK 개발	○ SDK 규격서, 리소스 파일 개발 - API Sync 기능(광고리스트, 조건, 청취/클릭로그, Config, 미디어파일) - 오디오 Play 관련 기능, 로그 데이터 처리 기능 - 오디오 광고물 결합 커스텀 Push 기능(재생, 중지, 공유, 링크)
API & Back Office 개발	① App Sync(System Config, App 인증, Managed App, 광고리스트 등) ② SDK 실행 로그 데이터 전송(Play, click, plug-in 등) ③ 광고 DB, 매체사/광고주 관리, 광고관리, 환경설정 ④ 광고리포트, 정산시스템

〈성능지표 목표 및 측정방법〉

주요 성능지표 개요					
주요 성능지표	단위	최종 개발목표	세계최고수준 (보유기업/보유국)	가중치(%)	측정기관
1. SDK 지원 OS 버전	OS 버전	Android 7.0 이상	Android 4.0 (iab/미국)	5%	자체평가
2. SDK에서 지원하는 오디오 광고 Type	건수	인스트림(프리롤) 광고와 이어폰연결 Push 광고 3개 이상	-	25%	TTA 등과 같은 공인인증기관
3. SDK 통해 광고 인벤토리에서 선택할 수 있는 인스트림(프리롤) 오디오 광고 Type	건수	광고 인벤토리 중 2개 이상	-	25%	TTA 등과 같은 공인인증기관
4. 오디오 광고 시스템 광고물 관리 기능 데이터베이스 응답속도	초	Max 2초 이내	500ms (Oracle/미국)	10%	TTA 등과 같은 공인인증기관
5. 인스트림(프리롤) 오디오 광고 로딩 속도	초	Max 2초 이내	500ms (Oracle/미국)	10%	TTA 등과 같은 공인인증기관
6. 인스트림 오디오 광고 실행 시 Push 광고 동시 노출 시간	초	Max 2초 이내	-	5%	TTA 등과 같은 공인인증기관
7. 서비스 이용고객의 정보 수집없는 오디오 광고 노출 기본 타겟팅 조건 건수	건수	조건 Min 2건 이상	-	10%	TTA 등과 같은 공인인증기관
8. 서버에서의 DATA 처리 용량	Mbyt/5분	5Mbyte/5분	무제한 (Amazon/미국)	5%	TTA 등과 같은 공인인증기관
9. 최종 SDK 용량	MByte	최대 3MByte 이상	-	5%	자체평가
※ 수행기관 자체 측정 지표 사유: 완성된 SDK 및 APK를 설치하여 구동된 되면 확인 가능					

주요 성능지표	시료정의	측정시료 수 (n≥5개)	측정방법 (규격, 환경, 결과치 계산 등)
		시료 정의 및 측정방법	
1. SDK 지원 OS 버전	SDK를 적용한 테스트용 안드로이드 APK 파일	1	APK 파일: SDK 적용한 테스트용 파일, 테스트폰: Android OS Ver 7.0 설치 스마트폰, 테스트폰에 APK 파일을 설치하고 실행하여 오디오 광고물이 정상적으로 노출이 되는지 확인, 예상결과치: 에러 없는 정상적인 구동
2. SDK에서 지원하는 오디오 광고 Type	테스트 APK에 적용된 오디오 광고물 3가지	인스트림 광고 이어폰 연결/ Push 광고	인스트림(프리롤)광고물, Push광고물, 테스트 APK, 광고물, 이어폰, 각 3가지 형태의 광고물이 APK 실행이벤트/이어폰 연결이벤트 시 광고 노출되는지 확인, 예상결과치: APK에서 인스트림광고 3가지, 이어폰연결 Push 광고 3가지 광고 정상 노출
3. SDK 통해 광고 인벤토리에서 선택할 수 있는 인스트림(프리롤) 오디오 광고 Type	SDK에서 2가지 형태의 인스트림 광고 중 1개씩 적용된 3개의 테스트 APK	6 (1회~3회용)	인스트림 광고물 6건 준비(15초, 20초, 30초), 테스트폰, 각광고SDK가 적용된 테스트APK 3건, 각 APK을 실행하여, 인스트림광고가 연속적으로 몇 개까지 나오는지 확인, 예상결과치: SDK를 통해서 인스트림 광고 Type을 적용한 APK별로 광고 1회노출, 2개 연속 노출, 3개 연속노출 정상 작동
4. 오디오 광고 시스템 광고물 관리 기능 데이터베이스 응답 속도	WEB 광고관리자에서 등록 가능한 광고물 5가지	5	인스트림 광고물 3건, Push 광고물 2건, Web 기반 오디오 광고물관리시스템, Web 관리자로 접속하여, 5가지 광고물을 등록하고, 수정하고, 삭제할 때 DB 저장속도를 체크함. WEB과 DB 서버에 웹로그 모니터링 프로그램을 설치하여 설치시간 확인, 예상 결과치: 3가지 기능 모두 저장/확인 등 완료버튼 클릭 시 DB에 2초 내에 update 처리
5. 인스트림(프리롤) 오디오 광고 로딩 속도	SDK테스트앱에서 적용한 광고물 5가지	5	인스트림 광고물 5건, 테스트폰, 테스트 APK, 테스트 앱을 실행시켜, 오디오 광고물 호출 이벤트를 발생시켜 로딩 속도 체크, API 연결 처리 결과 관련 모니터링 프로그램 설치로 확인, 예상결과치: 이벤트 호출시 2초 이내 광고노출
6. 인스트림 오디오 광고 실행시 Push 광고 동시 노출 시간	SDK테스트앱에서 적용한 광고물 5가지	5	인스트림광고물 5건, Push광고물 5건, 테스트폰, 테스트 APK, 테스트앱을 실행시켜, 오디오 광고물 호출 이벤트를 발생, 인스트림광고가 노출되면서 동시에 Push광고가 도착되는 시간 확인, 예상결과치: 2초 이내 Push 광고노출
7. 서비스 이용고객의 정보 수집 없는 오디오 광고 노출 기본 타겟팅 조건 건수	WEB 광고관리자에 광고등록 시 설정가능한 타겟팅설정 메뉴	5	광고물 1개, 5가지 시간대/이용횟수 타겟팅, 테스트폰, 타겟팅 설정 가능한 테스트 APK, 광고관리자에 테스트 APK의 시간대/이용횟수 기능을 확인, 예상결과치: 타겟팅에 의한 광고노출
8. 서버에서의 DATA 처리 용량	스트레스 테스트 프로그램	5	스트레스테스트 시료 5가지(1~6M 트래픽), 테스트 서버, 스트레스 테스트 프로그램, 스트레스 테스트를 통해서 5분 내 평균 트래픽처리 용량을 확인, 예상 결과치: 5MB/평균 5분 정상 처리
9. 최종 SDK 용량	SDK	1	완성된 SDK의 라이브러리를 제외한 용량 확인

※ 시료 수 5개 미만(n<5개) 지표 사유: 최종 결과물로 1개의 시료만 존재함

2) 기술개발 내용

(1) 하나의 SDK에 3가지 오디오 광고 기법을 통합 탑재한 솔루션 정의 및 개발

	광고기법	내용	비고
네트워크형 모바일 오디오 광고	오디오 인스트림	유튜브의 프리롤 광고처럼, 오디오 콘텐츠 실행 전, 실행 중에 노출되는 15초~30초 이내의 오디오 광고	
	오디오 징글	이어폰연결 시, 통화연결음처럼 5초 정도의 오디오가 노출되는 광고	특허기술확보
	오디오 Push	이어폰연결 시 시간대 타겟팅하여 Push 메시지가 도착, 클릭 시 15초~30초 내외의 오디오 광고 노출	저작권확보

① 3가지 형태의 광고기법을 통합 제공하는 SDK/API 개발
② 매체앱에서 원하는 형태의 광고기법을 선택/활용할 수 있는 규격서 제공
 - 매체의 특성에 따라서 3가지 오디오 광고 기법을 선택적으로 적용하여
 - 유저들이 매체 이용 시 SDK가 광고노출 요청에 따라 자동으로 광고 송출
③ (광고주 측면) 3가지 타입의 광고를 선택적으로 집행할 수 있는 광고관리 시스템
 - 광고주는 하나의 광고등록 포맷에 따라 광고물을 등록하고, 타겟팅 조건을 입력
 - 결제조건에 따라 광고비를 충전하여 광고집행, 결과리포트 제공

(2) 오디오 광고 타입 정의

구분		내용/규격	비고
오디오 광고 SET Type	기본 오디오 광고물 (음원)	- 포맷: MP3 - 길이: 15초, 20초, 30초(인스트림, Push), 5초(징글) - 용량: 최대 1 Mbyte	인스트림용 징글용 Push용
	부가 광고물	- 이미지: Push용, 배너용, 포맷: Png, 사이즈 446*197 - 동영상: MP4형태(10Mbyte 이하) - 광고주페이지 ULR 및 광고문구 2가지 타입	세 가지 활용

기본적으로 오디오 광고는 오디오음원과 배너이미지, 텍스트, 링크URL 및 동영상 파일 5가지로 구성되며, 광고주가 요청하는 광고상품에 따라서 광고물 세부내역을 등록할 수 있도록 광고관리자 시스템을 구성함. 이후, 제휴 매체앱군이 늘어나서 매체앱의 광고노출 형태의 변경 요구사항을 반영하여 광고물 규격이 변동될 수 있기 때문에 수정 요구사항이 반영될 수 있도록 시스템 설계.

(3) 광고 노출 조건 정의 및 설계
① 광고주의 타겟팅 및 조건 선택 기능
 - 광고주가 매체나 시간대 등을 선택하여 광고 집행할 수 있음. 노출할 매체 선택
 - 광고집행 조건 선택: 광고상품 선택(인스트림, 징글, 오디오Push), 교차 가능
 - 광고종료 조건: 광고비 소진 조건, 정해진 기간 조건 등 2가지 중 선택

② 매체조건 선택기능(SDK에 포함)
 - 매체에서 3가지 타입 중 노출하고자 하는 광고상품 선택 가능
 - 인스트림 광고의 경우 광고길이, 광고 연속노출 설정 기능에 대한 정의 필요
③ 시스템 조건 설정
 - 인스트림 광고 매체 중복 광고노출 방지 기능
 - 인스트림 광고 최대 연속노출 기능(최대 4개까지 연속노출)
 - 유저당 日 최대 광고노출 건수 제한 등 정의

(4) SDK 세부 구성 기술 개발 방법

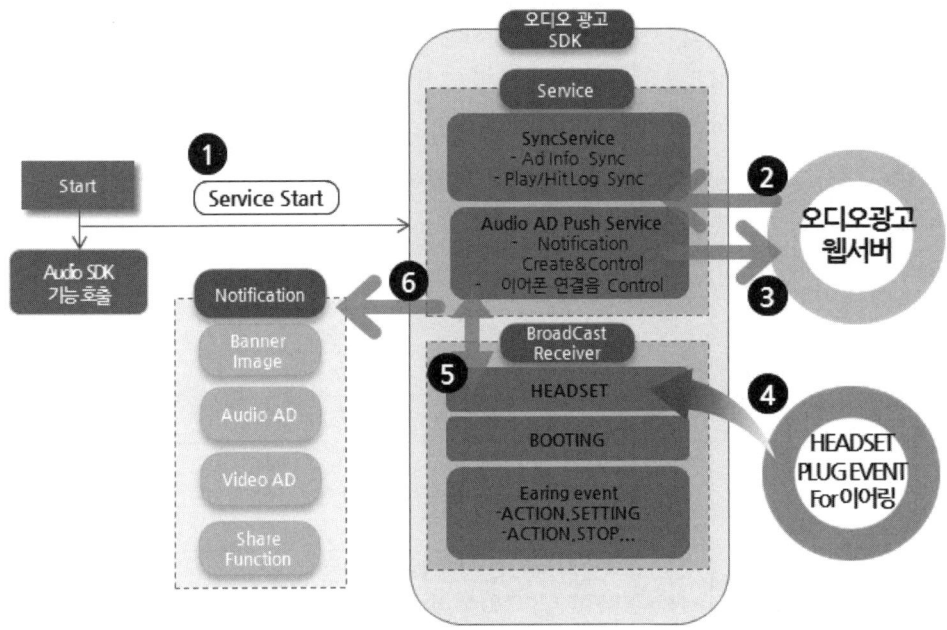

① 오디오 광고 API Sync 기능: 광고리스트, 광고조건, 청취 로그, 알림 클릭 로그, SDK Config, 미디어(음원, 배너) 실행
② 오디오 출력 장치에 음원 출력 기능: 음원 재생
③ 시스템 커스텀 알림 기능: 이미지 배너 및 콘텐츠(동영상, URL)링크
④ 오디오 Push 커스텀 뷰: 음원 Player(중지/재생), 미디어(음원) 공유, 비디오링크
⑤ 로그 통계 데이터: 일자별, 주별, 시간대별, 매체별, 광고별
⑥ 이어폰연결음 광고 처리
 - SDK는 APPLICATION 단에 존재하는 APP 내에 탑재, Components 중 Servcie, BroadcastReceiver를 Intent로 Event를 전달, 안드로이드 Notificaton으로 생성 노출, Mediaframework을 사용 Sound 출력

(5) 시스템 구성도 및 API 서비스 흐름도

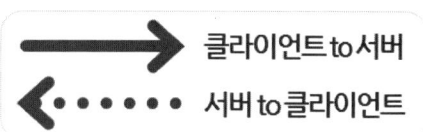

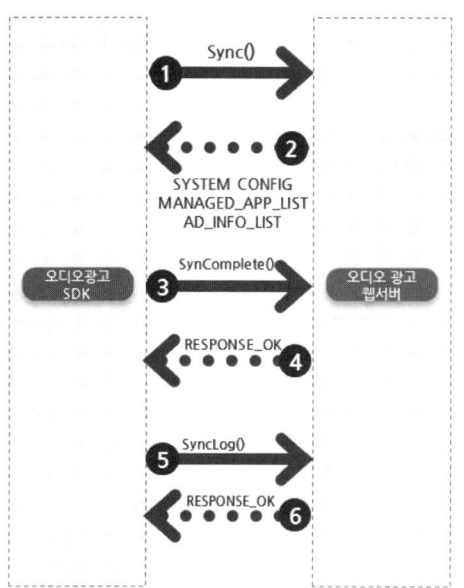

1. SDK에서 필요한 광고 및 System config 데이터를 요청한다.
2. 웹서버에서 클라이어트에 데이터 전달한다.
   - APP 인증 체크
   - System Config 데이터
   - MANAGED APP LIST
   - 광고 정보 리스트
   - Sound(.mp3) , Banner Image (.png) 다운로드
3. 클라이언트에서 Data Sync가 완료됨을 서버에 전달한다.
4. 클라이언트로부터 데이터 Receive 완료되었음을 알린다.
5. SDK 실행관련 Log 데이터를 서버로 전달한다.
   - 음원 실행관련 Play log
   - Banner 이미지 Click여부를 나타내는 Hit log
   - 이어폰 연결관련 PlugIn log
6. 클라이언트로부터 데이터 Receive 완료되었음을 알린다.

[API 연동 흐름도]

3) 수행기관별 업무분장(주관기관 단독)

수행기관	담당 기술개발 내용	기술개발 비중(%)

주관기관	- **신규 오디오 광고 시스템 및 서비스 프로세스 개발**
	  → 오디오 서비스 매체사와 시스템간 서비스 플로우 개발
	  → 광고주와 시스템 간 서비스 플로우 개발
	  → 오디오 광고 청취 시 Push 메시지가 함께 제공되는 광고 상품개발
	- **특허기술 활용 오디오 광고물/부가광고물 형태 및 노출방법 개발**
	  → 오디오 광고물 type(포멧, 길이, 용량 등)
	  → 부가광고물인 Push 광고물(배너이미지, 포맷, 용량, 사이즈)
	  → URL첨부, 동영상첨부 조건
	  → 인스트림 프리롤 광고: 팟캐스트 콘텐츠 실행 전 광고 송출
	  → 이어폰연결음 광고 방법: 이어폰연결 시 5~10초 광고 송출
	  → 이어폰연결 오디오 Push 광고: Push & 클릭 시 광고 송출
	- **네트워크형 오디오 광고 SDK 개발**
	  → SDK 규격서, 리소스파일 개발
	  → API Sync 기능(광고리스트, 광고조건, 청취로그, 클릭로그 등)
	  → 오디오 Play 관련 기능, 로그데이터 처리
	  → 오디오 광고물 결합 커스텀 Push 기능(재생, 중지, 공유, 링크)
	  → 특허기술 활용한 오디오 출력장치 연결 신호감지 및 SDK 적용
	- **오디오 광고 API 개발**
	  → App Sync(System Config, 인증, 광고리스트 등)
	  → SDK 실행 로그 데이터 전송(Play, click, plug-in 등)
	- **오디오 광고 관리 Back-Office 개발**
	  → 광고 DB 구축, 광고 관리 시스템, 광고등록/수정/삭제, 환경설정
	- **오디오 광고 리포팅 시스템 개발**
	  → 광고로그/리포트, 정산시스템
		100%

4) 세부 추진일정

세부 개발내용	수행기관 (주관/참여/위탁 등)	1	2	3	4	5	6	7	8	9	10	11	12	비고
1. 계획수립 및 자료조사	주관	■												
2. 전체 시스템 요구사항 정의	주관		■											
3. 오디오 SDK 기능 설계	주관			■										
4. API 기능 설계	주관				■									
5. 광고관리자 시스템 설계	주관					■								
6. 리포트 시스템 설계	주관						■							
7. 서버 및 DB 구축	주관					■	■							
8. 오디오 SDK 디자인/코딩	주관						■	■						
9. API 디자인/코딩	주관							■	■					
10. 광고관리자 디자인/코딩	주관								■	■				
11. 리포트 시스템 디자인/코딩	주관									■	■			
12. 단위 테스트 & 통합테스트	주관										■			
13. TTA 공인 시험인증	주관										■	■		
14. 전체 수정 보완	주관											■		
15. 개발내역 문서화 처리	주관												■	
16. 보고서 작성	주관												■	

5. 주요 연구인력

성 명 (구분)	경력사항			전 공 (학위)	최종학력
	연 도	기 업(관) 명	근무부서/직위		
○○○ (과제책임자)		○○○	사업총괄/이사	○○○학	학사
		○○○	사업총괄/부장		
○○○ (핵심개발자)		○○○	개발/부장	○○○학	학사
		○○○	개발/과장		
○○○ (핵심개발자)		○○○	개발/과장	○○○학	학사
		○○○	개발/대리		
○○○ (핵심개발자)		○○○	개발/사원	○○○학	학사
		○○○	개발/사원		

6. 연구시설·장비보유 및 구입현황

구분		시설 및 장비명	규격	구입 가격* (백만 원)	구입 년도	용도 (구입사유)	보유기관 (참여형태)
기보유 시설· 장비	자사 보유	Lenovo Thinkstation P500 with 650W PSU	1T SATA 3.5" 7200rpm			개발서버	(주관기관)
		조립PC_INTEL_TB	Intel(R) Core(TM)2 CPU 6300 @1.86GHz			개발서버	
		DL320e Gen8 v2	E3-1231V3			운영서버	
		TX600 S3	240 Pin 1.8v DDR2 PC2-3200 ECC Registered Dimm			DB서버	
		TS-421	QTS 4.0			NAS서버	
		개발/테스트용 PC	35대			개발용	
		소계					

7. 사업화 계획

1) 사업화 실적

사업화 품목명 (사업화 연도)	품목용도	품질 및 가격경쟁력	수출여부	판매채널 (온·오프라인)
시스템 개발(20xx)	SW개발	고객 서비스를 위한 스템으로 국내 시장에서 개발 경쟁력 등 품질 수준 우위	내수	서비스 활용 (매출 0.0억)

2) 국내·외 시장규모

〈현재 및 미래의 국내·외 시장규모: 모바일 오디오 광고시장〉

(단위: 억 원)

구 분		현재의 시장규모(2016년)	예상 시장규모(2020년)
모바일오디오 광고시장	세계(미국)	1,365억 원	4,740억 원
	국내	100억 원	375억 원
산출근거		국내시장: 2014년 12월 코바코 광고매출 조사 자료 2016년 팟빵/SBS등 주요 모바일 오디오 광고 사업자 미팅 조사 세계시장(미국): 2016년 IAB(Interactive Advertising Bureau) 자료	

(1) 해외 모바일 오디오 광고 시장

美 팟캐스트 광고 매출, 지난해보다 85% 증가한 2,500억 규모 예상, 연평균 15% 내외로 지속 성장 미국의 인터넷 마케팅/광고 산업의 중추 역할을 수행하는 IAB(Interactive Advertising Bureau)가 최근 발표한 바에 의하면 2017년 팟캐스트 광고 수익이 2억 2천만 달러(약 2,500억 원)에 이를 것으로 전망. 이는 지난해 1억 1,900만 달러(약 1,365억 원)에 비하면 85%가량 증가한 규모. 팟캐스트 광고 규모는 2020년 3억 9500만 달러까지 늘어날 것으로 예상됨.

(2) 국내 모바일 오디오 광고 시장

국내 모바일 오디오 광고는 2015년부터 SBS/MBC 디지털 라디오앱을 중심으로 시작되었으며, 여기에 팟캐스트앱이 등장하면서 시장을 형성하기 시작함. 팟캐스트앱 1위 사업자인 팟빵이 가세하면서 시장규모가 조금씩 늘어가고 있음. 2016년 디지털라디오앱과 팟빵 등 주요 관계자 미팅을 통해 모바일 오디오 광고 시장규모를 파악하였음.

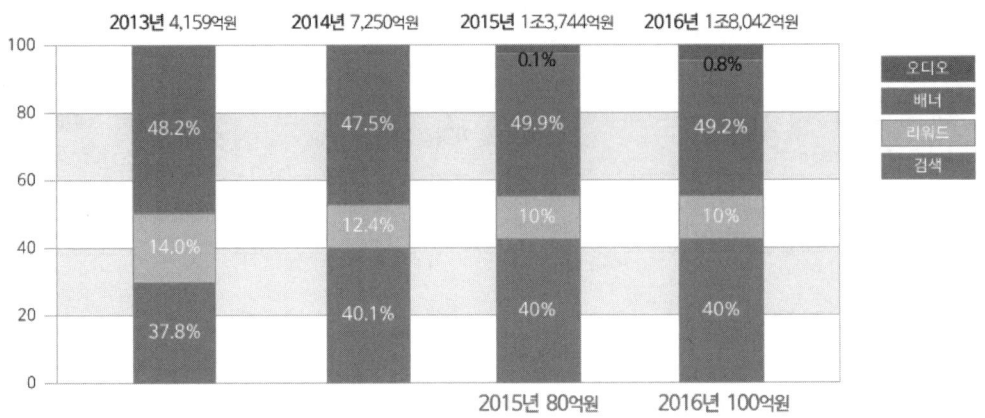

[국내 모바일 광고 시장 규모, 오디오 광고 시장규모]

(3) 목표시장: 과제 종료 후 1년차 약 177억 원 시장

구분	2018년	점유율	2019년	점유율	2020년	점유율	2021년	점유율	2022년	점유율	비고
팟캐스트 프리롤 광고	60	54%	72	58%	86	61%	104	62%	124	57%	연평균 20% 성장
라디오앱 중간 광고	28	25%	30	24%	33	24%	37	22%	40	19%	연평균 10% 성장
팟캐스터 중간 광고	33	29%	42	34%	55	39%	71	43%	93	43%	연평균 30% 성장
네트워크형 오디오광고	-	0%	-	0%	2	1%	13	8%	42	19%	
오디오 광고 전체 시장	120		145		177		225		300		

[국내 모바일 오디오 광고 시장 성장률 예상]

스마트폰 라디오앱인 SBS고릴라앱과 MBC미니앱의 인터넷, 모바일 광고 대행사인 (주)BR캠페인 담당자에 따르면 SBS와 MBC 모바일앱 라디오의 음성광고 매출이 월 평균 약 1억 원 내외라고 하여 양사 합계 연간 25억 원정도 규모이며, 팟빵서비스 운영사의 (주)팟빵 담당자에 따르면 팟캐스트 서비스를 통한 라디오형 음성광고 매출은 한 달 평균 1~2억 원 정도로 연간 20억 원으로 추정됨.

3) 국내·외 주요시장 경쟁사

〈국내·외 주요시장 제휴/경쟁 대상〉

주요제휴/경쟁대상	제품명	판매가격(백만 원)	연 판매액(백만 원)
㈜팟빵	15초 프리롤	건당 20원	2,000
SBS콘텐츠허브	20초 오디오 광고	월정액 500만 원	2,000
iMBC	20초 오디오 광고	월정액 500만 원	1,000
팟캐스터제작자	40초 오디오 광고	회당 50~80만 원	4,500

현재 국내에서 오디오 광고상품을 플랫폼에 적용하여 판매하는 곳은 팟빵과 SBS콘텐츠허브, iMBC 등 3개가 있으며, 팟캐스트용 콘텐츠를 공급하는 개별 팟캐스터들이 직접 광고상품을 판매하고 있음. 이들은 경쟁상대이기도 하지만 "네트워크형 모바일 오디오 광고 솔루션"을 활용할 수 있는 제휴사업처나 협력사업체로 관계로 발전시킬 가능성이 더 크다고 할 수 있음.

4) 제품화 및 양산, 판로개척

(1) 제품화(Product): 국내 최초 네트워크형 모바일 오디오 광고 플랫폼

구분	내용	비고
SDK 제품구성	1) [문서1] 모바일 오디오 광고 SDK 서비스 소개서 2) [문서2] 모바일 오디오 광고 SDK 연동규격서 3) [라이브러리] 네트워크형 모바일 오디오 광고 SDK(jar) [리소스] 커스텀 레이아웃 및 아이콘,[API 통신 포맷 라이브러리](jar), 샘플소스	매체사 제공용
Back-office 제품구성	1) 광고매체 관리 시스템, 광고물 등록 관리 시스템(운영사용) 2) 광고 리포팅 시스템(광고대행사용 → 광고주 전달), 광고비 수익 정산 시스템	매체사용 광고주용
서버	자체서버를 구성하여 Back-office를 개발하여 운영	
제품용도	1) 모바일 오디오 콘텐츠 사업자의 오디오 광고 공급 플랫폼 2) 광고주에게 기존 라디오 광고 대비 효율성이 높고 정확한 리포팅을 제공	

(2) 마케팅 전략

구분	내용	비고
초기 시장침투	1) 이어폰징글, 오디오 Push 기능 베타테스트 　　40만 다운로드앱 "기가기프트"앱에 탑재(개발기간 내) 2) 인스트림 오디오 광고: 국내 1개 라디오앱과 제휴하여 베타진행(개발완료 후) 　　개발완료 후, 개발된 SDK를 공개하여 오픈하여 누구나 이용 가능하도록 함. 　　라디오/오디오/팟캐스트 분야 10개 APP개발에서 e-mail과 전화를 통해 제휴 추진. 　　제휴하기 위해서는 베타테스트 완료 후, 개발 완성된 SDK와 테스트 광고물 필수	베타 테스트
매체사 영업/제휴	1) 오디오 분야 매체사 채널 - 음악 & 오디오 분야 앱 약 100여 종 　가. 팟캐스트(팟티, 오디오클립, 더블팟, 올캐스트 등) 　나. 디지털 라디오(콩, 고릴라, 미니, 라디오팟, 한국FM 등) 　다. 뮤직(노래방, 뮤직플레이어, 무료음악 등)	상용화
광고주 영업	1) 광고주는 국내 모바일 미디어렙사 제휴하여 확보 　나스미디어, 인크로스, 메조미디어, 작시스, DMC미디어, 크로스미디어	매우 용이
광고비 정책	1) 광고상품별 광고비(저렴하고 합리적) 　가. 인스트림(프리롤) 광고: 15~30초 - 15초 완청 기준 20원 　나. 이어폰연결 Push 광고: CPC - Push 클릭당 50원 　다. 이어폰연결음 광고: 5~10초 - 노출당 10원 2) 매체사와의 수익쉐어 　가. 매체 : 광고대행사 : 운영사 = 50% : 20% : 30% 　나. 서비스운영사 : 시스템 운영사 = 20% : 10%	일반적 모바일 상품가격

(3) 매체사 제휴 영업 및 광고주 영업 방안(판로확보) 상세

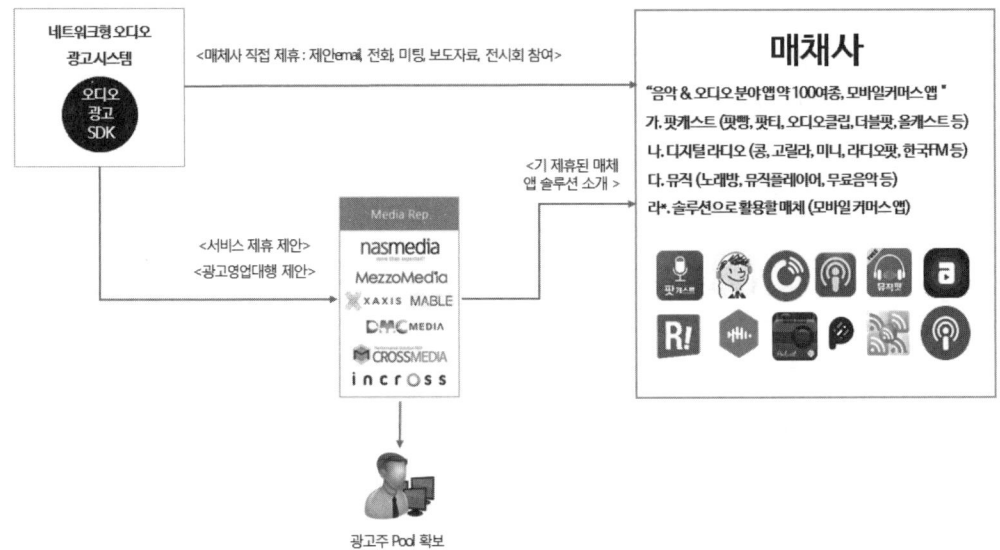

타겟 매체사로 팟캐스트앱, 디지털라디오, 뮤직 관련 매체사 100여 종이 넘게 있으며, 이 중 100만 건 이상 다운로드 기록한 앱을 위주로 직접 제휴 진행. 제휴 진행 방법은 확정된 매체수수료(50%)를 제시하고 광고물 확보 가능성을 어필함. 팟캐스트앱, 디지털라디오앱, 뮤직앱이 주요 대상이며, 광고가 아닌 매체사의 자체 솔루션으로 도입하고자 하는 매체사에도 제안 병행.

미디어렙사는 이미 다양한 매체사와 제휴되어 모바일 배너 광고 SDK를 공급하고 있고, 분야별 광고주를 확보하고 있어 사업에 있어서 중요한 파트너가 됨.

(4) 비즈니스 모델 및 수익분배 모델

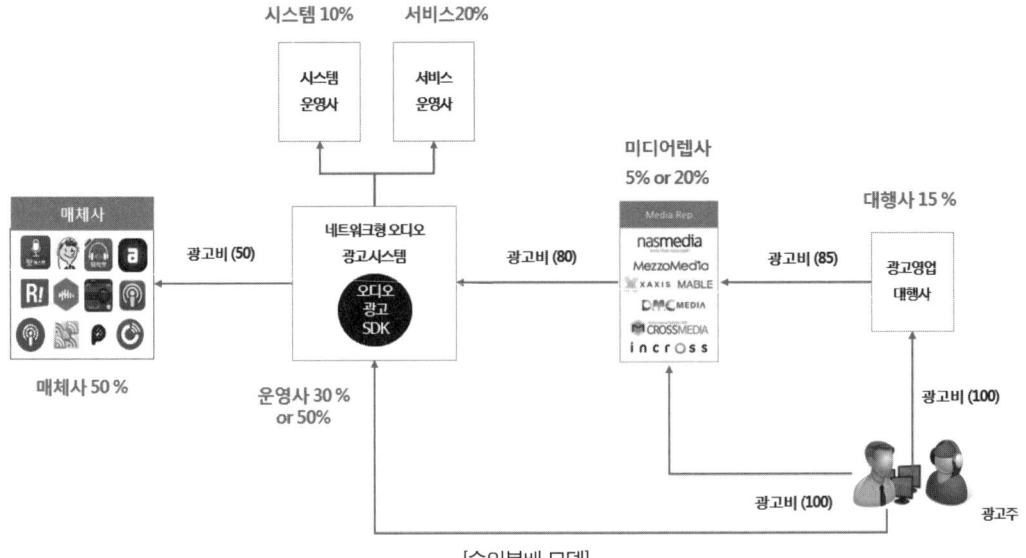

[수익분배 모델]

(5) 기술개발 후, 주요 제휴처 목표

시스템의 주요 제휴처는 매체사와 미디어렙사로 구분됨. 매체사를 직접 제휴 추진을 우선으로 하여 유력한 3개 내외의 제휴처를 확보하고, 동시에 미디어렙사와 제휴를 추진함. 미디어렙사는 초기에는 1개의 미디어렙사와 제휴하여 광고 영업 관련 우선권을 제공하는 것이 바람직함. 어느 정도 초기 참여 사업자에 대한 혜택을 제공해야 함. 관련하여 런칭 후 1년간 프로모션을 계획하고 있음.
- 매체사 프로모션: 매체수수료 70% 지급(20% 증가)(최초 6개월간)
- 광고주 프로모션: 광고비 대비 100% 추가 광고 집행(1+1)
- 광고대행사 프로모션: 광고 대행수수료 30% 지급(10% 증가)

〈기술개발 후 국내·외 주요 판매처 현황 - 미디어렙사(광고대행역할)〉

제휴처 (미디어렙사)	국가명	판매 단가 (천 원)	예상 연간 판매량(개)	예상 판매기간(년)	예상 총판매금 (천 원)	관련제품
nasmedia	대한민국	2,000	200	5	2,000,000	오디오 광고대행
incross	대한민국	2,000	150	5	1,500,000	오디오 광고대행
XAXIS	대한민국	2,000	100	5	1,000,000	오디오 광고대행
CROSSMEDA	대한민국	2,000	100	5	1,000,000	오디오 광고대행
DMCMEDIA	대한민국	2,000	50	5	500,000	오디오 광고대행
MezzoMedia	대한민국	2,000	50	5	500,000	오디오 광고대행
기타		2,000	400	5	4,000,000	
합계		2,000	1,050	5	10,500,000	

※ 광고단가 근거: 평균 광고의뢰비 건당 200만 원 산정(실제 광고요청 접수에 따른 근거)
  미디어렙사 제휴순으로 예상 판매 건수 목표치 설정
※ 오디오 광고상품의 판매 가능성 확인 - "미디어렙사로부터의 광고요청 접수"

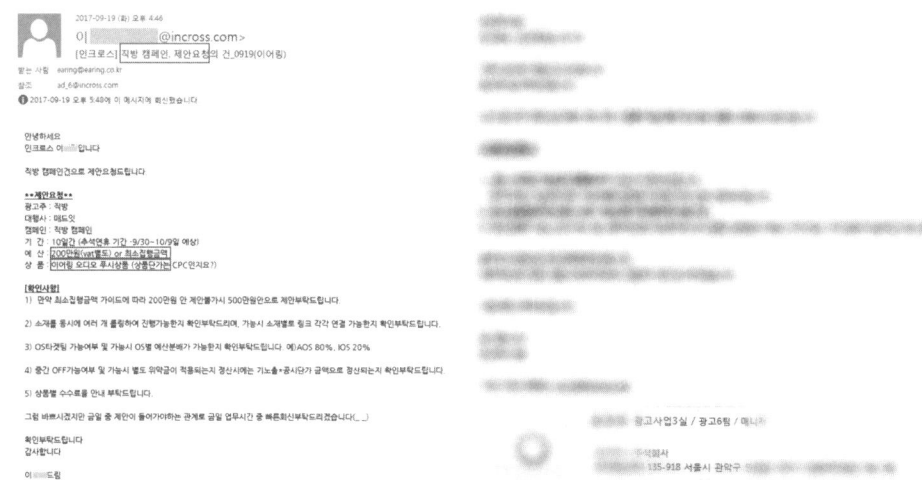

실제, 최근 미디렙사 incross로부터 오디오 광고 집행 요청 온 메일(2월 1일 접수)

(6) 사전 시장조사

관련하여 이미 나스미디어와 incross에는 오디오 광고 모바일 광고 상품 및 서비스를 소개하였음. 최근 미디어렙사인 incross로부터 오디오 광고 집행 관련 요청을 접수하였음. 광고주는 "직방"이며, 테스트 광고비로 200만 원을 책정하여 광고를 집행하고자 하는 메일을 접수받았음.

그뿐만 아니라, 오디오 광고 관련하여 XAXIS 관계자와 미팅을 하여 소개한 사실이 있으며, XAXIS 관계자의 경우, 해당 솔루션을 통해서 독점적으로 제휴하여 사업을 추진해 보자는 의견도 제시하였음. 이는 미디어렙사에서도 모바일 오디오 광고에 대한 시장성을 긍정적으로 평가하고 있는 방증이며, 향후 다양한 솔루션에 대해서도 많은 관심을 보일 것으로 예상할 수 있음.

(7) SWOT 분석

외부환경 \ 내부환경		강점(S) • 오디오 광고 기술 특허기술 확보 및 선행기술의 검증결과 확보 • 대기업 프로젝트 참여 경험	약점(W) • 오디오 광고 기술 초기진입 • 오디오 콘텐츠 서비스 경험부족
기회 (O)	• AI음성기반 서비스 확대 • 팟캐스트 등 오디오 서비스 성장	(SO) • 핵심기술 확보 및 대기업 프로젝트 경험을 통해, 상용화 가능한 솔루션을 안정적으로 개발하여 대기업/중소기업 제휴를 통해 시장확장	(WO) • 오디오 콘텐츠 사업자와 상생 모델을 꾸준히 발전시켜 관련 생태계 조성에 기여
위협 (T)	• 초기 시장 태동단계	(ST) • 시장초기 단계로, 빠른 개발/베타테스트 및 유연한 대처를 통해 초기시장 선점	(WT) • 제휴를 통한 시장 확대 및 관련 업계 동반 성장을 위해 초기 프로모션을 추진하여 시장확대에 주력

5) 투자 및 판매계획

20xx년 개발완료 후 20xx년부터 사업화를 진행하고자 함. 20xx년 오픈 시에는 테스트 및 프로모션 기간으로 6개월간 무료 진행을 하고 7개월째부터 광고 매출이 발생할 것으로 예상.

1차년도에는 최대 4개의 매체사를 제휴하여 광고 사업을 진행하며, 광고상품은 Ⓐ 인스트림 광고, Ⓑ 이어폰연결 징글 광고, Ⓒ 이어폰연결 오디오 Push 광고를 판매하여 최초 월 2,500만 원 정도의 매출을 기대함.

이를 기반으로 3년간 매출을 추정하면 아래와 같음.

<사업화 계획 및 기대효과>

구 분		(20xx)년 (기술개발 전년)	(20xx)년 (개발종료 해당년)	(20xx)년 (개발종료 후 1년)	(20xx)년 (개발종료 후 2년)
사업화 제품		개발단계	모바일오디오 광고	모바일오디오 광고	모바일오디오 광고
투자계획(백만 원)		100	300	500	500
판매 계획 (백만 원)	내 수	-	2,00	1,200	4,200
	직접수출	-	-	-	-
	간접수출	-	-	100	500
	계	-	2,00	1,300	4,700
비용절감(백만 원)		-	-	-	-
수입대체(백만 원)		-	-	-	-

※ 산출근거

→ 20xx년 국내 매출 목표: 2억 원

1) 2019년 매출목표 : 2억원 (단위 : 천원)

구분	비고	1월	2월	3월	4월	5월	6월	7월	8월	9월	10월	11월	12월	누적합계
제휴매체수	-	1	1	1	2	2	2	3	3	3	4	4	4	4
1. 인스트림광고매출	20원	프로모션 무료 테스트 기간						10,000	11,000	12,100	15,000	16,500	18,150	82,750
2. 이어폰연결 Push 매출	50원							10,000	11,000	12,100	15,000	16,500	18,150	82,750
3. 이어폰연결음 징글광고 매출	10원							5,000	5,500	6,050	7,500	8,250	9,075	41,375
매출액 합계	100%	1	1	1	2	2	2	25,003	27,503	30,253	37,504	41,254	45,379	206,875
매출총이익	20%	0	0	0	0	0	0	5,001	5,501	6,051	7,501	8,251	9,076	41,375

→ 20xx년 국내 매출 목표: 12억 원

2) 2020년 매출목표 : 12억원 (단위 : 천원)

구분	비고	1월	2월	3월	4월	5월	6월	7월	8월	9월	10월	11월	12월	누적합계
제휴매체수	-	6	6	6	8	8	8	10	10	10	12	12	12	12
1. 인스트림광고매출	20원	25,000	27,500	30,250	30,000	33,000	36,300	40,000	44,000	48,400	50,000	55,000	60,500	479,950
2. 이어폰연결 Push 매출	50원	25,000	27,500	30,250	30,000	33,000	36,300	40,000	44,000	48,400	50,000	55,000	60,500	479,950
3. 이어폰연결음 징글광고 매출	10원	10,000	11,000	12,100	15,000	16,500	18,150	20,000	22,000	24,200	25,000	27,500	30,250	231,700
매출액 합계	100%	60,006	66,006	72,606	75,008	82,508	90,758	100,010	110,010	121,010	125,012	137,512	151,262	1,191,600
매출총이익	25%	15,002	16,502	18,152	18,752	20,627	22,690	25,003	27,503	30,253	31,253	34,378	37,816	297,900

→ 20xx년 국내 매출 목표: 42억 원

3) 2021년 매출목표 : 42억원 (단위 : 천원)

구분	비고	1월	2월	3월	4월	5월	6월	7월	8월	9월	10월	11월	12월	누적합계
제휴매체수	-	15	15	15	18	18	18	21	21	21	24	24	24	24
1. 인스트림광고매출	20원	70,000	77,000	84,700	100,000	110,000	121,000	140,000	154,000	169,400	200,000	220,000	242,000	1,688,100
2. 이어폰연결 Push 매출	50원	70,000	77,000	84,700	100,000	110,000	121,000	140,000	154,000	169,400	200,000	220,000	242,000	1,688,100
3. 이어폰연결음 징글광고 매출	10원	35,000	38,500	42,350	50,000	55,000	60,500	70,000	77,000	84,700	100,000	110,000	121,000	844,050
매출액 합계	100%	175,015	192,515	211,765	250,018	275,018	302,518	350,021	385,021	423,521	500,024	550,024	605,024	4,220,250
매출총이익	30%	52,505	61,605	67,765	80,006	88,006	96,806	112,007	123,207	135,527	160,008	176,008	181,507	1,266,075

20xx년 2억 원을 시작으로 20xx년 12억 원, 20xx년 42억 원 매출이 발생되는데 1차년도 570% 2차년도 370%로 성장하고 매출총이익 기준으로는 3년간 16억 원을 목표로 함.

6) 해외시장 진출 계획

① 관련 핵심기술을 기반으로 해외진출 추진(국내 런칭 후), 기술 이전받은 핵심특허를 기반으로 국내 사업을 런칭하고, 일본에 등록된 특허를 기반으로 일본 광고대행 사업자와의 제휴를 통한 일본 진출 추진
② 일본 진출 이후, 인도네시아에 출원한 특허를 기반으로 중국과 동남아시아 진출 추진(해당국가 특허 출원 상태)
③ 해외진출을 위해서는 해당국가 "모바일 광고렙사"와 제휴를 통해, 서비스 필요성을 설득하여, 공동사업 또는 사업권 이관을 통해 사업진행

8. 고용유지 및 고용창출 계획(연평균 3명 이상 신규 채용)

1) 일자리 안정자금 수혜기업

현재, 10명으로 구성되어 있으며, 본 시스템 개발 완료 후 개발인력 및 제휴, 운영인력을 충원할 예정. 매출액에 따라서 유동적으로 변경.

〈고용 현황 및 향후 계획〉

구 분	(20xx)년 (기술개발 전년)	(20xx년 (개발종료 해당년)	(20xx)년 (개발종료 후 1년)	(20xx)년 (개발종료 후 2년)
신규고용(명)	3	3	4	5
상시고용(명)	10	13	16	21

2) 기술인력 지원 혜택

① 기술연구소 보유: 기술개발직은 기술연구소 소속으로 충원 연구원 혜택 지원
② 기술인력 교육프로그램 적극 참여 유도: 교육훈련비 지원, 연 1회 이상 참여 유도
③ 직무보상발명제도 인센티브(특허출원/등록 인센티브 제공 50~100만 원)
④ 연차활용 적극 추진: 월 1회 이상 반드시 연차 활용
⑤ 프리미엄 프라이데이(Premium Friday) 도입(월 1회, 금요일 4시 퇴근)

제스처 인식 알고리즘

이 사업계획서에서 참고할 만한 부분

1. 특허 등록된 세계 최초 기술로 핑거 제스처 알고리즘을 개발했다. 특허출원과 등록은 다르다. 특허가 등록된 기술로 제품을 개발할 때 정부지원사업에서 훨씬 유리하다. 특허에 포함된 이미지 도면을 제시하고 그 원리를 상세하게 설명함으로써 개발 및 상용화 가능성을 제시했다. **사용자 입장에서 제품 개발 시 매우 편리하게 이용할 수 있다는 것에 초점을 맞춰 설득력을 높였다.**

2. 특허 내용을 설명하기 위해 실제 테스트 장면을 동영상으로 촬영 후 단계별로 캡쳐한 이미지를 제시함으로써 기술의 이해도를 높였다. **활용 사례를 실제 사진으로 상세하게 제시한 것이 주요했다.** 알고리즘을 개발하는 사업계획서를 작성할 때 참고할 만하다.

핑거 제스처 기술 개발

1. 연구개발과제의 필요성

1) 개발기술 개요 및 필요성

(1) 현 기술의 현황 및 문제점

최근 디스플레이용 비접촉 제스처 인식 기술(**특히 핑거 제스처 인식 및 핸드 트래킹 기술**)을 응용한 스마트폰, 게임, 웨어러블 기기, 자동차 인포테인먼트 시스템 등이 출시되었지만 **몇 가지 문제로 대중화되지 못하고 있음.**

BMW 에어터치: 비접촉 제어/명령
(큰 동작, 다양한 제스처 암기 요구)

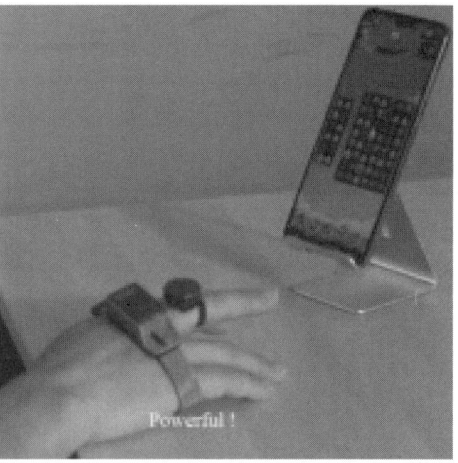

웨어러블 WePoint: 비접촉 터치
(대중화되기 어려운 웨어러블 기기)

[비접촉 제스처 인식 서비스 대표 사례]

(2) 비접촉 제스처 인식 서비스가 대중화되지 못하는 대표적 이유 4가지

① 제스처 학습 필요: 미리 약속된 다양한 제스처를 새로 습득(오작동 확률 높음). BMW에서 특정 명령실행을 위해서 주먹쥐기, 쥐었다펴기, 오른쪽밀기, 왼쪽밀기, V자 등 다양한 손동작을 명령과 매칭하여 익혀야 제대로 이용 가능.

② 동작 큰 제스처 요구: 제어를 위해 손동작을 크게 해야만 인식(터치나 음성보다 불편). 손가락 움직임을 포착하지 못하거나 위치, 거리 등에 따라 동작을 크게 해야만 인식하는 불편함.

③ 별도의 웨어러블 장치 필요: 별도 웨어러블 장착에서 비접촉으로 이용.

④ 기존 UX/UI 변경 필요: 기존 UI를 제스처 인식기술에 따라 새롭게 변경해야 함(가장 큰 이슈). PC에서는 마우스 클릭으로 '선택'하는 기능에 익숙하지만 제스처 인식에서는 '선택' 기능을 위해 UX나 UI 변경을 통해 미리 짜여진 시나리오에 따라 메뉴 위치를 정해 놓아야 함. 예로

BMW 에어터치는 오른손으로 메뉴 변경이나 명령을 지시하다가도 '선택' 기능은 운전대의 '버튼'을 눌러야 가능.

기존 기술이 코로나19로 인해 공공장소의 디스플레이(키오스크) 이용 시 방역 목적으로 그 필요성이 제한된 기술이라면, 해당 기술은 **키오스크가 아닌 TV, 자동차 인포테인먼트, 스마트폰 등 개인기기 활용의 편의성을 극대화하기 위한 기술로 그 기술의 중요도와 확장성이 큼.**

(3) 개발기술의 개요
① 복잡하고 다양한 **제스처 인식 전용 UI 개발 필요 없이 기존 디스플레이상에서**
② **엄지와 검지 손가락 자체를 마우스 포인터로 활용하여**
③ **엄지와 검지의 간격이 가까워져 붙게 되면(엄지와 검지로 O자를 만들면) 마우스의 클릭과 같은 기능을 지원하는 기술로**
④ 이미 마우스나 리모컨 조작에 익숙한 일반 이용자도 추가적인 장비 구입이나 여러 형태의 제스처 인식 방법을 학습할 필요 없이 **기존 시스템상에서 가장 직관적으로 비접촉 터치 기능을 이용할 수 있는 핑거 제스처 원천 특허기술**

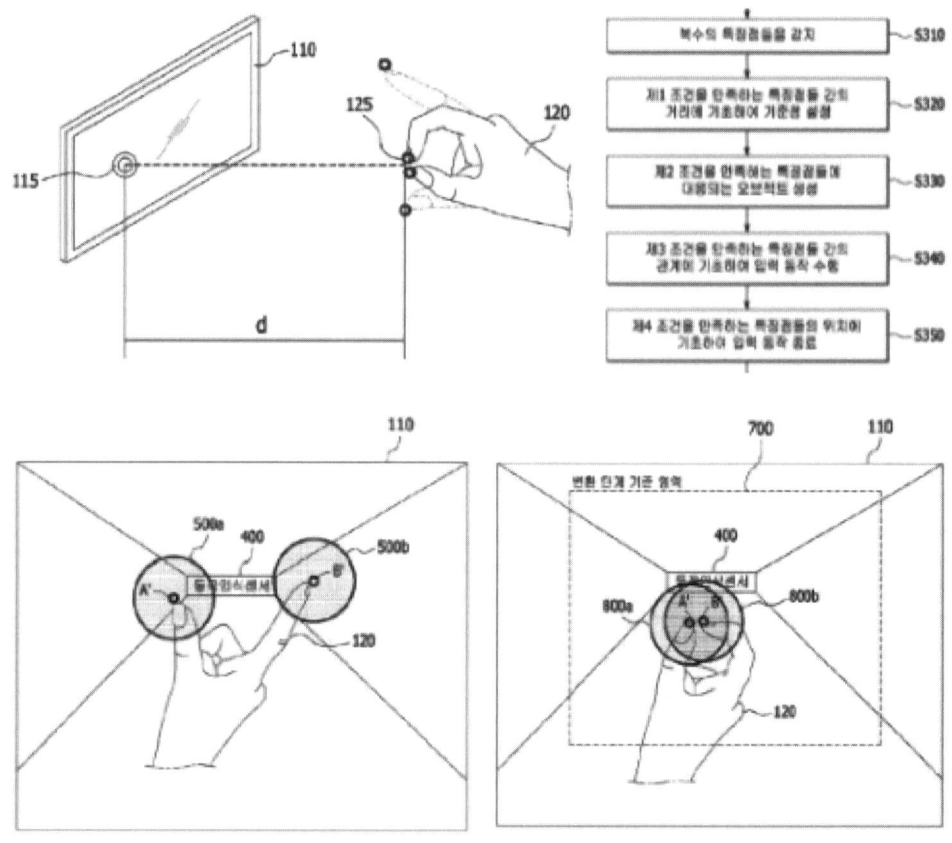

[동작인식 센서를 이용한 3차원 입력장치(10-1671XXX) 등록 특허 핵심 도면]

1. 엄지와 검지가 마우스 포인터처럼 탐색하는 상태

2. 탐색 중 엄지와 검지가 만나 메뉴를 선택(클릭)하는 상태

[엄지와 검지를 이용한 '핑거 제스처' 특허 기술 프로토타입 구현 내용]

(4) 개발기술의 필요성

① SW기술로 HW기술 격차 극복

동작인식 센서 기술은 미국·유럽기업 주도하여 2025년까지 연평균 9.2% 성장 전망되는데 우리나라의 경우 관련 HW개발에 대한 관심도와 기술력이 높지 않음.

따라서 **기술 격차를 극복하기 위해 SW기술로 돌파구 마련 필요, 제스처 인식 시장은 현재는 기술적 한계보다 SW적 아이디어가 더 필요한 상황.**

출처: Kotra 해외시장뉴스, 트렌드, 2019. 12. 2., 2024년 자동차 제스처 인식 시장 규모 136억 불 전망,
글로벌마켓인사이트, 2024년까지 연평균 44%의 성장 전망(오토모티브, 2018. 11. 22.)

② 대중화를 위해 기존 시스템 환경에 바로 적용할 수 있는 원천기술 개발 필요

최근 코로나19 이슈로 매장 내 주문 키오스크나 일부 티켓 발권기에 핑거 제스처 기능이 적용되었으나 일반 가정이나 개인이 소지한 디지털기기에서 바로 이용할 수 있는 서비스는 거의 없음. (∵ 기존 UX, UI 변경이 필요하기 때문에)

③ 국내 시장 방어 및 새로운 서비스 분야 선점

자동차-BMW Air Touch 기술, 스마트폰-구글 Soli 시스템(Pixel 4 스마트폰), VR/AR-페이스북 오큘러스 핸드 드래킹 기술 등 해외기업이 주도. 그나마 국내 대기업의 기술도 뚜렷한 성과 없이 사장되는 분위기(LG전자 G8 ThinQ, 삼성전자 핑거 제스처 등), **특허기술을 통해 해외기업의 국내 시장 진입을 방어하고 국내 시장은 우리가 주도하고 기술의 라이센싱을 통해 해외진출 도모.**

2) 개발기술의 독창성 및 차별성

가장 큰 차별화: 손가락으로 포인터 좌표 표시 및 선택 동작 표현

독창성·차별화	내용
특허	① (1671XXX)동작인식 센서를 이용한 3차원 입력장치 ② (1860XXX)오브젝트 생성 및 오브젝트의 변환이 가능한 동작인식 센서를 이용한 3차원 입력장치
핑거 포인트 트래킹	기존 GUI상에서 **엄지와 검지의 움직임을 마우스 포인터처럼 직관적으로 표시하고 엄지와 검지간의 거리가 가까워져 붙을 때를 마우스 클릭과 같은 사용자 입력으로 처리하는 기술**
작은 동작 인식	손 전체의 동작이 아닌 손가락 인식으로 사용자 제어가 편리
동작학습 불필요	기존 UI상에서 미리 정해 놓은 제스처 필요 없이 적용 가능
확장 용이성	핵심 개발 로직이 간단해 다양한 동작인식 센서로 쉽게 인식되고 TV, 모바일, CAR 디스플레이, VR 등 여러 플랫폼에 쉽게 적용이 가능하여 서비스 확장이 용이

〈차별화 포인트 사례〉

문제점	기존기술		핑거 제스처 차별화
제스처 학습 필요	한손 찌르기	엄지 흔들기	헤드업 디스플레이 [Head-Up Display] 손가락 움직임만으로 손쉽게 제어 가능
정확한 위치 및 동작 큰 제스처 요구	손바닥 흔들기	두 손가락 펴기	
별도의 웨어러블 장치	불편한 웨어러블 장비		**Mediapipe 기반 핑거 제스처** Mediapipe의 경우 수천만장의 이미지 데이타를 분석하여 트랙킹하기 때문에 인식률이 좋으며, 타겟팅된 오브젝트를 놓치지 않는 특징이 있음. Visualizer - mediapipe(google.github.io)
기존 UI 변경으로 적용 한계	롯데GRS '에어택트 스크린' 시범운영 수서역 승차권발매기 에어터치 시범운영 **전용 UI가 필요하여, 보편적 동시 적용 불가**		UI 변경 없이 바로 적용
플랫폼 적용 용이성	기존 기술은 각 HW와 Display 형태에 맞게 전용 UI를 개발하고, 전용 제스처를 학습해야 이용 가능하여 **확장/범용성이 없음. 표준화가 불가함.**		핑거 제스처는 기존 Display 상 UI를 변경할 필요 없이 마우스나 손가락 터치 대체 서비스로 바로 이용 가능
개인 프라이버시	제스처 인식을 위해 **TV에 카메라가 달려 있기 때문에** 사용자에 대한 불편함		디텍딩된 오브젝트 외에는 전부 딤처리를 하는 식으로 프라이버시 문제해결

3) 선행연구 결과 및 애로사항

(1) 선행연구 결과

준비항목	세부 내용	시기
아이디어 도출	모든 디스플레이 장치에 적용가능한 비접촉 제스처 인식 기술 기획 시작	20xx년 x월
핵심 특허출원	1년간 아이디어 로직 설계 및 특허기술 출원	20xx년 x월
특허등록	'동작인식 센서를 이용한 3차원 입력장치' 등록	20xx년 x월
특허 추가 등록	'오브젝트 생성 및 오브젝트의 변환이 가능한 동작인식 센서를 이용한 3차원 입력 장치'	20xx년 x월
플랫폼 TEST	TV모니터, Car Display/모바일 Tracking Test	20xx년 x월
특허XX	XXXX에 특허침해 관련 XXX - XXXXVR시스템의 핸드트래킹 기술	20xx년 x월
법인설립	핑거 제스처 기술개발 및 상용화 목적으로 설립	20xx년 x월

(2) 애로사항

20xx년 특허등록 전후부터 실험실 수준의 연구개발을 지속적으로 진행했지만 상용화를 위해 베타서비스가 필요한 상황임. 20xx년 말부터 본격적으로 기술력 검증에 주력하고자 법인설립, 투자유치, 개발자 충원, 벤처기업확인, 기술연구소 설립 등을 추진하고자 함.

2. 연구개발과제의 목표 및 내용

1) 연구개발과제의 최종 목표

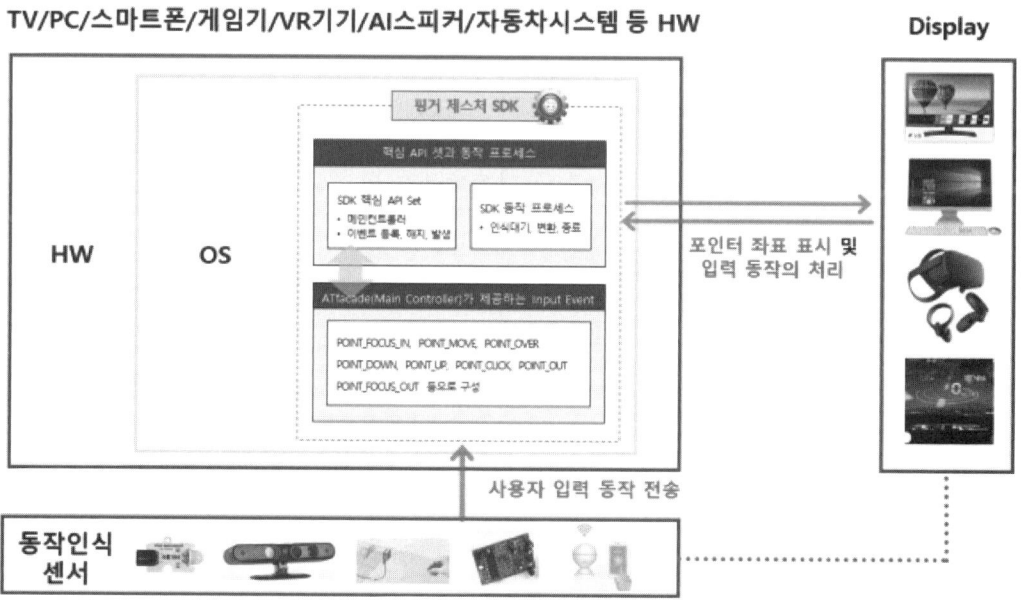

[다양한 플랫폼을 지원하는 핑거 제스처 기술 SDK 개발]

<최종 개발목표 세부내역>

세부시스템		주요 개발 기능
1	SDK	- 본 기술의 동작(핑거 제스처 인식) Algorithm 개발 - SDK 규격서, 리소스 파일, 릴리스 버전 완성: SDK 설치가이드, API 레퍼런스 가이드 문서, UX/UI 제너럴 가이드 포함, 기본 개발 언어 C++ - SDK 핵심 API 구성(Front-End) - Mail Controller가 제공하는 Input Event 종류 정의 및 구현 - OS별 컴파일러, 안드로이드 OS의 경우 NDK 컴파일
2	Live Prototype	① 스마트TV: 카메라를 통한 실제 방송을 컨트롤할 수 있는 Working Prototype ② Prototype용 TV OS(Android,iOS,Python등)에 맞는 APP 개발 　APP에서는 핑거제스처를 통한 실시간 방송 컨트롤 모듈 개발

2) 연구개발과제의 내용

(1) 동작의 기본 프로세스 정의

동작의 기본 프로세스는 ① 인식대기, ② 변환(이벤트), ③ 종료로 구성되며 각 단계별 상세 내역은 아래와 같음. 이를 SDK로 구현하고자 함.

동작 프로세스 3단계		프로세스 정의
① 인식 대기		본 단계에서는 사용자의 엄지와 검지가 변환 단계 기준 영역에 진입하는지를 판단한다. 점 A, B가 이동하여 A', B'에 위치할 때 인식대기 상태에서 변환 단계로 진행
② 변환 (이벤트)		본 단계에서는 사용자의 엄지와 검지가 점 A, B에서 A', B'로 이동하는 경우 두 점의 거리 벡터를 구하여 Z-축 Press 동작(예컨대 마우스 왼쪽 버튼 누름)으로 변환. 거리 벡터가 작을수록 누름의 강도는 큼. 반대의 경우 Z-축 Release 동작(예컨대 마우스 왼쪽 버튼 놓음)으로 변환
③ 종료		변환 단계에서 모든 사용자 동작이 완료되는 경우 사용자의 손가락은 변환 단계 기준 영역 밖으로 이동하게 되고 입력 프로세스가 종료되게 됨 이러한 과정을 거쳐 디스플레이 장치에 표시되는 UI를 비접촉 방식으로 능동 조작할 수 있음

	실험실 구현 단계: 핑거 제스처로 TV 채널 변경
인식 대기 상태 (1)	
인식 대기 상태 (2)	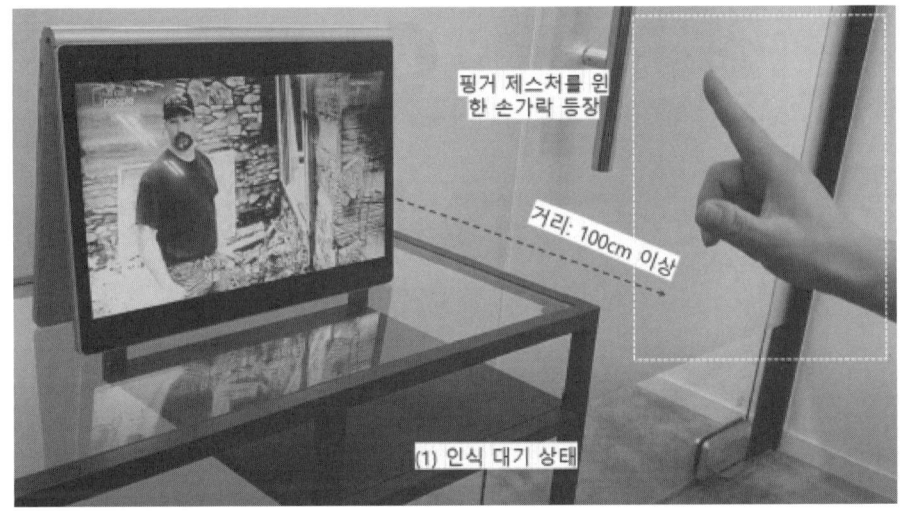
변환 상태 (1) 테스트를 위한 최소한의 메뉴구성	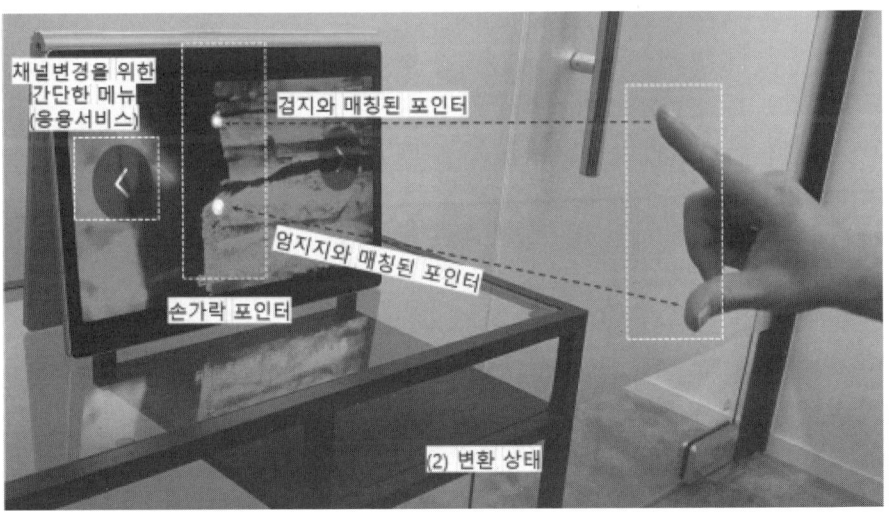

변환 상태 (2) 터치/ 클릭 이벤트 구현	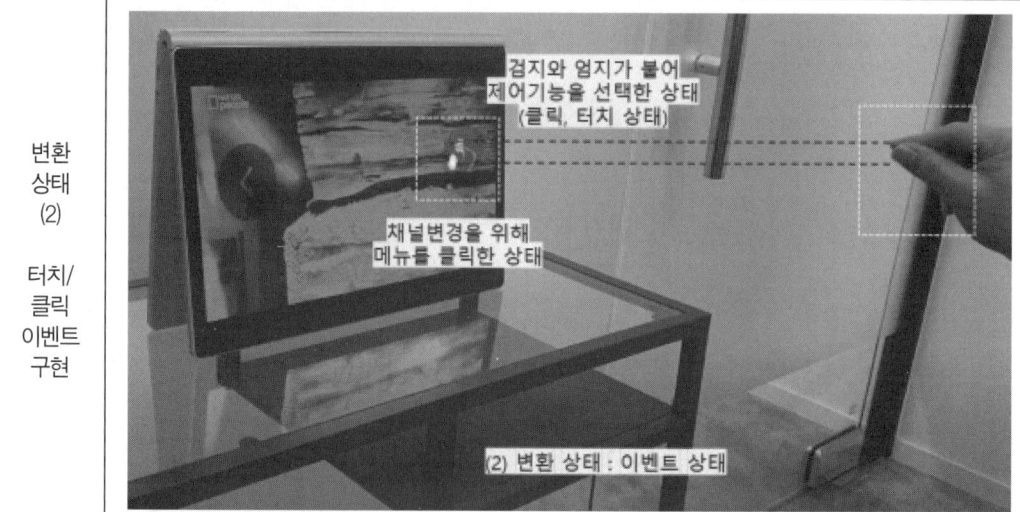
변환 상태 (3)	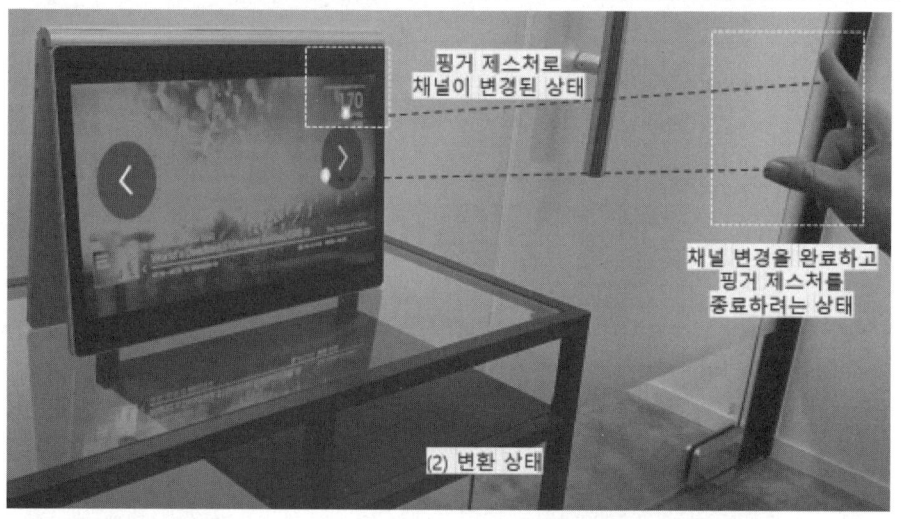
종료 상태	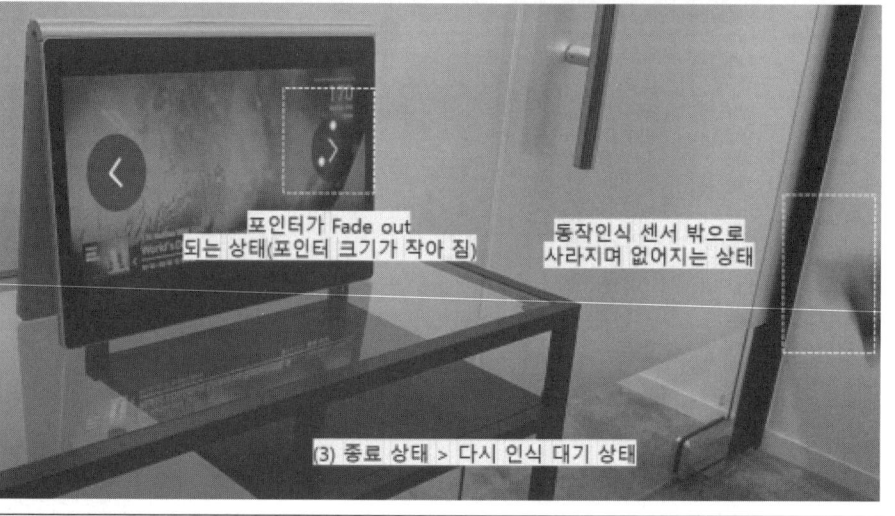

(2) 동작 인식 프로세스 알고리즘 완성

① 본 기술의 동작 알고리즘

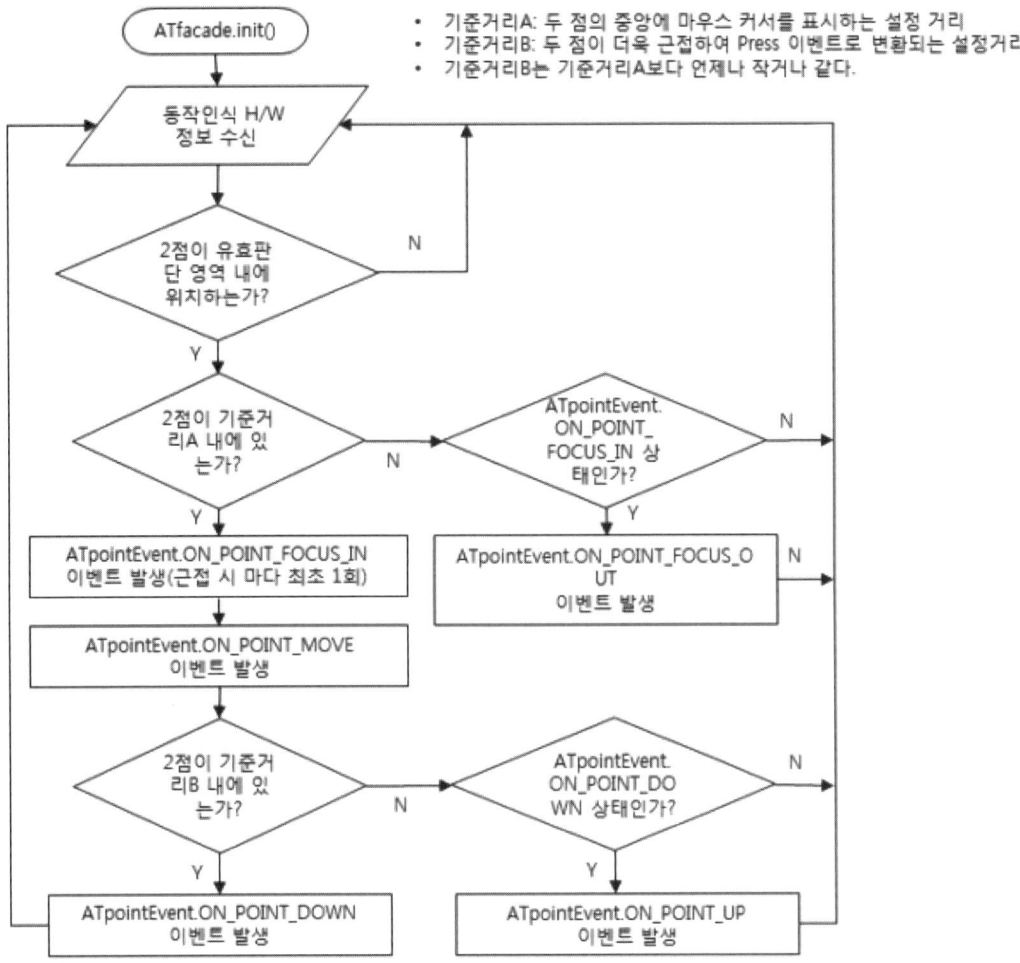

[핑거 제스처 인식 알고리즘]

② ATfacade(Main Controller)가 제공하는 Input Event 종류

ATfacade(Main Controller)가 제공하는 Input Event	
ATpointEvent.ON_POINT_DOWN	point over가 발생한 Object에서 두 점이 임계점까지 근접하는 경우 발생한다. 이때마다 근접 거리를 강도로 변환하여 event.force(int) 형태로 전달한다.
ATpointEvent.ON_POINT_UP	point over가 발생한 Object에서 두 점이 임계점보다 멀어지는 경우 발생한다. 이 때 근접 거리를 강도로 변환하여 event.force(int) 형태로 전달한다.
ATpointEvent.ON_POINT_CLICK	point down이 발생한 Object에서 point up이 발생하는 경우 이어서 발생한다.
ATpointEvent.ON_POINT_OUT	point over가 발생한 Object에서 포인트가 벗어나는 경우 발생한다.
ATpointEvent.ON_POINT_FOCUS_OUT	focus in 이후 두 점이 멀어져서 포인트 표시가 사라질 경우 발생한다.

ATfacade(Main Controller)가 제공하는 Input Event	
ATpointEvent.ON_POINT_FOCUS_IN	두 점이 근접하여 중점인 포인트를 표시하는 경우 최초 1회 발생한다.
ATpointEvent.ON_POINT_MOVE	focus in 이후 포인트가 이동하는 경우 매번 발생한다.
ATpointEvent.ON_POINT_OVER	focus in 이후 특정 Object에 포인트가 위치하는 경우 발생한다.

(3) SDK 핵심 API 구성(Front-End)

SDK 핵심 API 구성(Front-End)	
(Static Class) ATfacade	메인 컨트롤러
(Method) init()	컨트롤러 초기화 Task 시작

(4) Live Prototype 개발 방법 및 배포 방법

① SDK 개발 이후 SDK로 구현된 라이브 프로토타입과 응용 소프트웨어 개발.
   - TV, PC(모니터), 스마트폰 3가지 플랫폼의 SDK와 응용 소프트웨어
   - TV나 PC의 경우 Leap motion 동작인식 센서로 개발 테스트
   - 스마트폰의 경우 Mediapipe를 이용한 Detecting
② Live Prototype으로 구현된 알고리즘을 분할하여 내·외장 API 구조를 정립한 후 SDK를 빌드함. 이때 사용되는 방법론은 Main controller를 Facade 패턴으로 구성하고 Event Dispatcher 패턴으로 API 레벨에서 통신.
③ SDK 설치 가이드, API 레퍼런스 가이드 문서를 작성.
④ SDK 활용 지원을 위해 플랫폼별 최적화된 UX/UI 제너럴 가이드를 작성.
⑤ 유튜브를 이용한 SDK 사용 데모 영상 공개와 가전 제조사(삼성전자 향) 자체 GUI를 적용한 SDK 및 응용 소프트웨어 개발하여 제조사가 도입을 검토할 수 있도록 함.

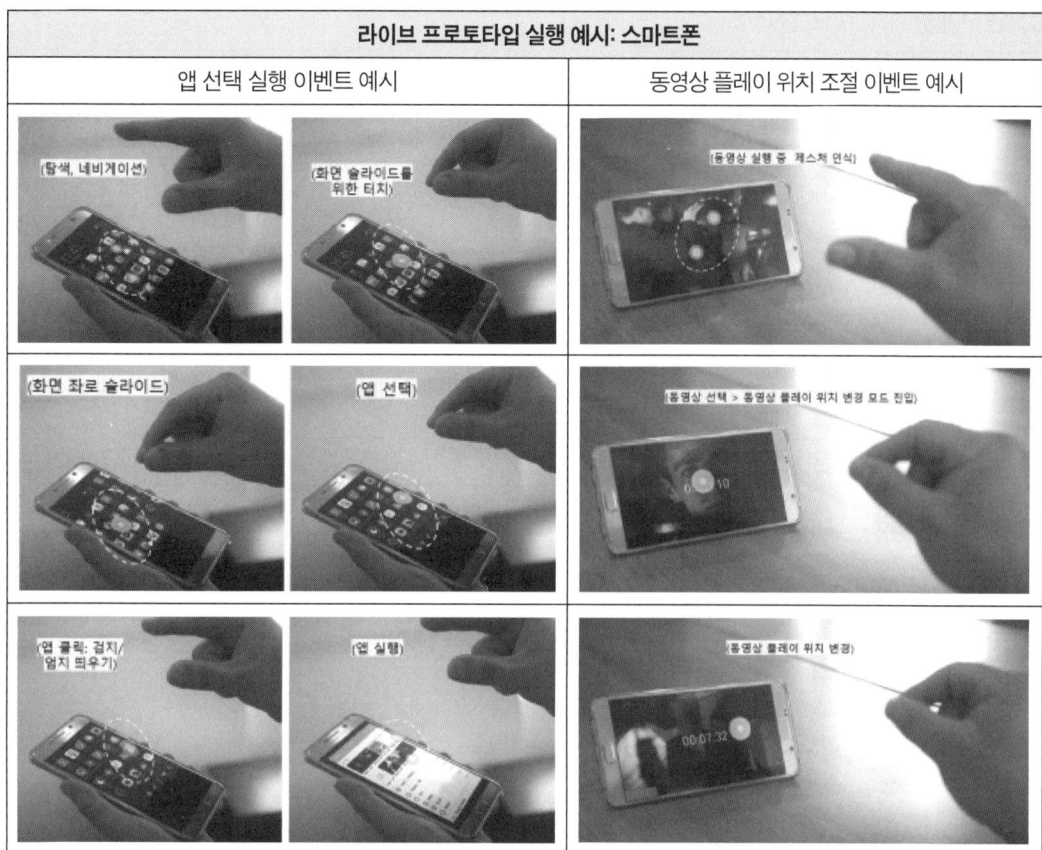

3) 연구개발과제 수행일정 및 주요 결과물

(1) 연구개발과제 수행일정

차수	세부 개발내용	수행기관 (주관/참여/ 수요처/ 위탁 등)	기술개발기간												비고
			1	2	3	4	5	6	7	8	9	10	11	12	
1차 년도	1. 계획수립 및 자료조사	주관													기획 설계
	2. UX/UI 기획	주관													
	3. UX/UI 디자인 가이드 제작	주관													
	4. 선행 개발(API level)	주관													SDK 개발 성능 평가
	5. 동작인식-처리부 개발	주관													
	6. SDK 성능평가	주관													
	7. SDK 적용 응용프로그램 개발	주관													
	8. TV, PC, 스마트폰 프로토타입	주관													테스트 릴리즈
	9. 테스트, 수정, 보완	주관													
	10. 산출물 완성(API 가이드 완성)	주관													

(2) 연구개발과제 주요 결과물

구분	주요 결과물	비고
SDK	본 기술의 동작(핑거 제스처 인식) Algorithm	규격
	SDK 규격서, 리소스 파일, 릴리스 버전 (SDK 설치가이드, API 레퍼런스 가이드 문서, UX/UI 제너럴 가이드 포함, 기본 개발 언어 C++)	
	SDK 핵심 API 구성(Front-End)	
	Mail Controller가 제공하는 Input Event 종류 정의 및 구현	
	OS별 컴파일러, 안드로이드 OS의 경우 NDK 컴파일	
라이브 프로토타입	PC: Leap motion 동작인식센서 설치된 PC 모니터 통해 구현	데모
	스마트폰: App에 Mediapipe를 이용한 메뉴 컨트롤 기능 탑재	
	스마트TV: 동작인식센서 설치한 스마트TV에 구현	

3. 연구개발과제의 추진전략·방법 및 추진체계

1) 연구개발과제의 추진전략·방법

10년 이상 모바일 서비스 개발 및 운영 경험을 기반으로 연구개발의 핵심인 기술 기획, UI, 설계, 디자인 등을 모두 내부에서 직접 처리하고 전략적 제휴를 통해 제품 프로토타입을 개발하여 검증하고자 함.

2) 연구개발과제의 추진체계

수행기관	담당 기술개발 내용	기술개발 비중(%)
주관기관	① SDK 개발 - 본 기술의 동작(핑거 제스처 인식) Algorithm 개발 - SDK 규격서, 리소스 파일, 릴리스 버전 완성 (SDK 설치가이드, API 레퍼런스 가이드 문서, UX/UI 제너럴 가이드 포함, 기본 개발 언어 C++) - SDK 핵심 API 구성(Front-End) - Mail Controller가 제공하는 Input Event 종류 정의 및 구현 - OS별 컴파일러, 안드로이드 OS의 경우 NDK 컴파일 ② Live prototype 개발 - PC: Leap motion 동작인식 센서 설치된 PC 모니터 통해 구현 - 스마트폰: App에 Mediapipe를 이용한 메뉴 컨트롤 기능 탑재 - 스마트TV: 동작인식 센서 설치한 스마트TV에 구현	100%
총 계		100%

4. 연구개발성과의 활용방안 및 기대효과

1) 연구개발성과의 활용방안

보유한 알고리즘을 구체화한 후 SDK를 개발하고 배포하여 가전 제조사 등에서 손쉽게 기존 기기들에 탑재가 가능하게 하고자 함. SDK는 현 디스플레이 장치 및 안드로이드 기기에서 구동 가능한 C++로 기본 구성되어 있으며 본 사업을 통해 기술성을 보완하여 제조사 OS(based Linux)의 경우 해당 OS 컴파일러로, 안드로이드 OS의 경우 NDK(Native Development Kit)로 컴파일이 가능하도록 할 예정. 종국에는 모든 플랫폼을 지원하는 SDK와 이를 이용한 패키지 소프트웨어 및 하드웨어를 구성하고자 함.

2) 연구개발성과의 기대효과

(1) 과학·기술적 측면

스마트 스피커와 연동되며 홈 IoT 기기 제어를 위한 동작인식 기반 스마트 게이트웨이 개발, 가전 대기업에 SDK 납품을 통한 라이센싱, 차량용 디스플레이 장치에 탑재 가능한 동작인식 소프트웨어 개발에 활용. 개발된 SDK를 활용하여 동작인식 센서가 내장된 스마트 게이트웨이 H/W를 직접 양산 가능. 기존 스마트 게이트웨이가 가진 홈IoT 기능 외에도 구글홈/아마존 에코 등 음성인식 스피커와 연동되어 가정 내 디스플레이 장치의 UI 조작을 위한 포인터를 표시하고 이를 제어하여 비접촉식으로 직접 UI 조작이 가능한 환경을 만들 수 있게 됨.

(2) 산업적·사회적 측면

해외 지사 설립 및 적극적인 마케팅을 통한 SW 라이센싱 수입 및 수출효과. 가전 대기업 라이센싱을 통한 해외 간접 수출 이외에 해외시장 공략을 위하여 글로벌 차량 제조사에 주관기업의 SDK 및 UX 패키지 소프트웨어를 직접 수출.

5. 연구개발성과의 사업화 전략 및 계획

1) 시장 동향

(1) 시장 동향 및 시장규모

동작인식 기술의 전세계 시장규모는 2024년까지 약 436억 달러에 이를 것으로 예상됨. 2024년까지 연평균 16.2%의 속도로 성장할 전망임. 노트북, TV, 스마트폰, 게임 콘솔 등 다양한 동작인식 기술 기반의 전자기계가 출시되었으며 스마트폰 및 스마트홈의 개발 및 데이터 보안에 대한 소비자 인식이 제고되면서 글로벌 동작인식 시장이 점점 확대되고 있음.

이 시장의 성장을 위한 핵심 요소는 제스처 인식 지원 제품 사용의 단순성과 사용 용이성임. 이 시장의 또 다른 중요한 동인은 제스처 인식 기술이 많은 소비자 장치에 향상된 인체 공학을 제공하는 능력임. APAC 시장은 2020년부터 2025년까지 40.6%의 CAGR로 성장하는 2025년까지 2억 1,100만 달러를 넘어설 것으로 예상. 스마트폰 시장의 제스처 인식은 2020년부터 2025년까지 34.9%의 CAGR로 성장하여 2025년까지 8억 8,200만 달러를 넘어설 것으로 예상.

글로벌마켓인사이트(Global Market Insights)의 최근 조사보고서에 따르면, 자동차 제스처 인식 시장은 제스처 기반 인포테인먼트 시스템의 부상과 함께 첨단 안전 기능을 갖춘 자동차를 선호하는 소비자들의 선호도가 높아지면서 2024년에 130억 달러를 넘어설 것으로 예상. 반면, 복잡성과 통합 비용은 자동차 제스처 인식 시장에 도전과제가 되고 있음.

구 분	현재의 시장규모	예상 시장규모
동작인식 기술 세계 시장규모	-	2024년 436억 달러
가전 시장에서 제스처 인식 시장	-	2025년 4억 8,400만 달러
자동자 제스처 인식 시장규모	-	2024년 136억 달러
산출근거	- 시장 규모 추정 근거 출처: 한국전자통신연구원 시각 인공지능 기반 휴먼 동작 분석/평가 및 검색 기술(2020-2-4) 중 Variant Market Research의 동작인식 기술 세계시장 규모 출처: Starsian.com 소비자 전자 제품 시장에서의 제스처 인식 시장(2020.11.17) 가전 시장에서 제스처 인식이 2025년까지 연평균 34.9% 증가 예상 출처: 오토모티브 2024년 자동차 제스처 인식 시장규모 136억 불 전망(2018.11.22) 글로벌마켓인사이트, 2024년까지 연평균 44% 성장 전망	

(2) 국내·외 주요시장 경쟁사

경쟁사명	제품명	비고
나○○○	에어터치	① 일본 소프트뱅크와 비접촉 에어터치 기술 공동개발(20xx.xx) ② 단점: 디스플레이와 최대 30cm 거리 이내에서만 적용, 국내 독자기술이 아닌 해외 기업과 공동개발. 플랫폼 사례 없음.
지○○○	비접촉 터치 디스플레이	① 다양한 분야에 여러 형태 햅틱 기능 적용한 디스플레이 판매 (병원, 프랜차이즈 매장 등) ② 단점: 액정보호 필름과 같은 별도 디스플레이 설치(HW)
롯○○○	에어택트 스크린	① 롯데그룹 자회사로 롯데그룹 프랜차이즈 시범적용(20xx.xx) ② 적용사이트 4곳: 롯데리아, 엔제리너스 각 2개점 ③ 단점: 초기버전 수준으로 기존 무인 키오스크에 적용
태○○○	에어택	① 고감도의 적외선 센서 기술을 적용하여 액정 보호필름처럼 디스플레이 위에 덧대어 이용하는 제품으로 시제품 수준(20xx.xx)
아○○○	에어터치	① 비접촉 에어터치 스크린 적용한 키오스크 개발
본기술	핑거제스처	① 기존 기술: 방역용 기술(방역차원의 일시적 수요가 있는 기술) 기술: 편의성 기술(거리, 비용, 적용 용이성에서 우수) ② HW가 아닌 SW 기술로 저렴하고 쉽게 기술 적용. 기존 기술은 HW 별도 설치 필요, 주로 KIOSK용으로 제작되어 여러 기업 경쟁, 설치비 증가 ③ 다양한 센서에 대응할 수 있으며 먼 거리인 3m 내외에서도 인식 ④ 작은 손가락 동작으로 모든 기능 처리 가능, 큰 동작 필요 없음. ⑤ 기존 UX/UI 변경을 최소화하는 기본 응용프로그램 ⑥ 특허등록 기술로 국내시장 보호, 해외시장 진출 추진 가능

(3) 기존 기술

① 기술명: 에어터치, 에어택, 비접촉 터치 스크린 등 코로나19와 같은 방역 목적

② 적용분야: 주로 공공장소에 설치되는 KIOSK

③ 제품형태: 적외선 센서 등이 자체 내장된 디스플레이 보호용 틀과 같은 HW

④ 경쟁력: 기존에 있는 기술로 경쟁력 있는 가격에 공급하는 것이 경쟁력

⑤ 인식거리: 30cm 이내

(4) 본 기술

① 기술명: 핑거제스처, 기술의 목적: 편의성(리모콘, 마우스 없는 손가락 콘트롤

② 적용분야: **스마트 TV, Car MMI(HUD), Home IoT(스마트거울, 사물-로봇청소기, 에어컨, 전등 컨트롤), 제스처를 이용한 게임**

③ 제품형태: 기존 제품에 쉽게 적용할 수 있는 SW

④ 경쟁력: TV 개발사 라이센싱으로 대규모 공급, 스마트폰 앱용 테스트베드 활용

⑤ 인식거리: 300cm 내외로 TV 컨트롤에 최적화

위와 같이 기존 기술와 시장과 제품 목적에 차이가 커 직접적인 경쟁관계가 아닌 상호 보완 관계로 발전 가능.

2) 지식재산권, 표준화 및 인증기준 현황

(1) 지식재산권 확보·회피 방안 - 핵심특허 2건 등록완료

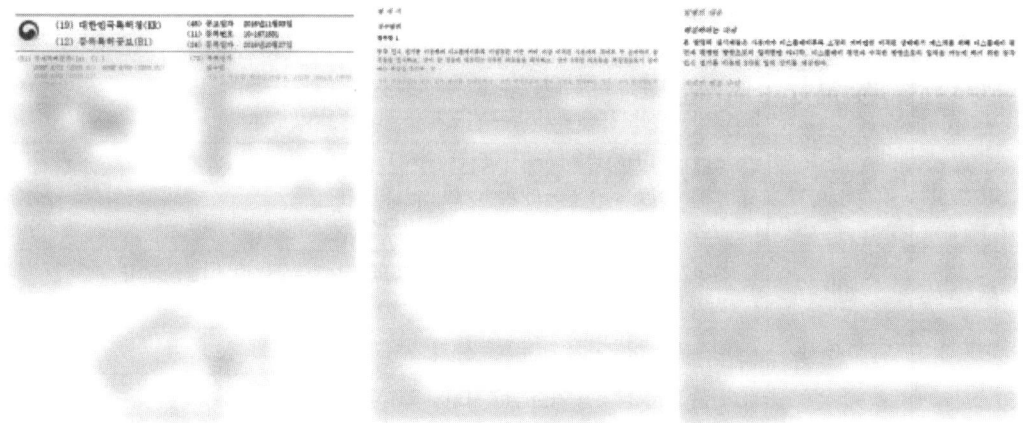

기술의 핵심인 엄지와 검지를 이용한 트래킹, 엄지와 검지 간의 거리 측정을 통한 오브젝트 생성과 변환 기술에 대해서 2016년에는 동작인식 센서를 이용한 3차원 입력장치, 2018년에는 오브젝트 생성 및 오브젝트의 변환이 가능한 동작인식 센서를 이용한 3차원 입력 장치로 특허등록을 완료하였음.

(2) 개발대상 기술(제품, 서비스 등) 관련 지식재산권

지식재산권명	지식재산권출원인	등록국/등록번호
① 동작인식 센서를 이용한 3차원 입력장치	OOO	한국/10-1671xxx
② 오브젝트 생성 및 오브젝트의 변환이 가능한 동작인식 센서를 이용한 3차원 입력 장치	OOO	한국/10-1860xxx

3) 사업화 계획

(1) 사업화 전략

〈제품 판매 방법〉

항목	내용
SDK 라이센싱	• 라이센싱 fee: 적용기기 1건당 500원(0.5달러) • 대상제품: TV, 자동차 전장, 스마트폰, AI 스피커, 홈IoT 기기 등
판로개척	• 응용프로그램, 서비스 개발 및 배포지원 • TV 적용 프로그램, 자동차 인포테인먼트 용 SW 개발지원 • 스마트폰 App 서비스 적용지원, 신규 서비스 개발지원

(2) 마케팅 방안

① 상용화된 모바일 앱(스마트폰)에 적용하여 베타테스트 진행
현재 라이센싱 계약을 체결한 XXXX App에 핑거 제스처 기능을 탑재하여 베타테스트 진행-모바일 앱 상에 일반적으로 적용할 수 있는 기능과 별도로 제공할 수 있는 기획을 추가하여 진행.

② OO전자와 협업을 통한 라이브 프로토타입 개발
그동안 해외 연구소와 많은 프로젝트(UI, UX, VR, 선행과제)를 진행한 경험(XXX법인)으로 해외 담당자와의 컨텍 포인트를 유지하고 있어, 이를 통해 프로젝트 성격의 제안으로 TV에 적용될 수 있는 프로토타입 개발.

(3) 사업화 목표 - 개발완료 후 5년간 매출/비용/고용 목표

매출 구분		근거/계수	단위	2020년	2021년	2022년	2023년	2024년	2025년	2026년	2027년
전체TV시장	전세계 TV 판매량	뉴시스(2020.12.30, Omdia 통계 2019년 2억2천291만대, 2020년 2억2천383만대), 성장률 0.41% 적용	만대	22,383	22,475	22,567	22,659	22,752	22,846	22,939	23,033
유효시장	삼성 TV판매량		만대	4,900	4,920	4,940	4,961	4,981	5,001	5,022	5,042
	LG TV판매량		만대	2,700	2,711	2,722	2,733	2,745	2,756	2,767	2,778
	국내 TV 판매량 합계	삼성+LG	만대	7,600	7,631	7,662	7,694	7,725	7,757	7,789	7,821
목표시장	목표 탑재 대수 (삼성)	2022년부터 1%, 5%, 10% 이후 10% 씩	만대	-	-	49	248	498	1,000	1,255	1,513
	목표 탑재 대수 (LG)	2025년부터 1%, 5%, 10% 이후 10% 씩	만대	-	-	-	-	-	28	138	278
	총 목표 탑재 대수	소계	만대	-	-	49	248	498	1,028	1,394	1,791
	매출액	라이센싱비, 건당 500원(약 0.5달러)	억원	-	-	2.5	12.4	24.9	51.4	69.7	89.5
목표 매출액			억원	-	-	2.5	12.4	24.9	51.4	69.7	89.5
비용 구분		근거/계수	단위	2020년	2021년	2022년	2023년	2024년	2025년	2026년	2027년
매출원가	라이센싱 원가 없음	SW라이센스 비용으로 원가 없음	억원	-	-	-	-	-	-	-	-
매출 총이익			억원	-	-	2.5	12.4	24.9	51.4	69.7	89.5
인건비	고용인원	초기 연구인력 고용 중점, 이후 마케팅	명	5	5	10	15	20	25	30	35
	인건비 소계	평균 연봉 4800만원, 연평균 3% 증가	억원	2.4	2.5	5.1	7.9	10.8	13.9	17.2	20.7
판관비		인건비 제외 판매관리비(연간 기본 1억 + 매출의 20%)	억원	1	1	1.5	3.5	6.0	11.3	14.9	18.9
비용 합계			억원	3.4	3.5	6.6	11.3	16.8	25.2	32.1	39.6
예상 영업이익			백만원	-3.4	-3.5	-4.1	1.1	8.1	26.2	37.6	50.0
예상 영업이익율			%			-167%	8%	33%	51%	54%	56%

※ 사업화 목표 산출근거

사업화 성과	세부 성과지표	산정근거	참고자료명
매출액 등 기업 전체 성장	예상 총매출액	① 기업전체의 매출과 개발기술의 사업화 성과 매출과 기본적으로 동일함. ② 단, 매출 중에서 가장 큰 부분을 차지할 수 있는 TV라이센스 시장만 추정하여 반영 ③ 추가로 자동차 인포테인먼트, 스마트폰 적용 분야에 대해서는 다른 응용소프트웨어 개발을 통해 상품기획이 필요하여 이번 매출 목표에서는 제외	2020.12.30. 뉴시스 기사 "美 '글로벌 3위 TV社' TCL 제재 임박… 삼성전자·LG전자에 긍정적" 중 Omdia 세계 TV판매량 자료 참고 특허청발간 특허풀 로열티 요율(2008.9) 3G3P 특허 로열티 산정방식 참고
개발 기술의 사업화 성과	예상 연구개발 결과물 제품 매출액	① 핑거 제스처 기술을 TV에만 적용으로 것을 한정 ② 전체시장: 2020년 기준 전세계 TV판매량(연간 2.3억 대) ③ 유효시장: 전세계 TV시장 점유율 중 우선 삼성전자와 LG전자 시장으로 한정 (세계 1위 삼성전자, 2위 LG전자가 약 45% 이상 시장 점유) ④ 목표시장: 개발완료 후 2022년부터 시장진입, 삼성전자 TV중 1%, 5%, 10% 씩 증가. LG전자는 2025년부터 적용하는 것으로 목표시장 산정 ⑤ 라이센스 비용으로 건당 500원으로 산정 ⑥ 비용부분에서 SW 라이센스 매출로 매출원가는 없음 ⑦ 비용은 초기 개발자 인건비, 향후 마케팅 전략, 기획자 인건비와 인건비 제외 판관비를 기본 1억 원 + 매출액의 20% 산정하여 적용	

(4) 로열티 산정방식

"기본 요율(SRR: Standard Royalty Rate, 0.01%)과 상한 요율(MCR: Maximum Cumulative Royalty Rate, 5%) 범위 내에서 평가된 특허가치에 따라 기술료를 정한다. 따라서 3G3P에 가입을 하면 최대 5% 이상의 기술료는 지불하지 않아도 된다. 하지만, 3G3P에 참여하지 않는 기업들은 개별협상에 의해서 로열티가 결정되기 때문에 그 액수는 더 많아질 수도 있다. 한편, 로열티는 카테고리별로 ex-works sales 가격기준(net sales value)으로 결정되나 Terminal Product Category에서는 reference market value로 계산한다." 참조. 평균 제품 판매가의 2.5%의 로얄티 요율 적용.

※ 산출근거

① [개발 이후 5년간 매출/비용/이익 예상목표] 참고
② 2020년 시장조사기관 omdia의 2020년 세계 TV 판매량 시장 자료를 바탕으로 TV에만 이 기술을 적용하는 것을 목표로 하여 추정
③ 본 연구개발의 점유 비율 100% 산정 근거: 본 연구개발의 성과물인 핑거 제스처 인식 기술은 당사의 핵심 기술로 개발완료 후 라이센싱 사업화에 즉시 적용되어 전체 매출에 기여하기 때문에 100%로 산정

(5) 유사 사업화 경험

사업화 품목명 (사업화 연도)	품목용도	품질 및 가격경쟁력	수출여부	판매채널 (온·오프라인)
	기술협업	XXX 및 XXX 유럽연구소와 해외 기술개발 협업 경험(XXXX와 XXXX연구소 모바일, HW, 주변기기 디자인, 설계 파트트로 30여 건 프로젝트 진행)	-	
	기술협업	XXXX 양산용 에어컨 UI 개발. XXX 엔진을 사용하여, FLEX UI 개발 및 구현	-	
	지식재산권 보호	특허법률 사무소 '국제특허XXX'을 선임하여 XXXX 서비스의 손가락 제스처인식 기술에 대해, 특허권 요청 내용 발송	-	
	기술확보	기술개발 전문기업으로 법인설립 핵심특허기술 특허권리이전	-	

4) 해외시장 진출 계획: 글로벌 자동차 제조사와 협업 추진

해외 및 국내 자동차 제조사에서는 동작인식 기술을 자사의 차량에 탑재하기 위해서는 BMW가 보유한 특허의 제스처가 아닌 다른 제스처를 개발하여야 하는데 이러한 노력에는 비용과 시간이 상당히 소요됨. 이에 반하여 당사가 보유한 특허 기술을 사용하는 경우 별도 개발 필요 없이 쉽게 핑거 제스처 기술을 이용할 수 있음. 현재 메르세데스, 제너럴모터스, 혼다, 아우디, 폭스바겐 코리아, 현대기아차, LG전자 VC사업부, 삼성전자 유럽 연구소를 대상으로 협업 추진 중.

〈기술개발 후 국내·외 주요 판매처 현황〉

판매처	국가명	판매 단가 (천 원)	예상 연간 판매량(개)	예상 판매기간(년)	예상 총판매금 (천 원)	관련제품
OO전자	한국	0.5	7,610,000	6년	22,819,600	SDK
XX전자	한국	0.5	1,480,000	3년	2,218,800	

※ 산출근거

본 제안서 [개발 이후 5년간 매출/비용/이익 예상목표] TV 라이센스 로열티만 적용. OO전자 TV 부분에서 2022년 49만 대를 시작으로 248만 대 498만 대, 1,000만 대, 1,255만 대, 1,513만 대에 적용하고 XX전자의 경우 2025년 28만 대를 시작으로 138만 대, 278만 대에 적용. 그동안 10년 이상 XX전자와의 제휴업무를 진행한 경험으로 XX전자 적용 이후 XX전자 적용 예정.

여행상품 글로벌 통합 판매 기술

이 사업계획서에서 참고할 만한 부분

1. 자유여행이 증가하면서 국내외에서 여행단품상품 판매가 증가하는 가운데 매우 적절한 시기에 개발 제안을 했다. 최종 판매사(랜드사, 여행사)들이 대행사 없이 판매시스템에 직접 상품을 등록하면 국내외 유명 판매몰에 배포되도록 자동화한다는 목적이 영세 판매사(랜드사, 여행사)들에 도움이 될 수 있다고 판단된다.

2. 현 시스템의 문제 2가지를 설명하고 해결방안을 명확히 제시했다. 차별적 특징을 표로 설명하여 평가위원이 쉽게 이해할 수 있도록 구성했다.

3. 제안사가 시스템 개발 관련 경험과 실적이 우수하여 성공 가능성이 높아 보인다. 개발 완료 후 시스템을 활용할 수 있는 해외의 여러 거래처로부터 구매의향서를 접수하여 첨부했다. 구매의향서가 접수된 경우에 최대한 많이 사업계획서에 첨부한다. 구매처 담당자나 대표자 직인이나 사인이 있어야 믿음이 간다. 특히 해외판매처 리스트가 있는 경우 최대한 많이 나열함으로써 해외수출 가능성을 보여 주는 것이 좋다.

4. 사업계획서 앞부분부터 AS-IS, TO-BE 구성도를 이용해 현재의 문제점과 해결방안을 설명하여 사업에 대한 긍정적 평가를 이끌어 냈다.

5. 선행연구결과 중 중요한 3가지를 1페이지 표에 압축적으로 이미지와 함께 표시하고 개발 내용을 설명하여 신뢰도를 높였다.

여행단품상품 글로벌 직거래 B2B2C 판매 에이전트 시스템

1. 기술개발의 개요 및 필요성

1) 개발기술의 개요

여행자 스스로 온라인을 통해 항공권, 숙박권을 직접 구매하여 여행하는 FIT(Free Independent Tour)가 해외여행 트랜드의 중심(국내 비중 60% 이상)이 되고 있으며 이에 따라 아고다, 스카이스캐너, 에어비앤비와 같은 글로벌 여행 플랫폼이 급성장. 국내외 개별자유여행객(FIT) 증가에 따라 여행단품상품의 판매가 증가하고 있음.

하지만 여행단품상품은 ① 대형여행사의 독과점적 벌크구매와 패키지중심의 불투명한 유통구조 때문에 상품공급자인 ② 해외랜드사는 낮은 마진과 환차손 리스크로 인한 손해, ③ 소비자들은 높은 가격과 다양하지 못한 상품군으로 만족도가 떨어지는 문제가 지속 발생.

- 여행단품상품: 여행 패키지 상품의 반대개념으로 항공티켓, 숙박, 교통, 입장권, 액티비티 등 여행 관련하여 개별로 판매되는 상품을 말하며 특히 자유여행객들이 주로 구매하는 교통패스, 입장권, 여행 액티비티 상품 등을 말함.
- 해외랜드사: 주로 교민이 운영하는 현지 소규모 여행사로 국내 여행객을 대상으로 직접 현지의 여행단품상품을 판매하는 사업자.

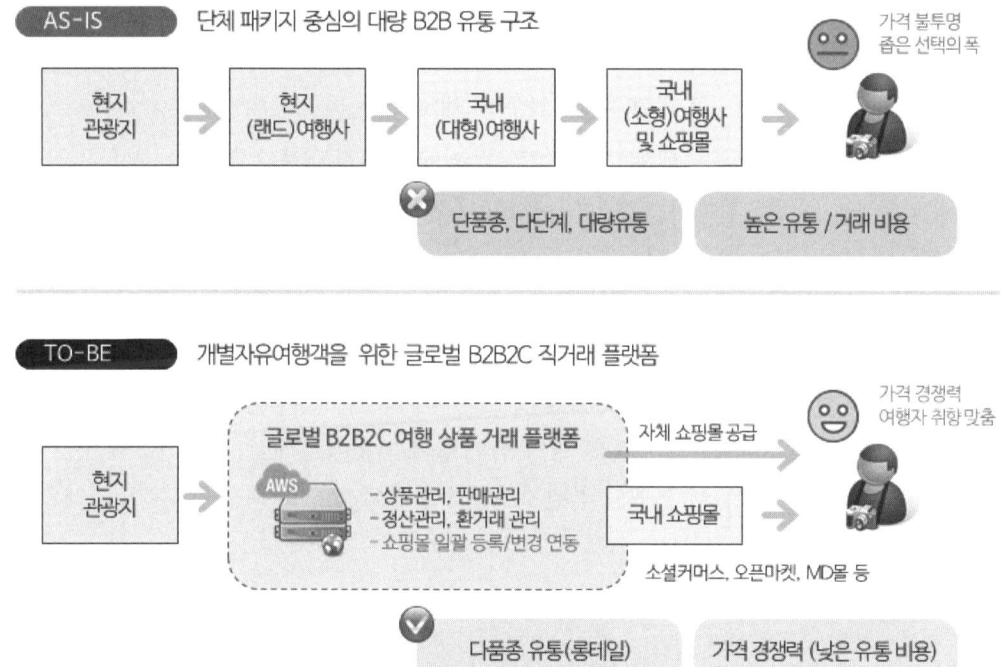

[기존 판매 서비스 플로우(복잡)와 새로운 시스템을 통한 판매 플로우(단순) 비교]

본 시스템은 해외랜드사가 국내 유력한 여행상품 판매채널(옥션, G마켓, 라쿠텐, T몰 등)에서 각자의 상품에 대하여 대형 여행사를 배제하고 글로벌로 직거래할 수 있도록 지원하는 시스템으로 ① 상품공급사는 해외판매채널을 쉽게 확보하여 높은 마진, 유연한 상품판매, 환차손 리스크를 헷징하고 ② 소비자는 낮은 상품가격, 다양한 상품군, 유리하고 편리한 결제수단을 이용할 수 있게 하는 "여행단품상품 글로벌 직거래 B2B2C 판매 에이전트 플랫폼"임.

2) 현재 여행단품상품 판매시스템의 문제점

주로 교민이 운영하는 해외랜드사가 여행단품상품을 국내시장에 판매하고자 할 때는 판매채널을 개별적으로 확보할 수 없어, 국내 대형 여행사에 낮은 단가로 턴키 계약을 하여 상품을 공급해야 하고 그 이후 모든 판매는 대형 여행사가 관리함. 이때, ① 대형 여행사의 독과점으로 낮은 단가에 공급해야 하며 ② 정산주기가 길고, 환차손 리스크는 모두 해외랜드사의 부담이며 ③ 장기판매 계약으로 마케팅적 현장 상황 반영이 어려움.

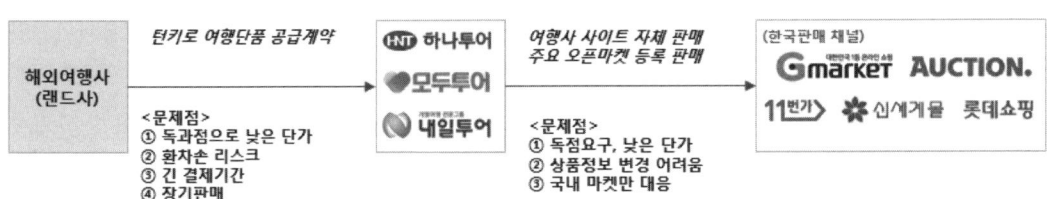

[패키지, 벌크 중심 유통구조의 한계_여행단품이 대형 여행사를 통해서만 독과점 형태로 유통]

(1) 낮은 단가에 불리한 조건으로 대형 여행사와 판매 계약

해외랜드사가 여행단품상품을 판매하기 위해서는 기존 국내 대형 여행사에 수익마진율을 감수하면서 대량 납품계약을 맺어 판매하는 방식을 택하고 대형 여행사와 '갑을' 관계로 거래를 진행함.

(2) 환차손 리스크가 크고 유연한 상품판매가 불가함

현재 시장구조에서 환율이 변동되면 상품공급가보다 더 적은 판매금액을 수수료로 받는 경우도 빈번히 발생함. 대형 여행사는 자체 판매채널 및 오픈마켓 등에서 상품을 등록하여 판매를 하지만, 상품 변동사항이 있더라도 운영비용(운영인력)의 증가 때문에 수시로 변경 처리해 주지 않고 2~3개월 변동 수정 없이 상품이 판매되어 현지에서의 사정에 따른 피해는 해외랜드사가 100% 감당.

3) 해결방안: 여행단품상품 글로벌 직거래 B2B2C 판매 에이전트 시스템

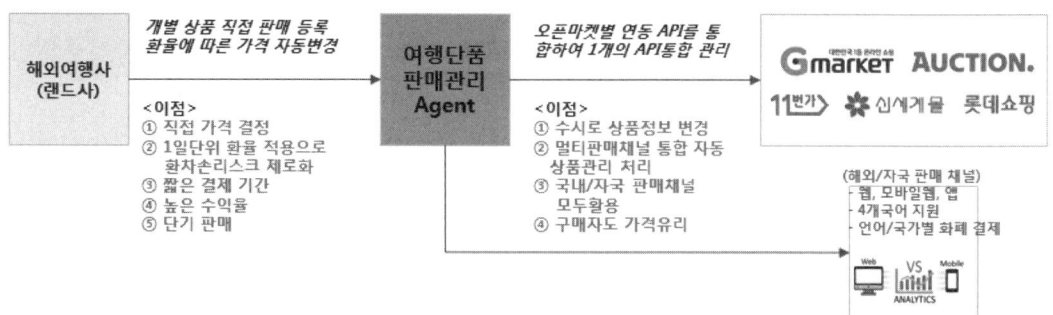

본 시스템은 ① 해외랜드사가 직접 자유롭게 상품을 등록할 수 있어 가격을 직접 결정하며 ② 실시간 환율정보에 따라 매일 상품가격이 통화별로 자동 변경되어 판매되며 ③ 그로 인해 환차손리스크가 헷징되고 ④ 단기간 상품공급을 자유롭게 할 수 있어 마케팅/프로모션이 용이하고 ⑤ 4개 국어 멀티채널로 판매가 가능하여 ⑥ 수익률을 극대화시킬 수 있으며 ⑦ 주 고객이 해외랜드사로 진출이 용이하다고 할 수 있음.

2. 개발기술의 독창성 및 차별성

오픈마켓에 판매하는 여행단품상품 전용 통합 솔루션으로는 최초의 솔루션이며, 실시간 환율 반영을 통한 가격, 상품정보, 자동변경 처리 및 오픈마켓/쇼핑몰 자동 업데이트라는 차별적 특징 보유.

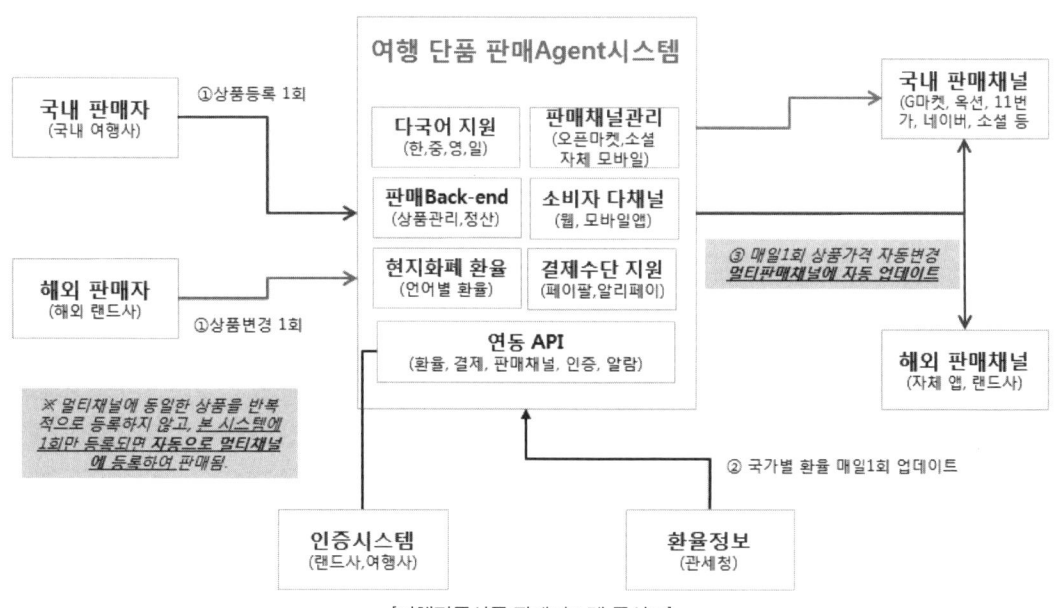

[여행단품상품 판매시스템 구성도]

본 시스템은 주로 해외랜드사가 판매하는 여행단품상품을 국내 판매채널(오픈마켓, 쇼핑몰) 등록하고 판매하는 일련의 프로세스를 통합 관리하는 시스템으로 반복적으로 발생하는 상품정보(특히, 가격) 관리업무를 자동화하여 해외랜드사의 환차손 리스크를 최소화하고 판매에 따른 운영비용을 최소화할 수 있는 최초의 시스템.

최초의 "여행단품상품 글로벌 직거래 B2B2C 판매 에이전트 시스템"

〈주요 차별적 요소: 3가지〉

구분	내용
실시간 환율반영 환차손 리스크 최소화 시스템	기존 여행단품의 경우 판매채널에 한번 등록하면 정보변경에 대한 운영이슈가 너무 빈번하여 판매 종료될 때까지 동일한 가격으로만 판매해 오고 있으며, 이 때문에 매일 변동되는 환율정보를 반영하지 못해, 환차손 피해가 발생하는 경우가 많음. **여행단품상품에 대해서 일일 1회 관세청 환율정보를 기반으로 하여 통합 관리 DB에 반영하고, 여러 멀티채널에 배포된 가격을 자동으로 변경**시켜 판매토록 하는 시스템으로 해외랜드사 등 여행단품 판매사업자의 **환차손 리스크를 최소화**할 수 있는 시스템.
멀티채널 상품등록/변경 자동 업데이트 시스템	기존 여행단품을 멀티채널에 등록하여 판매할 때는 채널에서 제공하는 상품등록양식에 따라 일일이 등록해야 하거나 개별 API를 받아 개별적으로 등록하여 업무량이 많고 운영비용이 많이 들었음. 본 시스템은 여행단품분야에 있어 **여러 판매채널과 연동되는 API를 통합관리하는 별도의 API를 개발하여, 한 번의 수정으로 모든 판매채널에 정보가 실시간으로 자동으로 변경**할 수 있는 시스템을 지원함. 이를 통해 운영비용을 대폭 절감할 수 있으며 더 많은 판매채널을 확보하여 매출 증가에 기여.
국내/해외 판매 통합 시스템	시스템은 기본적으로 4개국 언어를 지원하며, 소비자는 자신에게 유리한 환율이 적용된 가격으로 자신이 선택한 언어로, 자신이 원하는 결제수단으로 결제할 수 있도록 하여 국내에서는 주로 외국인을 대상으로, 해외에서는 국내 여행객을 대상으로 상품을 판매할 수 있도록 통합 지원하는 시스템.

3. 기술개발 준비현황

1) 선행연구 결과 및 애로사항

〈선행연구 결과〉

차별성 및 독창성을 가진 선행연구 결과
환율정보를 반영한 멀티 판매채널 상품정보 자동 등록/수정 처리 프로세스에 관한 연구 1차 완료
각 판매채널과 원클릭으로 상품정보 자동 연동 통합 API 구성/정의에 관한 연구 1차 완료
오픈마켓 주문 연동 API 및 프로세스 정의에 관한 연구 1차 완료
특허출원: 복수의 글로벌 여행 단품상품의 멀티채널 연동자동화 개선 및 데이터무결성 구현 시스템
여행단품판매 에이전시와 베타테스트 협의 완료(OO투어), 5건의 여행 관련 시스템 개발/운영 참여 경험 확보

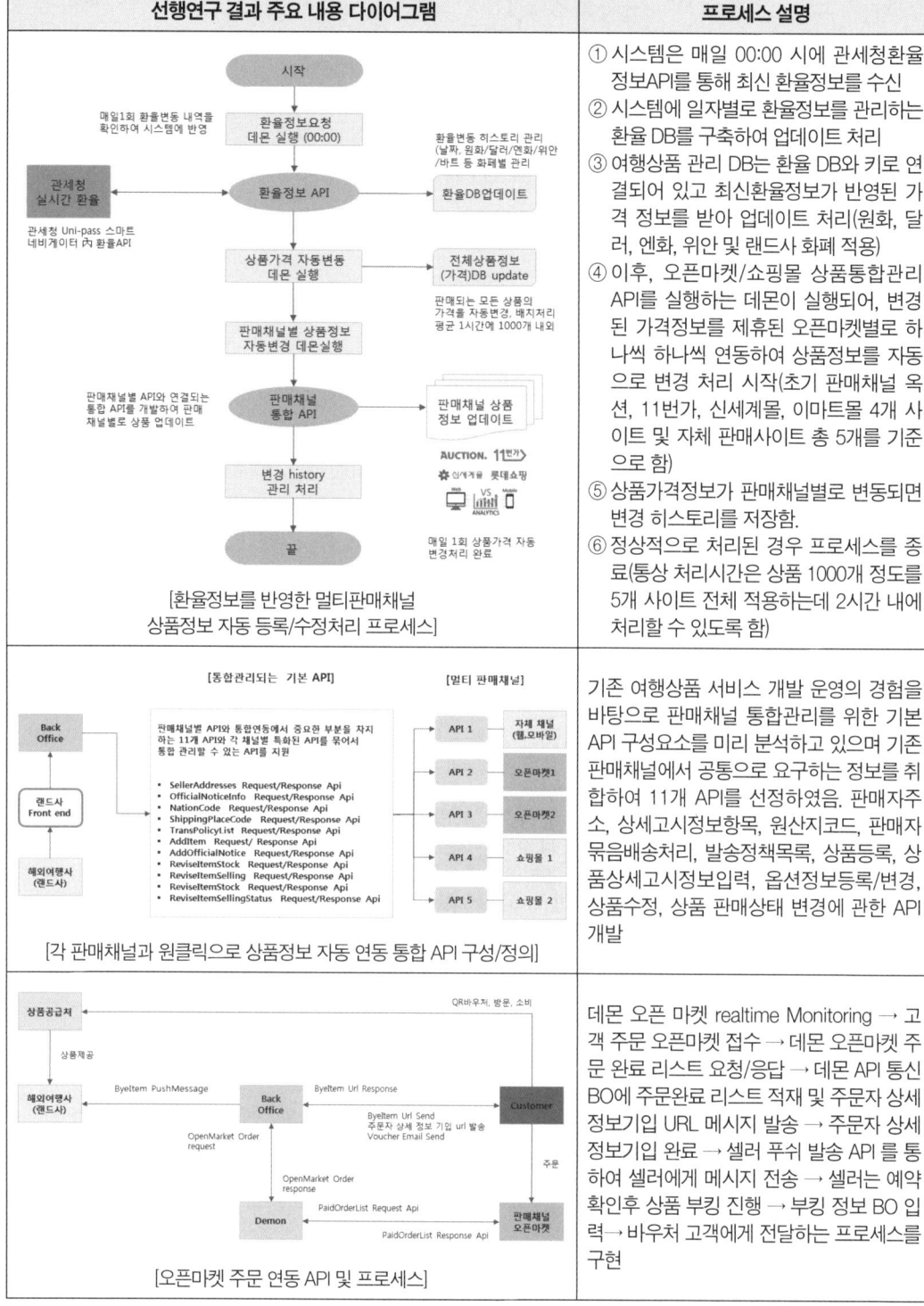

〈선행연구 결과 상세내용〉

선행연구 결과 주요 내용 다이어그램	프로세스 설명
[환율정보를 반영한 멀티판매채널 상품정보 자동 등록/수정처리 프로세스]	① 시스템은 매일 00:00 시에 관세청환율정보API를 통해 최신 환율정보를 수신 ② 시스템에 일자별로 환율정보를 관리하는 환율 DB를 구축하여 업데이트 처리 ③ 여행상품 관리 DB는 환율 DB와 키로 연결되어 있고 최신환율정보가 반영된 가격 정보를 받아 업데이트 처리(원화, 달러, 엔화, 위안 및 랜드사 화폐 적용) ④ 이후, 오픈마켓/쇼핑몰 상품통합관리 API를 실행하는 데몬이 실행되어, 변경된 가격정보를 제휴된 오픈마켓별로 하나씩 하나씩 연동하여 상품정보를 자동으로 변경 처리 시작(초기 판매채널 옥션, 11번가, 신세계몰, 이마트몰 4개 사이트 및 자체 판매사이트 총 5개를 기준으로 함) ⑤ 상품가격정보가 판매채널별로 변동되면 변경 히스토리를 저장함. ⑥ 정상적으로 처리된 경우 프로세스를 종료(통상 처리시간은 상품 1000개 정도를 5개 사이트 전체 적용하는데 2시간 내에 처리할 수 있도록 함)
[각 판매채널과 원클릭으로 상품정보 자동 연동 통합 API 구성/정의]	기존 여행상품 서비스 개발 운영의 경험을 바탕으로 판매채널 통합관리를 위한 기본 API 구성요소를 미리 분석하고 있으며 기존 판매채널에서 공통으로 요구하는 정보를 취합하여 11개 API를 선정하였음. 판매자주소, 상세고시정보항목, 원산지코드, 판매자 묶음배송처리, 발송정책목록, 상품등록, 상품상세고시정보입력, 옵션정보등록/변경, 상품수정, 상품 판매상태 변경에 관한 API 개발
[오픈마켓 주문 연동 API 및 프로세스]	데몬 오픈 마켓 realtime Monitoring → 고객 주문 오픈마켓 접수 → 데몬 오픈마켓 주문 완료 리스트 요청/응답 → 데몬 API 통신 BO에 주문완료 리스트 적재 및 주문자 상세정보기입 URL 메시지 발송 → 주문자 상세정보기입 완료 → 셀러 푸쉬 발송 API를 통하여 셀러에게 메시지 전송 → 셀러는 예약 확인후 상품 부킹 진행 → 부킹 정보 BO 입력 → 바우처 고객에게 전달하는 프로세스를 구현

〈상용화를 위한 애로사항〉

① 베타테스트 사업화 확보: 상용화를 위해서는 글로벌 여행단품판매를 하는 대행사와 제휴를 통해 베타테스트를 진행해야 하는 어려움이 있었으나, 최근 당사가 개발/운영에 참여하고 있는 OO투어와 협의하여 베타테스트에 참여키로 확정하였음.
② 오픈마켓별 API 변동주기 확인: 오픈마켓에서 여행관련상품 API를 공개하고 있는데, 주요 오픈마켓별로 API 수정/변경에 따른 새로운 API 공개 기준일이 없어, 수시로 확인하는 작업이 필요함.

2) 지식재산권 확보 · 회피 방안

오픈마켓 연동에 관한 특허는 국내에서 몇몇 건이 있으나, 여행단품상품의 직거래 시스템 및 자동화 관련 특허는 없으며, 본 기술 개발 관련하여서는 선행연구를 통해 당사가 특허출원을 완료하였음. 향후 특허등록을 위한 전략으로 기존 변리사의 특허법인을 통해 등록을 위한 방안 컨설팅 요청. 또한 특허 이외에 프로그램 등록을 추진하여 지식재산권을 확보하고자 함.

【발명을 실시하기 위한 구체적인 내용】
【0009】 가격정보에 대한 자동변경프로세스 【0010】 관세청 환율정보 (공공데이터 OPEN API) 와 같은 외부연동 데이터를 데몬형태로 시스템에 반영하여, 현지여행사가 입력한 정보와 맵핑하여 실시간 정보를 반영
【0011】 사용자의 직접입력방식과 외부연동공공데이터의 즉각적 반영 통한 데이터의 무결성, 효율성을 제고함 【0012】 멀티판매채널 상품등록/변경 자동화 API 【0013】 상품전시가 되는 복수의 판매채널(오픈마켓 등)의 전시 및 신규 판매채널 등록시, 각 판매채널 API에 자동맵핑이 될 수 있는 시스템 환경 【0014】 외부판매채널의 정보를 API를 통해 자동반영되어, 상품의 재고관리부터 판매관리까지 자동으로 일괄반영함.
【0015】 시스템비전문가도 쉽게 입력/조회가 가능한 GUI형태의 시스템사용방법 【0016】 상품원청사(여행사/랜드여행사) 및 상품운영마케터등의 시스템비엔지니어입력도 신규로 등록시 기본키값만 입력함을 통해 바로 시스템매칭 및 서비스사용 가능한 환경제공

〈개발대상 기술(제품, 서비스 등) 관련 지식재산권〉

지식재산권명	지식재산권출원인	출원국/출원번호
복수의 글로벌 여행 단품상품의 멀티채널 연동자동화 개선 및 데이터무결성 구현 시스템	OOOO	한국/10-2018-0006xxx

4. 기술개발 목표 및 내용

1) 기술개발 최종목표

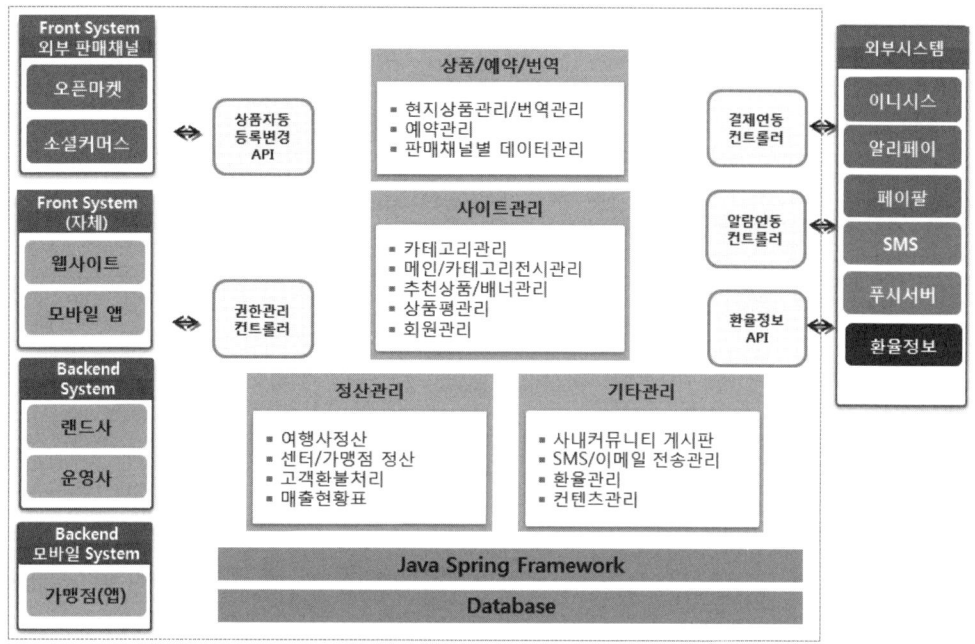

[개방형 여행단품상품 글로벌 직거래 판매 Agent 서비스 구성도]

① 환율에 따른 결제화폐별 여행단품 가격 자동 변동 프로세스 개발
 - 관세청 UNI-PASS Smart 네비게이터 환율 정보 Open API 활용
 - Demon을 활용한 일일 1회 결제화폐별 여행단품 가격 자동 변경 처리
② 멀티 판매채널(오픈마켓 등) 상품등록/변경 자동화 API 개발 및 개방화
 - 오픈마켓(옥션, 11번가, 신세계몰, 이마트몰 등) XML 연동 규격 개발
 - 제휴쇼핑몰 통합 자동화 API를 통해 상품정보 일괄 등록/수정 기능 구현
③ 멀티 판매채널 상품유통을 통합 처리를 위한 DB 설계 및 구축
 - 멀티 판매채널(오픈마켓 중심) 상품등록정보 통합/관리 DB 설계
 - 판매채널별 상품 및 썸네일 이미지 자동 리사이징 모듈 개발(웹, 앱 용)
④ 해외 랜드사용 Back-end 시스템 개발 및 기타 관리자 프로그램
 - 랜드사용 웹기반 Back-Office Web 프로그램 개발, 모바일 App 개발
 - 바우처 인증 시스템 개발 제공(QR코드, 휴대폰번호, 일련번호 인증시스템)
 - e-mail, Push를 통한 알림서비스 개발/정산시스템/로그분석시스템
⑤ 국내외 고객용 웹/모바일 Front 시스템 개발
 - 자체 판매 웹사이트 및 모바일 하이브리드 앱 개발
 - 글로벌 결제수단 적용(이니시스, 페이팔, 알리페이 등), 4개 국어 지원

<성능지표 목표 및 측정방법>

주요 성능지표 개요					
주요 성능지표	단위	최종 개발목표	세계최고수준 (보유기업/보유국)	가중치(%)	측정기관
웹(Web)사이트 동시접속자수	명	1000	-	15%	공인시험기관
웹(Web)서버 응답속도	sec	max 2초 이하	-	15%	공인시험기관
바우처 인증시스템 인증정확도	%	95%	-	10%	공인시험기관
데이터베이스 응답속도	sec.	max. 2초 이하	500ms(Oracle/미국)	10%	공인시험기관
환율 변동에 따른 가격자동변경 알고리즘 작동 정확도	%	99%	-	20%	공인시험기관
상품관리 자동화 통합 API의 작동 정확도	%	95%	-	25%	공인시험기관
Alarm time	초	max. 10초 이하	-	5%	공인시험기관

시료 정의 및 측정방법			
주요 성능지표	시료정의	시료	측정방법(규격, 환경, 결과치 계산 등)
웹 사이트 동시접속자수	웹 사이트의 특정 페이지 동시접속한 접속자수를 확인	5	웹 프로그램 성능 테스트툴을 사용하여 동시접속자수를 확인 - 테스트툴을 사용 1000명의 접속자를 발생 5회 측정
웹서버 응답속도	웹 사이트의 특정 페이지의 응답속도를 측정	100	웹 프로그램 성능 테스트툴을 사용하여 페이지의 응답속도를 측정 - 테스트툴을 사용 100번의 이벤트를 발생 응답시간 측정
바우처 인증시스템 인증정확도	가맹점 사이트에서 바우처 인증 정확도 측정	10	가맹점 사이트의 인증 시스템에서 바우처 인증결과 확인 - 바우처 10건을 제공하여 인증시스템의 정확도 측정
데이터베이스 응답속도	상품데이터 조회	10	10건 이상의 쿼리를 DB서버에 질의하여 전달되는데 걸린 시간 측정, 공인시험기관 시험성적서로 데이터베이스 응답 속도 목표 달성 여부 검증
환율 변동에 따른 가격자동변경 알고리즘 작동 정확도	환율데이터 및 환율에 따라 변동되는 상품데이터	100	일일 1회 배치를 통하여 환율이 변경되고, 그에따라 자체 판매 채널의 상품 가격 변동 확인, 공인시험기관 시험성적서로 가격변동 목표 달성 여부
상품관리 자동화 통합 API의 작동 정확도	상품데이터	100	최소 1개 이상의 오픈마켓을 연동한 통합API를 활용하여 일일 1회의 배치를 통한 상품데이터의 등록/수정/정지 상태를 측정 - 오픈마켓별 상품정보 변경 정확도를 확인
Alarm time	이벤트 발생 시 가맹점에게 발송되는 알람응답 시간	10	이벤트 발생 시점에서부터 사용자 인터페이스로 Notification이 도달하는데 걸리는 시간 측정

2) 기술개발 내용(주관기관 단독)

(1) 여행 단품 플랫폼 주요 니즈 정의

요구사항	처리방법
편의성 및 일괄처리	- 1회 반영으로 여러 오픈마켓, 다양한 판매채널의 상품정보 일괄 자동전송
상품주문관리 효율성	- 다수 판매채널에서의 주문정보 일괄적/통합적 조회 및 업무처리 - 모바일에서도 손쉽게 주문정보 및 업무대응이 가능한 시스템 - 주문발생 이후 현지여행 업무 프로세스에 맞춘 온라인 및 모바일 시스템 - 주문발생 시 현지여행사 및 관리자에 대한 즉각적인 알럿 시스템
환율의 자동 실시간 반영과 일괄적 가격관리 기능	- 가격관리의 일원화를 통한 관리의 편의성과 비용의 절감 - 주문발생 등의 구매환경에서 실시간으로 가격정책 반영되는 연동구조 - 변경된 기본데이터를 활용, 복수의 채널에 대한 일괄적이며, 최적화된 변경 사항 반영 엔진
주문 등 알람 실시간 처리 기능	- 현지여행사의 외부환경에서도 가능한 실시간 모바일 확인 시스템 - 주문발생 시 바로 확인이 가능한 푸쉬 등의 알럿 등의 Notification 시스템
전자바우처 발행 인증 처리	- 바우처 사용 인증처리 시 안정성 및 무결성 - 모바일 및 온라인웹 환경에서의 동일한 사용 편의성 - 바우처사용에 따른 현지여행사 및 관리시스템의 즉각 인지성 및 사후처리 용이성

(2) 여행 단품 플랫폼 세부구성기술

대구분	구분	내용
Seller Mobile Web/ Application	예약 및 공지알람	• 자신이 판매하는 상품이 판매되면 APP의 푸시를 통해서 알람 확인 • 플랫폼 관리자의 공지사항 등록 시 APP의 푸시를 통해서 알람 확인
	QR인식 사용처리	• 사용자에게 발행되는 바우처에 QR코드가 같이 발행되는데 그 QR코드를 QR리더로 인식하여 사용처리를 자동화
	예약관리	• 자신의 판매상품에 해당하는 예약관리 • 행사할 수 없는 날짜의 예약은 판매자의 권한으로 직권 취소처리
	정산관리	• 상품에 입력한 NET가를 바탕으로 받아야 할 내역과 기 받은 내역조회
Back Office	공지 커뮤니티	• 플랫폼 이용자들에게 공지사항과 등록관리, 동시에 실시간으로 메일을 전송, 앱푸시 데몬에 데이터 전달, 로그인 사용자들 간의 정보 전달 게시판 제공
	상품관리	• 상품 정보관리 및 일자별 금액 및 행사 개수관리, 상품의 판매 옵션정보 관리, 상품정보의 다국어 관리, 상품정보의 이미지 등록관리 • 상품의 일자별 NET, 판매가, 커미션, 판매상태, 최대인원의 일괄등록/수정
	예약관리 시스템	• 실시간예약조회, 예약상세조회 및 바우처 관리, 문자보내기 • 고객취소요청관리, 예약취소 및 결제취소 처리
	정산관리	• 채널 수수료/대금정산 관리, 판매자 정산관리, 판매자 환불정산관리
	매출현황	• 채널별매출현황, 판매자별매출현황, 회사매출현황, PG거래현황
	통합 B2C 사이트	• 사이트별 카테고리 및 전시관리(카테고리별 노출순서관리) • 사이트별 배너 및 상품배너 노출관리, 각종게시판관리, 회원관리
	판매자/채널 등록관리	• 채널등록 및 사용자관리, 판매자 등록 및 사용자관리
Front PC Web/ MobileWeb/ Application	다국적 결제시스템	• 달러는 페이팔, 위안화는 알리페이, 국내 사용자는 이니시스로 결제하게 처리하고 그 외 국가는 국제신용카드 결제 처리함
	사용자언어 세팅 시스템	• 사용자 브라우저의 언어정보를 활용하여 언어에 따라 1차적인 화폐단위를 결정함
	환율정보반영 가격변동	• 사용자의 언어정보에 따른 화폐단위로 변환해서 판매가가 실시간 결정됨

3) 수행기관별 업무분장

수행기관	담당 기술개발 내용	기술개발 비중(%)
주관기관	• **언어별 환율에 따른 판매채널별 가격 자동 변동 프로세스 개발** → 일 1회 자동 적용을 위한 데몬 프로그램 개발 • **멀티 판매채널(오픈마켓 등) 상품등록/변경 자동화 API 개발** → 오픈마켓(옥션, 11번가)/쇼핑몰 통합 API XML 연동 • **멀티 판매채널 상품 유통을 위한 DB 설계 및 구축** → 멀티채널 상품 API분석을 통해 통합 DB 구축 • **해외 랜드사용 Back-end 시스템 개발** → 웹, 모바일웹, 모바일앱(아이폰, 안드로이드폰) • **Front 시스템 개발** → 웹, 모바일웹, 모바일앱(아이폰, 안드로이드폰) • **기타 시스템 개발(정산, 회원, 로그 시스템)**	100%
총 계	100%	100%

4) 세부 추진일정

세부 개발내용	수행기관 (주관/참여 /위탁 등)	1	2	3	4	5	6	7	8	9	10	11	12	비고
1. 자료수집, 시장조사	주관	■	■											
2. 요구사항 정의, 채널API분석	주관	■	■	■										
3. 주요기능 및 세부기능정의	주관			■	■									
4. 알고리즘설계, 디자인	주관				■	■								
5. 서버DB설계, 시스템구성	주관					■	■							
6. 서버,DB개발, 통합API개발	주관						■	■	■	■				
7. 사용자 웹/앱 개발	주관							■	■	■				
8. 관리자 웹/앱 개발	주관								■	■				
9. 기능/성능 단위테스트	주관									■	■			
10. TTA 인증시험 진행	주관										■	■		
11. 최종테스트 및 완성	주관											■	■	
12. 프로그램 등록, 개발문서 정리	주관												■	

5. 주요 연구인력

성 명 (구분)	경력사항			전 공 (학위)	최종학력
	연 도	기 업(관) 명	근무부서/직위		
OOO (과제책임자)		OOO 서버개발	팀장	OOO공학	학사
		OOO 서버개발	대표이사		
OOO (핵심개발자)		OOO DB개발	부장	OOO공학	학사
		OOO DB개발	이사		
OOO (핵심개발자)		OOO기획/설계	팀장	OO학	학사
		OOO 기획/설계	이사		

6. 사업화 계획

1) 사업화 실적

여행시스템 관련하여서는 Back-office, 홈페이지, 정산시스템, ERP 시스템, 연동시스템, 여행단품 판매시스템, 패키지 여행상품 판매시스템 등 전 분야에 걸쳐 개발/운영 경험을 확보.

사업화 품목명 (사업화 연도)	품목용도	품질 및 가격경쟁력	수출여부	판매채널 (온·오프라인)
OO투어 (베타테스트사)	홈페이지, 관리자페이지	여행관련 Back-office 개발경험을 통한 빠른 시스템구축 경쟁력확보	내수	직접 영업 & 커스터마이징
OO관광	OO카드 여행몰인몰	빠르고 정확한 시스템구축 능력	내수	직접영업
OO관광 파트너	파트너사 ERP 시스템	빠르고 정확한 시스템구축 능력	내수	직접영업
OO투어	패키지여행 시스템	빠르고 정확한 시스템구축 능력	내수	직접영업
OOO	현지 단품상품 시스템	해외 단품상품 취급 경험	내수	직접영업
OOO	자체 여행상품 시스템	인바운드 티켓판매 시스템	내수	직접영업

2) 국내·외 시장규모

〈현재 및 미래의 국내·외 시장규모〉

(단위: 억$)

구 분		현재의 시장규모(2015년)	예상 시장규모(2017년)
관광시장 규모	세계	US$ 1조 2,600억	US$ 1조 3,628억
	국내	US$ 152억	US$ 166억
산출근거		■ 시장규모 근거 1) 2015년 방한관광시장의 모든 것(한국관광공사) 2) 2016년 7월 World Tourism Barometer(UNWTO) - 세계시장은 연간 3.5%~4.5% 성장예상 - 한국을 포함한 아시아 시장은 연간 4%~5% 성장예상	

(1) 세계 인바운드 관광시장 수입규모

2015년 전 세계 관광수입은 US$ 1조 2,600억으로 잠정 집계됨. 관광수입은 2001년에서 2008년까지 크게 성장하였으나, 2009년에는 전 세계적인 경제불황으로 인해 US$ 9,050억으로 감소함. 2010년 관광 수입은 다시 US$ 9,860억으로 증가하였으며, 이후 5년 연속 성장하다 2015년 감소세로 전환.

출처: 전세계 관광시장규모, UNWTO World Tourism Barometer, July, 2016

(2) 국내 관광시장 수입 규모(2015년)

관광수입은 2007년까지 US$ 50~60억 수준에 머물렀으나, 원화가치 약세 등에 따른 환율매력으로 쇼핑여행객이 급증한 2008년 US$ 90억대에 진입함, 2010년에는 US$ 100억대를 돌파하며 2014년 US$ 177억을 기록해 연평균 14.5% 증가했으나, 2015년에는 US$ 152억으로 전년 대비 14.3% 감소한 것으로 잠정 집계됨, 관광수입도 2007년 이후 8년 연속 성장세에서 중단됨.
방한 외래객 1인당 관광 수입 US$ 1,147 2015년 방한외래객 1인당 평균 관광수입은 US$ 1,147억으로 잠정 집계됨, 1인당 관광수입도 전년 대비 8.0% 감소함(2014년 1인당 평균 소비액 US$ 1,247억).

3) 국내·외 주요시장 경쟁사

〈국내·외 주요시장 여행단품 판매사업자 및 솔루션 개발사〉

국내외	분야	업체명	내용
국내	단품 메타 서치 플랫폼	투OOO	국내 최초로 자유여행 단품상품 메타 서치 서비스를 시작, 도쿄, 오사카, 대만, 홍콩 등 한국인이 많이 찾는 7개 도시 상품 정보를 제공
국내	양방향 여행상품 플랫폼	인OOO	수수료 9%, 2016.9
국내	단품전용사이트	내OOO	32개국, 3,000여 개 상품
국내	FIT 단품판매	하OOO	FIT 자유여행 상품 1,900억 원 매출(2015)
국내	FIT 단품판매	모OOO	FIT 자유여행 상품 800억 원 매출, 19만 명
국내	FIT 단품판매	인OOO	주로 항공권 상품 480억 원 매출(2015)
국내	교통상품판매 개시	투OOO	OOOO 계열사
해외	중국최대 OTA	씨OOO	중국최대 온라인여행사, 한국상품 개시예정
해외	FIT 단품판매	클OOO	홍콩기반 OTA로 티몬 입점
해외	KK데이, 바이어터(Viator) -트립어드바이저 계열사 150개국 15,000개 상품, 겟유어가이드(GetYourGuide) (독일) 110개국 1,940여 개 목적지, 피크(Peek), 사이드투어(Sidetour), 투어벅스, 익스피디어, 호텔스닷컴, 트립어드바이저, 프라이스라인 등		

FIT 증가에 따라 여행단품시장이 급성장하고 있음. 관련하여 해외 대형 OTA사업자들이 단품판매 사업자와 제휴하거나 인수합병하여 사업영역을 넓혀가고 있음. 특히 해외 단품시장 강자들이 직접 한국시장에 진출하는 사례가 나타나고 있음. 홍콩기반 클록은 티몬에 상품을 입점하여 판매하고 있고, 중국 최대 OTA인 씨트립은 사드문제 해결로 한국단품상품 판매를 개시할 예정임.
국내에서는 대형여행사 등이 전용몰을 구축하여 운영하는 형태로 발전하고 있음. 특히 내일스토어의 경우 자체 단품전용몰인 "내일스토어"를 오픈하고 32개국 3,000여 상품을 유통하고 있음.

본 시스템과 관련하여 비교할 수 있는 시스템은 OOO의 여행단품 메타 서비스 플랫폼인 OOO 시스템과 양방향 여행상품 플랫폼인 OOOO의 OO 시스템(패키지)이 있으나 차이점이 더 많음. OOO은 말 그대로 여행단품 상품을 검색할 수 있는 사이트로 시스템에 단품을 등록하여 멀티 판매채널에 판매대행을 하는 것이 아니라 검색할 수 있도록 지원하는 시스템에 포커스를 두고 있음.

4) 제품화 및 양산, 판로개척

(1) 제품화 계획: 시스템 테스트 협력 여행사 기확보

비즈니스 모델에 따라 3가지 형태의 제품을 기획하고 있으며, 1단계 BM인 ASP형 제품개발에 주력함.
① 1단계 BM ASP형: 여행사 등에 ASP형태로 솔루션을 제공하는 ASP형
    - 제휴된 여행사로 판매채널 연동규격 접수하여 커스터마이징
    - 시스템 사용설명서 제공, 제휴된 랜드사 시스템 사용서명서 제공
    - 3개월 테스트 및 6개월 무료 프로모션
② 2단계 BM 솔루션 패키지형: 여행사 등에 솔루션으로 판매하는 솔루션(3년 후)
③ 3단계 BM 서비스형: 여행사업을 자체적으로 진행하는 서비스(5년 후)

1단계 BM은 ASP 플랫폼형으로 중소 여행사, 판매대행사에 플랫폼을 제공하고 시스템 운영비를 청구할 수 있으며, 최대 판매수수료의 7%이며 판매량 증가에 따라 5%까지 조정

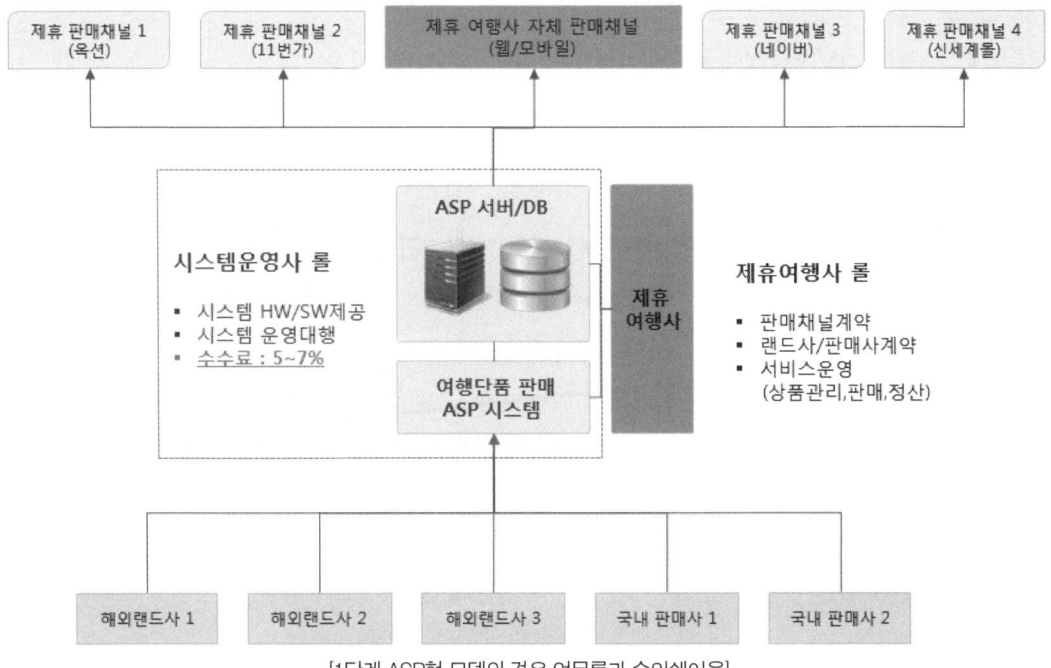

[1단계 ASP형 모델의 경우 업무롤과 수익쉐어율]

(2) 판로개척: 국내 초기시장 진입 전략

① 베타테스트 여행사 확보 완료: OOO여행사, 여행단품 취급 중소여행사 중 하나
제휴 여행사의 여행관련 시스템을 개발하고 운영하면서 제휴관계를 유지
② ASP 솔루션 구매의향서 2건 접수

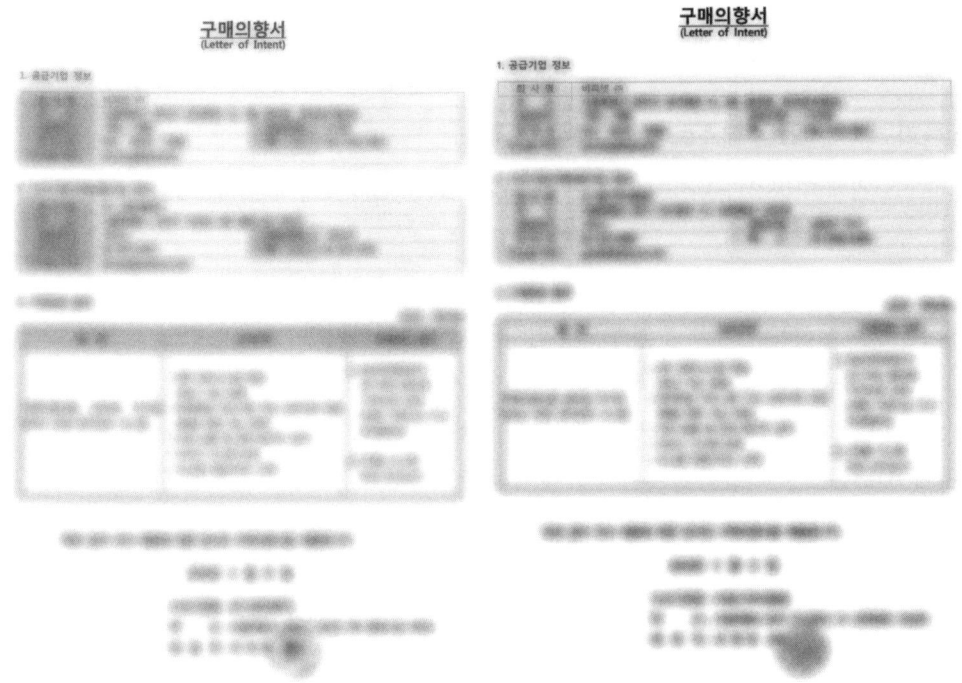

③ 초기 프로모션: 6개월간 수수료 무료
④ 판매수수료(가격): 판매액의 5~7%(기존 여행사는 통상 10% 이상)
ASP 플랫폼형으로 접근할 경우, 운영업무의 대폭 감소로 인하여 판매수수료 절반 이상 낮춰서도 서비스 제공 가능, 판매량에 따라 5%까지 낮춰도 서비스 가능

(3) 판로개척: 베타테스트 이후 시장침투 반안: 오픈마켓에 입점한 판매대행사/중소여행사 영업

초기 사업을 위해서는 대형 국내여행사를 제외하고, 국내 오픈마켓 등에 여행단품을 판매하고 있는 여행사나 판매대행사를 조사하여 사업을 제안하고자 함.
현재 주요 오픈마켓에 여행단품을 판매하고 있는 여행사 및 판매대행사 리스트는 원투씨엠, 아이팩투어, 오마이트립, THERE데얼, 아시아엔조이, GRETTour 등 중규모 여행사 및 패스허브, 패스엔조이, 조이스투어, 감동여행디자인, 아시아패스, 타이클럽, 춘추여행, 머뭄투어, 스타인월드, 꿈꾸는여행 등이 있음. 이중 중규모 여행사는 옥션, 11번가, G마켓, 네이버, 신세계몰, 롯데쇼핑 등 여러 가지 채널에 단품상품을 공급하고 운영비용 절감에 대한 니즈가 강함.

〈SWOT 분석〉

내외부환경	강점(S)	약점(W)
내부환경	• 여행관련 시스템 개발 경험 풍부 • 관광청 등 개발인력 보유 • 플랫폼/API/솔루션 시스템 보유 • 공모전 준비 등 홍보활동	• 추가 인력 필요 • 개발자금 부족 • 마케팅 인력 부족
외부환경		
기회(O) • FIT 여행시장 급성장 • 여행분류플랫폼 이용자 있음 • 국내외 여행관련 공공 데이터 증가 • 해외 단체관광객의 추가 증가	(SO) • 여행관련 시스템/플랫폼 등을 이용한 아웃바운드 여행플랫폼 테스트 진행	(WO) • 정부 R&D과제지원 추진 • 정부 일자리 창출지원금 받을 때 추가 개발인력 충원
위협(T) • 해외 OTA사업자의 한국시장 진출 및 투자 확대	(ST) • 공모전 입상 및 공공기관 등 사업자의 안정적 공동마케팅 추진	(WT) • 국내 플랫폼 아웃바운드 대응 플랫폼 개발자금 확보 및 차별화된 아웃바운드 여행플랫폼 개발 가시화

〈기동개발 후 모니터·입 숙소 판매개시 예상〉

판매대상	국가명	평균판매비 수수료(원)	예상 성사 판매건수(건)	예상 판매기간 (연)	예상 총판매금 (천 원)	비고
***킬	한국	5	50,000	3	750,000	-
***늘어	한국	5	40,000	3	600,000	-
***데리	한국	5	30,000	3	450,000	-
***트립	한국	5	20,000	3	300,000	-
***TOUR	한국	5	10,000	3	150,000	제휴협의 중
**이	한국					1단계(ASP형) 사업협력 후 모니터·입 주요 판매처 예상 총 16개 중소여행사를 타깃으로 확인하였으며 이중 최소 5곳과 ASP 계약을 체결하여 사업준비를 추진코자 함. 상기 OOOO는 협력관계를 유지 중이며 중소여행사의 장기적 사업지원 진행 중
**브	한국					
****이	한국					
**아	한국					
**인	한국					
**스	한국					
**질	한국					
**글	한국					
**아	한국					
**르	한국					
**월	한국					
합계	-	-			2,250,000	

※ 국내에서 중소형 정단관광 채용가 가능, 5개 중소여행사를 선정.

평균 5인 팀 내외의 영세한 여행사 가정할 때, 판매수수료 7%를 감안하여 평균 3,500만 원의 매출이 예상됨. 이는 가족으로 약 10인 월 이용일 때 수수료 6%, 평균 20인 월 이용일 때 수수료 5% 정상운영
는 가족으로 월 이용일 때 20만 원, 평균 50인 월 이용일 때 50만 원의 수익이 가능함.

ASP 고정비 채용할 때는 공공여행사 최소 1인 감축 가능하며 평균 1인당 연 3천만 원 정도까지 매출 향상시킬 수 있는 구조로 사업추진하고자 함.

5) 투자 및 판매계획

〈사업화 계획 및 기대효과〉

구 분		(20xx)년 (기술개발 시작)	(20xx)년 (개발 종료 해당년)	(20xx)년 (개발종료 후 1년)	(20xx)년 (개발종료 후 2년)
사업화 제품		-	Agent 시스템 아행단말 판매	Agent 시스템 아행단말 판매	Agent 시스템 아행단말 판매
판매 계획 (백만 원)	투자비(백만 원)	-	200	250	300
	내 수	-	675	1,350	2,250
	직수출	-	-	-	-
	간접수출	-	-	225	450
	계	-	675	1,575	2,700
비용절감(백만 원)		-	-	-	-
수입대체(백만 원)		-	-	-	-

※ 산출근거

① 동종업 제품가 5종일 때의 평균이 시장성이 평가되었고, 3년 후 매출을 2,250백만 원으로 목표를 설정하였음.

② 총 국내 개발업체 중 상위기업 2가지 제품에 대하여 추정하였고, 동일 매출품 중의 시장점유율이 30%로 설정함.

③ 2020년에는 개발사업기 1차 추가단계 3기의 대상으로 1년간 시장사업화를 진행할 경우 설정 시장규모의 약 60%의 수출이 매출액 1,350백만 원으로 설정되었고, 총수출품 점유 해외 이용 시장 점유율이 10%인 225백만 원 설정 목표로 함.

④ 2021년에는 개발 3년 이후 시장이 안정적으로 정착된 경우, 5개 제품군을 통하여 상기 2,250백만 원 매출 판매 및 해외시장의 점유율 20% 수준인 450백만 원 등으로 설정 목표 함.

6) 해외시장 진출계획

(1) 해외 민트로 이행단말 국내 판매용 Agent 시스템 공동 공용진입

동남아시아 중심으로 18개 국가 30여 해외민트를 대상으로 추가시장 진입하고 공동사용 용용 활동 등을 가속적으로 타진, 경제 편익이 가중할 수 있도록 기진함.

(2) 국내 이행단말의 해외시장 Agent 시스템 판매으로 판로확대하여 해외 추출

① 해외 판매대상 (중국, 인도, 크로아티아, 공항 등)에 시장점유율 등을 증대하고 있는 해외미터기 등에 위탁 체결 등 통하여 해외 판매용 제품을 판매하고 기준하는 해외민트 판매사업자(예: 교스트민트) 등과 공동판매 등의 제휴, 해외시장에서 이에 참여하는 (주)한국정보 등을 대상으로 ASP 임대 영업 진행 중.

② 이행 공정 장비, 공장, 프로그 배포 등을 통해 국내외행단말 점유사용자 모집.

(3) 해외현지 구매이용사 227개소

현재, 사이판과 호주에서 여행사 공영 중인 17개 회사부터 구매이용사 정수인, 일치 한국관, 사이판 관광공사를 이어가며, 총 여행사 공영하고 있어, 총 여행사가 이해되기 족함.

지역	공식 가동한 해외현지사	대표상품
괌/사이판	Dream Pacific, HEALING GUAM USA INC. Costa World Tour 3개사	마가리타 투어, 총알투어, 스킨스쿠버
태국	SST GLOBAL CO., LTD, T&G, THE ASIA KOREA 3개사	파타야 수상투어, 에이급 투어, 호텔
호주	OZ OCEANIA, ZIGZAG TOURS PTY LTD 쿠칭, NLK Tour 4개사	블루마운틴, 시드니 타워 이이, 동부해안 투어
일본	HANS ADVENTURE, DAALL TOUR, CSJ TOUR 3개사	대마도 크루징, 후지산 등산투어, 온기온 한강기온
필리핀	유흥트래블링, SHIN TRAVEL 2개사	에이블 투어, 오두블 투어
중국	윤해자유여행사, WINTOUR INTERNATIONAL 2개사	상해투어, 북경투어
베트남	VNK, HUB KOREA VIETNAM 2개사	다낭투어, 호이안투어
UAE	MARU, ALPHA 2개사	바할리프, 피라미드
동남아시아	AJ TOUR 1개사	바닥, 웅영케이블카
캄보디아	HUB KOREA CAMBODIA 1개사	앙코르와트
인도네시아	Paradise Bali Tour 1개사	산사다라모드
대만	TOURWORLD 1개사	스팀 사이 리조트 온천
말레이시아	MARINE TOUR 1개사	차이나 마차인
유럽	TRENEUROPE 1개사	아이글들 타킹
러시아	MILA TOUR S.T 1개사	혼당투어,에메라드
인도	INDIA TOUR 1개사	델리 시티 투어
이탈리아	로마이야기 1개사	바티칸투어
아이슬란드	BNA TOUR SYSTEM 1개사	블루라군 & 로스파키 화산지대

청소년지도사 필기

사회계열사 모음집

© 이철재, 2025

초판 1쇄 발행 2025년 11월 1일

지은이	이철재
펴낸이	이기동
편집	홍성우 편집팀
펴낸곳	도서출판 홍성양
주소	서울특별시 마포구 양화로 12길 26 지월드빌딩 (서교동 395-7)
전화	02)374-8616~7
팩스	02)374-8614
이메일	gworldbook@naver.com
홈페이지	www.g-world.co.kr

ISBN 979-11-388-4825-1 (13320)

- 가격은 뒤표지에 있습니다.
- 이 책은 저작권법에 의하여 보호를 받는 저작물이므로 무단 전재와 복제를 금합니다.
- 파본은 구입하신 서점에서 교환해 드립니다.